RAY ALLEN

From The Outside

レイ・アレン自伝

史上最高のシューターになるために

レイ・アレン
with マイケル・アーカッシュ
大西玲央／訳

東邦出版

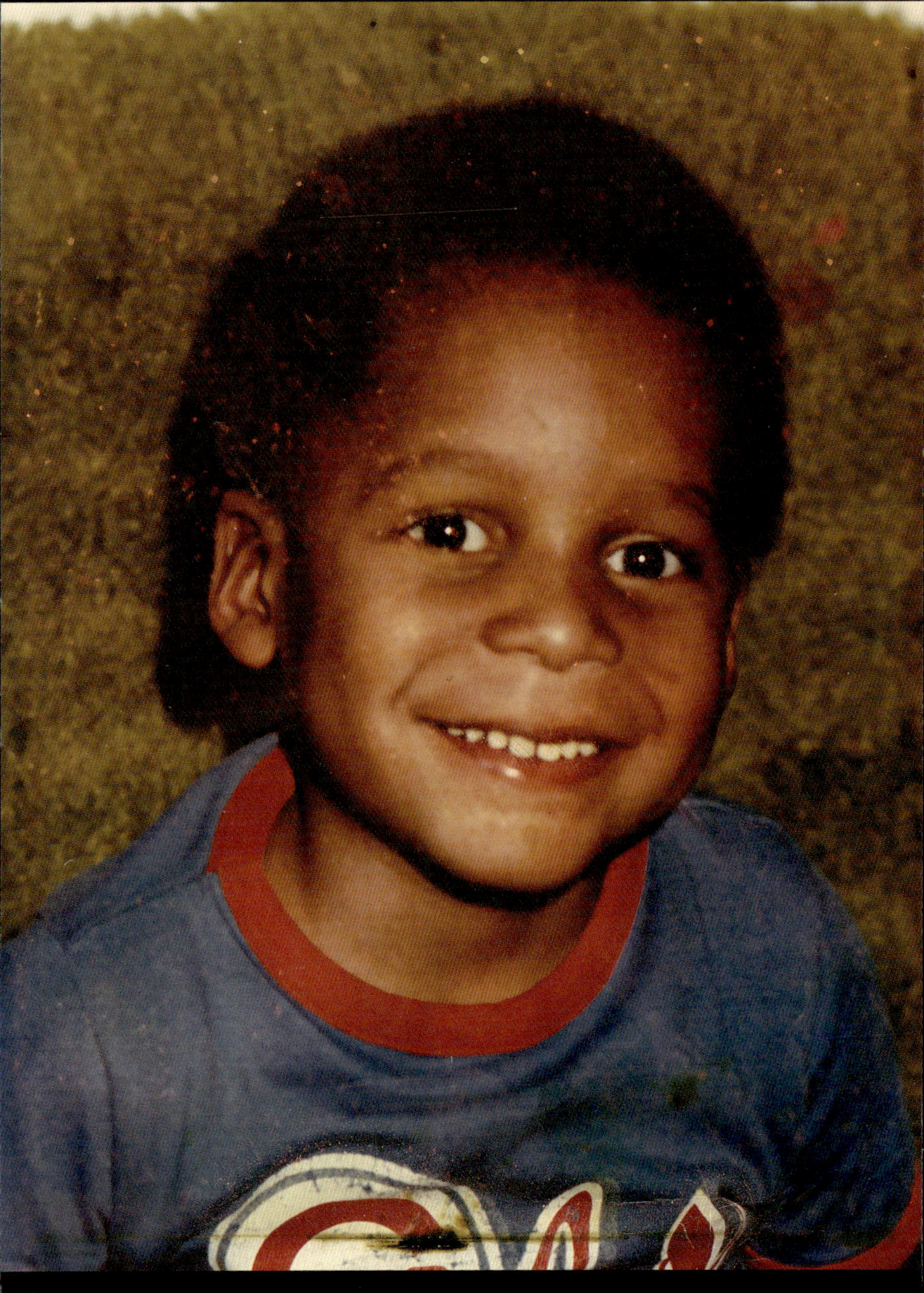

3歳のときの自分

イギリス駐留中に初めて撮った正式な家族写真。左上から私、母、キム、父、ジョン、クリスティー、タリーシャ

エドワーズ空軍基地、10歳にして生まれて初めて所属したバスケットボールチーム。ボロボロの膝は気にしないで！

ベントウォーターズ・レディーファントムズで活躍する、母のセミプロ時代の写真。フロー、またの名を“トラック”が走っている姿（ドリブルをしているほうではない）

1991-92シーズンのヒルクレスト高校ワイルドキャッツ。高校2年生のときだ

カリフォルニアのエドワーズ空軍基地で、父と彼のバスケットボールチームであるエドワーズ・ラトラーズのメンバー。滑走路に配置されたB-1爆撃機の前で

父、母、私。UConn時代の夏休みに、ショー空軍基地にてF-16とともに、スポーツ・イラストレイテッド誌のために撮影

長女のティエラと自宅で
カラオケ

私の24歳の誕生日をサ
プライズでお祝いしてく
れたときの一枚。シャノ
ンも私も、とても幼い

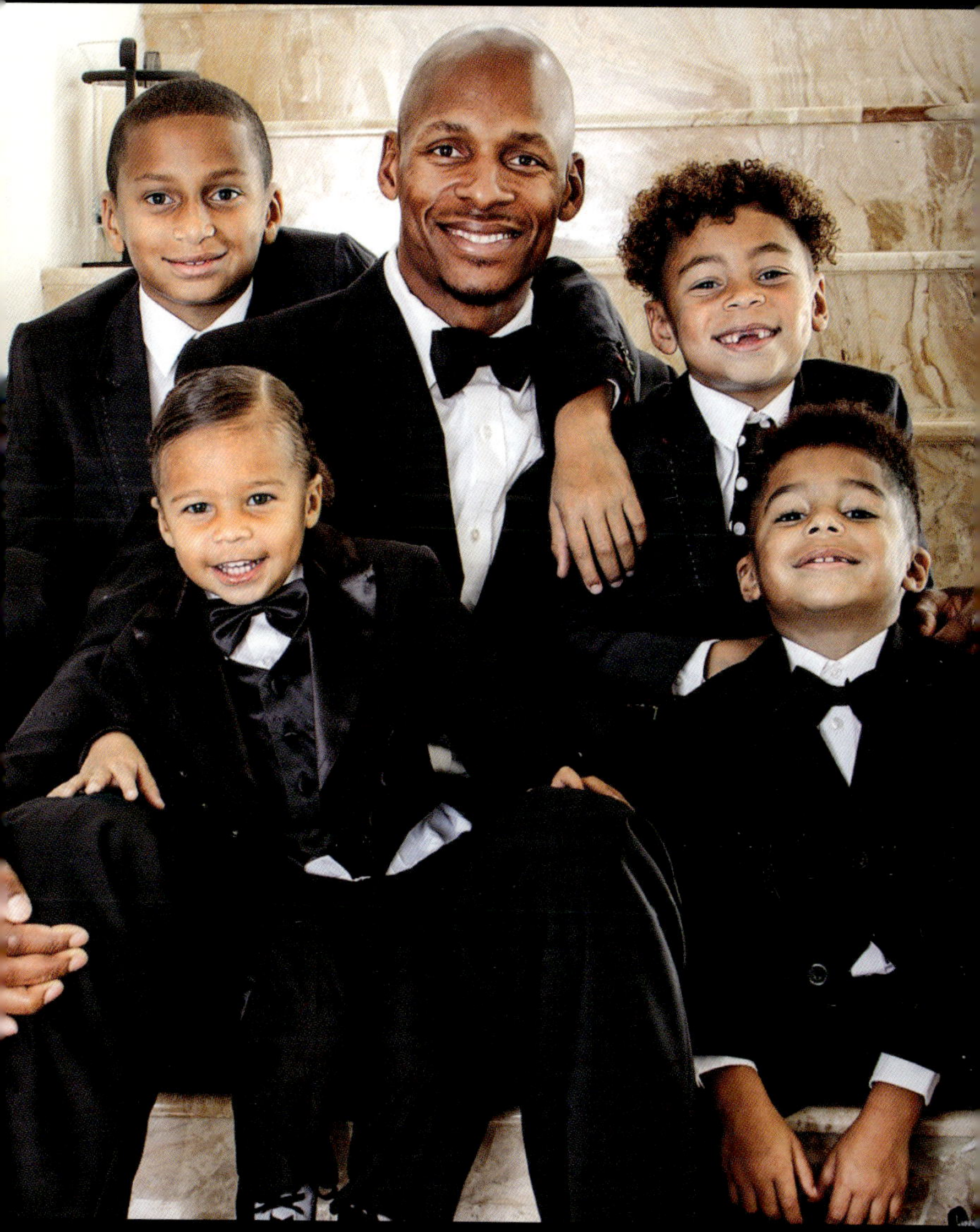

マイアミ（2013年）の自宅で、息子たちとクリスマスカードのために撮影した
写真。左上からレイレイ、私、ウォーカー、ウィスタン、ウィン

レイレイと一緒にハワイのビーチにて

2013年の優勝パレードのために準備
万端な私と家族

1993年にコネティカット州でUConnの視察中に、アメフトの試合を観戦中
に撮られた一枚

バスケットボール史上最高の選手を
守ろうとする私

“ビッグスリー”、我々対全員

何度もあった、サイドラインでのドック・リバースとのミーティング。厳しい時間帯にチームメイトを落ち着かせるようにいつも指示されていた

劇的！　すべての子供が一度は夢見るこのショットを決めた！

ホームで決勝シュートを決め、観客を総立ちにさせることに匹敵する感覚はない

キングと私

シャノン、ティエラ、レイレイ、ウォーカー、
ウィン、ウィスタンに捧げる。
皆のおかげで、私は目標から目をそらさずいられ、
毎日のインスピレーションの源になってくれました。

CONTENTS

※本書では、原書に記された学年、単位を日本のものに置き換えて表記しています。また、アメリカの教育制度では、中学が3年間、高校が4年間となっており、全学年9月始まり・6月終わりとなっています。こちらを理解したうえで読み進めていただければ幸いです。

FROM THE OUTSIDE by Ray Allen and Michael Arkush

1

生涯最高のショット

もう誰も、我々を救うことはできない状態だった。

レブロン・ジェームズが試合時間残り10秒でスリーポイントショットを外したことで、奇跡でもない限り、1本リバウンドを取られたらサンアントニオ・スパーズの優勝は決まっていた。一方、私が所属していた、レブロン、ドウェイン・ウェイド、クリス・ボッシュの〝ビッグスリー〟を擁するマイアミ・ヒートは、3年で2度目のNBAファイナル敗退の危機に面していた。

記者たちはハゲワシのように我々を狙っていた。何度も優勝を重ねると豪語しながらも達成できないと、こうなってしまうのだ。2010年にレブロンがヒート入りしたときに、彼は「ふたつでもなく、3つでもなく、4つでもなく……」と発言していた。

サウスビーチのファンも容赦なかった。2013年6月のあの夜、多くのファンが早々に出口に向かっていたのだ。私とチームメイトはそのことに関してかなり腹が立っていた。82試合のシーズンと2カ月間のプレーオフを、毎日死ぬ気で戦い抜き、前年には優勝を果たしていたにもかかわらず、この仕打ちだ。

ほかにも、試合が終わったと判断している人たちがいた。コミッショナーのデイヴィッド・スターンがラリー・オブライエン・トロフィー（優勝トロフィー）を贈呈する場所を確保するために使用される黄色いロープが、すでにコートを囲うように設置されていたのだ。シリーズMVPが誰になるかだけが、まだ不明だった。

我々がスパーズにいいようにやられていたことだけは確かで、残り28・2秒で5点リードを奪われていた。

彼らと戦うときは、いつも不安だった。スパーズほど効率のいい戦い方ができるチームは、NBAでほかにいなかった。どの選手もスリーが打て、相手をドリブルで抜き去る能力を持ち合わせていた。あのチームの魔法は「信頼」だった。コーチのグレッグ・ポポヴィッチは、自分の選手を信頼していた。多くのコーチはそれができない。1試合目から82試合目まで、選手たちに限られた役割しか与えないコーチが多いのだ。大きな責任を課されずに、どうやって上達できるのか？　チームにとって自分の価値を上げることができるのか？

同時に、我々も3ポゼッション連続でターンオーバーし、スパーズに楽をさせていたという面もあった。しかも、そのうちのふたつはレブロンだ！　3つ目のターンオーバー後、私のファールでマヌ・ジノビリがフリースローを2本打つことになった。幸い、彼は1本しか決められず、ヘッドコーチ（HC）のエリック・スポルストラはタイムアウトを取った。

控えのひとりだったノリス・コールが、「こんな終わり方ではなかったはずだ」と口にした。そうだよノリス、こんなはずではなかった。

しかし、タイムアウト中、絶望感はなかった。これまでに何度も、選手たちがお互いを罵《ののし》り合いすぎてコーチが何を言っているのか聞こえないタイムアウトを経験してきた。選手たちの顔や身振りを見渡した限り、まだ全員がここで終わらないことを信じていたのがわかった。それがなければ、チャンスなどない。

プレーが再開すると、ベテランガードのマイク・ミラーからのインバウンズパスでレブロンにボールが渡った。彼はスリーを外したものの、マイクがルースボールに飛びつき、再びボールはレブロンに回った。今度こそレブロンはシュートを決め、相手のリードを2点差にまで削った。残り19・4秒でスパーズのカワイ・レナードに対してファールをするも、幸い、彼も２本中１本しかフリースローを決めることができなかった。

スパーズ95点、ヒート92点。

まだ何が起きてもおかしくはない。このスポーツでは、ボールが予測できない跳ね方をすることがあるのだ。１９９６年にリーグ入りしてから、それを何度も見てきた。見えない力が働いているのではないかと信じてしまうような跳ね方だ。

さらに、その試合終盤、我々には明らかなアドバンテージがあった。クリス・ボッシュだ。我々が「ＣＢ」と呼んでいた彼は、２１１センチあり、コート上でいちばん背が高かった。なぜなら、スパーズの顔でもあるティム・ダンカンはベンチに座っていたからだ。ポポヴィッチは、ダンカンの代わりにボーリス・ディアウを投入。彼の素早さを使って我々のピック&ロール（スクリーンプレーにおいて、スクリーンをかけた選手がゴールに近いほうの足を軸にターンするプレー）をペリメーター（ツーポイントエリア内で、長方形のペイントエリアの外）で守るという、賢いコーチによる賢い戦略だ。

驚くなかれ、レブロンがスリーを外したあと、ダンカンなら取れたかもしれないリバウンドを

CBがつかみ取った。試合時間残り9秒。

当然、勝つためにはスリーを決める必要があった。切に。誰か。誰でもいい。

私はその誰かになりたかった。子供の頃から、こういった試合終盤のシナリオを何度も頭の中で繰り返してきたのだ。コート上でも、ひとりでボールを持っているときも、夢の中でも。

〈残り5秒で1点差、ボールはアレンに渡った！　相手を抜き、フリースローラインへとドリブルする。止まった。飛んだ。打った。バン！！！　観客は熱狂している。NBAの優勝を決めたレイ・アレンがチームメイトに担がれていく〉

私もほかの人間と変わらなかった。1980年代にバスケットボールを愛した少年は、誰もがマイケル・ジョーダンのようになりたかったのだ。14歳のときに、ニューヨーク・ニックス相手にプレーしている彼を初めて見たときから、それはわかっていた。彼がコートを駆け巡る姿、自分の前に立ちはだかる相手をすべて飛び越えていくあの姿。「彼のように空中に浮かびたい」と思ったものだ。

しかし、驚くことに、多くの選手、トップ選手でさえもマイケルのような状況を楽しむ機会を手にすることがないと私は知った。まずは大学で、そしてNBAでも同様だった。

どの選手も試合中はトラッシュトークをし、どんな角度からでもシュートを決めることができた。しかし、伝説が生み出される最後の数秒間になると、その選手は姿をくらませる。「試合を決めるビッグショットを外した奴」というレッテルを貼られることを怖がるのだ。ボールを回してよいショットが打てたとしても、すぐさまボールを手放してしまう。

私は、こういった状況に逆の視点からアプローチしていた。ビッグショットを〝決めた〟場合の報いのことを考えたのだ。もし外してしまったとしても、キャリアの評価を犠牲にしてでも、シュートを打つ勇気があることを証明することができる。この思考がビッグショットを打つ自分との戦いの5割、もしくはそれ以上を占める。

公平を期すと、ヒーローになるチャンスを好む選手も多く存在する。しかし、間違った判断のシュートを打ってしまうことが多い。自分が打てるようなシュートではなく、フェイダウェイショット（ゴールから遠ざかるようにのけぞり、後方にジャンプしながらボールを放つシュート）やバランスの崩れたランナーなどをディフェンスに打たされてしまっているのだ。

このチャレンジのための準備は、決して謎めいたものではない。成功するのに必要なものはいつだって変わらない。

献身《コミットメント》だ。来る日も、来る日も。来る年も、来る年も。

CBがボールを取った瞬間、私の行き先は1カ所しかなかった。スリーポイントラインの外だ。それは3歩、もしくは4歩後ろに進み、コート右のコーナーへ行くことを意味していた。リズムに乗るのに最適な動きではないが、あらゆる体育館で私はこの状況のための準備をしてきていた。

私の最初のチームであるミルウォーキー・バックスでの練習中、膝をついている状態から飛び上がり、ボールをキャッチし、打つという練習を考えついた。うつ伏せや仰向けの状態からも同じ練習をした。カオスな状況でもよいシュートを打てるように、筋肉に記憶させることがポイントだ。

負けたら終了というNBAファイナルの試合で、3点差で負けており、時間も味方してくれない状況ほど、バスケットボールで混乱した状況はないだろう。ショックに陥らないよう、支えてくれるものが必要だ。これは前にも経験したことがある、という感覚を持つことが大切なのだ。

幸いCBは、私のいる場所を見つけ、ボールを回してくれた。今度は自分の番だ。まずやらなければならないのは、サイドラインを踏まないことだ。コートのコーナーにいると、気付かずに踏んでしまうことがよくある。これを避けるのは、決して簡単なことではない。バックス時代、ティム・トーマスという、アウトオブバウンズにさえならなければどこからでも打てる選手と一緒にプレーした。彼には、まず一歩下がる癖があり、よくターンオーバーをしては、ジョージ・カールHCにいつも叱られていた。

「ティミー、自分がどこにいるのかわからんのか！」

そうジョージはよく叫んでいた。

バスケットボールにおいて、スペーシングはすべてだ。だからこそ私は、レブロンがスリーを打ったときにレーンに向かって動いたのだ。

意味がわからない？　もしCBやほかのチームメイトがリバウンドしたときに、すぐボールを受け取ってスリーを打てるように、スリーポイントライン付近にいたほうがよかったのではないかと思うかもしれない。2点では足りなかったわけだから、なおさらだ。

しかし、そうではないのだ。私が中に入ったことで、私をマークしていたダニー・グリーンも中に行ったため、CBからパスを受けたときにダニーは私をディフェンスをするのにベストなポジションが取れていなかったのだ。もし私がずっとペリメーターに立っていたら、グリーンは私のすぐそばにいただろう。おそらく彼は、「レイはスリーを打たない。彼のことはそこまで心配しなくていい」と踏んだのだろう。

もちろん、まだシュートを決めるという課題《タスク》が残っており、それは難しいものだった。その夜、私はオフェンスの重要な一部としてプレーしていなかった。スポルストラは、大きな試合ほど〝ビッグスリー〟に頼る必要があると考えていた。92得点中、レブロン、CB、Dウェイドが52得点を占めていた。一方の私は、1本しかシュートを決めておらず、それも第4クォーター途中にようやく決めたもので、最初の4本を外していたのだ。もっとよい試合はたくさんあったとでも言っておこう。

しかし、試合には完全に集中しきっていた。キャリア序盤は、つねにそうではなかった。白状すると、ベンチに座りながら集中力が途切れ、コート上で何が起きているのかではなく、観客に家族や友人、うるさいファンがいるのが見えることがあった。おそらく自分で気付いてすらいなかったと思う。若さと未熟さゆえだ。幸い、そういった雑音を取り除き、100パーセント試合に集中するということを早い段階で学ぶことができた。

一瞬であったとしても、そういった集中力の途切れは、自分にもチームにとっても高くつく可能性があるのだ。ケガや、相手が投入した選手とのマッチアップなど、コーチが自分の番号を呼ぶ可能性はいつでもあり、そのときに集中できていないと、すでに多くを失ってしまっているのだ。

誰が調子いいのか、誰が悪いのか？

相手がピック&ロールをどうディフェンスしているのか？

審判の笛は軽いのか、もしくはプレーさせてくれているのか？

この試合はNBAファイナルの第6戦だったこともあり、集中力に関して問題は一切なかった。私はここまでの16シーズンのキャリアで、2008年にボストン・セルティックスで優勝したのが唯一。37歳という年齢を考えると、これが最後のチャンスになる可能性もあったのだ。

ここで、最後のポゼッションに話を戻そう。レブロンがスリーを外し、CBがボールをつかみ、コーナーにいる私にボールを回した。試合が、シーズンがかかっている。電話ボックスの中にでもいるかのように、まっすぐ上に飛び上がり、ボールを放った。

ボールがネットのあいだを通過し、チームに新たな息が吹き込まれるかどうかは、まったくわからなかった。しかし、自分が準備すべきことをすべてやってきたことだけはわかっていた。あの日、私は試合前の練習で、おそらく200本以上のシュートを打っただろう。トップ・オブ・ザ・キー（フリースローを行う半円の頂点の部分）、エルボー（長方形のペイントエリア上辺の両端とその付近）、右コーナー、左コーナー。あらゆる場所からシュートを打った。

ハーフタイム中も、普段より多めにシュートを打っていた。プレータイムがいつもより減って、身体をほぐす時間がないだろうと予測していたからだ。そして、1本、自分がシュートを決めなければならないという状況が来る可能性をつねに考えていたのだ。

さもないと――。

そして、その瞬間は来た。ボールとチームの運命が私の手を離れたとき、私は最悪を想定していた。

〈充分な高さまで飛ばなかったのではないか。ボールを高く上げられなかったのではないか。これは入らない〉

しかし、全員が目にしたものを、私も目にした。スウィッシュ！　試合は突如、95－95の同点となった。

本当に決まったのだろうか？　コーナーは混沌としており、シュートしたときに自分がサイドラインを踏んでいたかどうかはわからなかった。モニターでリプレーを見ていた審判がそれを教えてくれる。

ベンチに戻ると、心配そうな表情をしたマイク・ミラーがいた。

「線を踏んでいたか？」と私が聞くと、「踏んでいないように見えた」と彼は答えた。

しかし、「絶対」とは言わなかった。誰もわからなかったのだ。

ほんの数センチにすべてがかかっていた。もし足のほんの一部でも線を踏んでいれば、残り5・2秒でスパーズの3点リードという状況になる。スティールをするか、すぐファールをしてもう1本シュートを打つチャンスがあることを願うしかなかった。

心配は無用だった。線は踏んでいなかったのだ。まだ諦めていなかったファンは狂乱し、のちに知ったことだが、駐車場に出てしまったファンは会場に戻ろうとして断られていた。

そこからは主導権を奪い、スパーズの最後のポゼッションではトニー・パーカーがフェイダウェイを外し、相手を止めることができた。そして、オーバータイム（延長戦）では8－5で相手を上回り、103－100で勝利。

最も喜んでいたのはレブロンだった。

「ジーザス、ありがとう。ジーザス、ありがとう」

そう彼は言った。〝ジーザス〟私が1990年代後半に主演を務めた、スパイク・リー監督の『He Got Game（邦題：ラストゲーム）』の主人公、ジーザス・シャトルワースの名前だ。

「自分の仕事ができてよかったよ」と私は答えた。

2日後、運命の第7戦では、レブロンが5本のスリーを含む37得点、12リバウンドとチームを牽引、我々は95－88で接戦を制した。控えフォワードのシェーン・バティエも、8本中6本のスリーを決めるという活躍を見せた。私は無得点に終わったが、そんなことはどうでもよかった。私は第6戦で絶対に必要だった3点を決め、我々は世界王者となったのだ。

2個目の優勝リングを手にしたことがうれしかったか？　もちろんだ。スポーツ界にこれに勝る感覚は存在するか？　絶対にない。

第7戦後のロッカールームでシャンパンと涙が流れ、大きく息をつくというあの感覚はもちろん最高なのだが、本当の勝利はあの夜に手にしたものではない。勝利は、ファンもカメラもない場所で、毎日ように続けてきた練習で手にしたのだ。

私とボールだけだ。

2016年にダラス・マーベリックスのマーク・キューバンに偶然会った際、彼は素晴らしい褒め言葉をかけてくれた。ダラスで試合をするとき、試合が始まる数時間前に私がルーティンをこなしているのを見るためにコートに来るのだ。マークにとって自分のキャリアで最も忘れられないのがそれだ、と話してくれた。それは私も同じだった。

試合は自分でコントロールすることはできないが、自分ひとりのときはそうではない。自分だけならば、打つシュートや、やってみる技、どれくらい走るかなどすべてをコントロールできる。これほど心穏やかな時間はない。

はるか昔に、サウスカロライナ州ダルゼルという小さな町で過ごした日々を思い出す。暗く混沌とした世界で、バスケットボールがまだ希望の光だった頃のことだ。

2

少年よ、南へ行け

MY JOURNEY THROUGH LIFE AND THE GAME I LOVE

子供の頃から、帰属意識を持つことがなかった。

無理もない。父、ウォルター・アレンは金属技術士としてアメリカ空軍に務めており、それは多くの引っ越しをしなければならないことを意味していた。1975年7月20日に生まれた北カリフォルニアからドイツ、オクラホマ、イギリス、南カリフォルニア。そして、1988年にサウスカロライナ州の州都であるコロンビアから約65キロ離れたダルゼルという街にたどり着いた。1990年台半ばにNBA入りした時点で、自分が旅に慣れていたことに驚きはなかった。

そういった人生に、私はとても感謝している。たくさんの人が見ることもできないような場所を数多く訪れ、アメリカ人であることに誇りはありながらも、アメリカだけが正しい考え方と生き方を持っているわけではないということを理解する手助けとなった。イギリス人もドイツ人も、世界中の人々がそれぞれ独自の価値観を持っている。アメリカに住んでいると理解し難いことかもしれないが、世界は決してアメリカ合衆国を中心に回っているわけではないのだ。

本当に美しい場所を訪れることができる一方、このノマドのような生活には当然デメリットもある。それは、自分がとても大切にしているものを手放すような寂しい感覚に陥ることだった。何かに打ち込む意味はあるのか？　引っ越せば、どうせすぐになくなってしまうのだ。

周りの子供たちと仲良くしようと試みて、仲良くなれたとしても2、3年したら次の配属先が決まり、別れがやって来る。アンクル・サム（アメリカ合衆国を意味する架空の人物）というゼネラルマネジャー（GM）に何度も、何度もトレードされたと言ってもいいだろう。彼の指示があれば、また最初からやり直しだ。毎回それはきつかった。

自分が最も外様なんだと感じたのは、サウスカロライナ州に初めて足を踏み入れたときだ。

……〝サウス〟のほうだ。

1860年終盤、合衆国から離反した最初の州だ。それは南北戦争につながった。リー将軍がグラント将軍に降伏してから120年、人々は武器ではなく言葉で戦争を続けていたのだ。

ただでさえ、自分がまったく知らない土地に放り込まれるだけでも厳しかったのに、新学年が始まってから数カ月たっていたということもあった。その数カ月が大きい。仲のいいグループはすでにつくられ、性急だとしても人格の判断もすでにされ始めている。そこにどこか西のほうから転校生がやって来る。馴染めるチャンスなんてほとんどない。

このとき、アレン家の中で新たな土地に慣れることに苦しんだのは私だけではなかった。中学2年生としての初日、エベニーザー中学校に私を送ってくれた母は、学校がどれだけ寂れて汚い場所であり、さらには墓地の向かいにあることに気付いて涙を流した。

もう少し先まで運転すると、次から次へと農場が現れ、そこから先は森だ。我々が田舎に住んでいるという事実は避けようがなく、ある意味、過去の時代に住んでいるかのようでもあった。決して田舎をバカにしているわけではない。素晴らしい人たちもたくさん住んでいる。しかし、我々にとってはとても厳しい変化で、兵役を務めていたとしても、どんな親でもそうあるように、母は罪悪感を抱いていた。

どれほど劣悪な環境だったかをわかりやすく説明すると、エベニーザー中学の冷水機はパイプが錆《さ》びていたため、茶色い水が出てきた。しかし、一日喉が渇ききった状態が嫌なら、それを飲むしかなかったのだ。

それでも、私たち兄弟は文句を言うことがなかった。おそらく、物心ついた頃から我が家はそこまで恵まれていなかったことを知っていたからだろう。住む場所は政府が払ってくれていたが、そのほかの費用はすべて自分たちで工面する必要があった。

もちろん、ダルゼルのほかの家族も同じくらい貧しかったのだが、我が家には真ん中の自分を含めて5人の兄弟がいたので、分け前も当然少なかった。私はいつも穴の空いた靴を履き、シャツは分割で買っていた。時には3歳上の兄のジョンからお下がりをもらうこともあったが、私の成長が早かったこともあり、すぐに着られなくなることがほとんどだった。2週間ごとに食料品が家にあることから、いつが給料日であることがわかった。その食料品も、できる限り日数をもたせるように努力していた。

カリフォルニア時代と同様、生き抜く方法を見つける、それだけ単純なことだった。しかし、カリフォルニア時代に、私はこの貧しさに耐えられず愚かな間違いを犯したことがあった。11か12歳頃のことだ。基地の中にある食料品店に行った私は、リコリス菓子の箱を盗んだのだ。お腹が空いていても、母に10セントでもせがんではいけないことはわかっていた。リコリス菓子をジャケットの袖の中に隠し、自分はなんて賢いんだと思いながら店の外に出た。

バカだった。カウンターの後ろにいた店員は、ゲイリー・ペイトンよりも素早く私の前に入ってきた。やがて警察がやって来て、後部座席に押し込まれ署に連れていかれた。

気付けば、窓のない小さな部屋の中で椅子に座っていた。数分がまるで数時間かのように感じられた。死ぬほど怖かった。リコリス菓子なんかのためにだ。

おかしなことに、警察のことは別に怖くなかった。親のほうが怖かったのだ。親と向き合うくらいなら、いっそのこと逮捕されたほうが楽だと思っていた。

まず母は、私が何か問題を起こせば、ベルトをムチ代わりに使うことを躊躇《ちゅうちょ》しないような人だった。このときは、多くを語らなくても、その表情だけで怒っていることはすぐにわかった。

「こんなことするなんて信じられないわ。お父さんが帰ってくるのが待ちきれない」

そこが運のいいところだった。父は1年間、韓国に配属されていたので、家にいなかった。考えてみれば、だからこそ私は盗むなんていうリスクを犯したのだろう。1万キロ以上も離れた場所から、いつものようにベルトでたたくことはできないのだから。

しかし、怒鳴ることはできた。当然のことだ。私がやらかしたことで、彼の階級が下がる可能性だってあったのだ。軍の中で階級はすべてだ。

実際は下がらなかったから本当によかった。もし下がっていたら、私は自分を一生許すことができなかっただろう。彼が2カ月後に家に帰ってきた時点で、すべてはもう忘れられていた。しかし、私は人から物を盗ってはいけないということを学んだ。

ほかにも、同じくらい痛みのある学びがあった。

サウスカロライナ時代に、友達が半ズボンを貸してくれると言ってくれたことがあった。学校に行く前の晩に持ってきてくれるという約束だ。それは、私にとってとても重要なことだった。もう何週間も2着のジーンズだけを交互に履いている状態だったから、周りの子たちもそれに気付き、バカにされていた。見せてやるぞ。新しい半ズボンを履いて学校中を歩き回るのだ。そうすれば、もう誰もバカにできない。

その夜、部屋の窓辺に座り、ずっと友達を待っていた。

しかし、彼が現れることはなかった。彼の言い訳がなんだったかはもう覚えていない。唯一覚えているのは、もうちょっとすれば誰にも何も頼らなくてよくなるはずだと考えるようになったことだ。それは両親も含まれていた。とくに父親。貧しい我が家にとって、彼にはもう少しなんとかしてほしいと思う面があった。

早朝5時、朝まで友人と飲んでいた父が家に帰ってくる音で起こされることは、数えきれないほどあった。数時間後、まるでぐっすり寝たかのように仕事に行ける父にはいつも驚かされた。父が飲み屋でお金を使っているということは、私が学校の食堂で食べ物を買うお金がないことを意味していた。

「なんでランチないの？」と、いつもほかの生徒に聞かれた。

「お腹が空いてないんだ」

私はそう答えた。バカにされるよりも嘘をついたほうがいい、と自分は思っていたようだ。ただでさえ2着のジーンズでバカにされていたのだから。

父のためにも言っておくと、父は職場ではとてもリスペクトされた存在で、父の部下は、父から多くを学んでいた。とても賢い人間だったのだが、父は思っていたよりも昇進はできなかった。その時点で、私は「大人になってどんな仕事に就こうと、全力を尽くす」と心に決めた。父の選択に納得のいかないことはあったが、それでも私の父であり、私は父のことを愛していた。

一方、母はそこまで理解がなく、そのツケが回ったことが一度あった。母と父が口論になり、途中から父が少し暴力を振るい始めた。私はふたりのあいだに入ろうとしたものの、当時まだ13歳だったこともあり太刀打ちできなかった。

なぜ母は、父と別れることを選ばなかったのか？　実は、何度か離れることはあったのだ。父は韓国に2度配属されたのだが、いずれも家族で行かなかった。それは、父と母が、少し距離を置けば関係がよくなる、と考えたのではないかと私たち兄弟は推測していた。実際に改善されたのかどうかはまったくわからない。父が帰ってきてからとくに関係が変わった記憶はないし、私が判断することでもない。

母が別れないことには、経済的な状況も大きく関わっていたのだろう。父が夜、何をしていようと、2週間ごとに給料を持って帰ってきていた。養わなければいけない人数が多かっただけに、それは決して軽視できることではなかった。

やらなければいけないことがたくさんあるなかで、母はふたつの仕事をこなす時間をどうにかしてつくっていた。ガソリンスタンドのレジ係と、基地から住人が出ていったあとに家の中を清掃する仕事だ。彼女は隅から隅まで徹底的に清掃した。トイレ、壁、床、コンセントなどをきれいに掃除することから、照明設備の修理などすべてをこなすなか、家族が手伝うこともあった。その稼ぎがあるのとないのとでは、家計に大きな差が出ていたのだ。

1950年代後半にアーカンソー州の田舎で育った母は、ハードワークすることには慣れっこだった。子供の頃も、学校から帰るとすぐさま農場に駆け出し、親と兄弟が綿の収穫をするのを手伝っていた。

カリフォルニアに住んでいた頃、私も庭の芝刈りで稼いだ時期があった。

エドワーズ・エアフォース基地では、毎週木曜日に庭の状態を検査されることもあって、手入れが行き届いていることがとても重要だった。歩道の割れ目から草が生え始めているのを発見すると、違反者として記録されるほどだ。私は近所を歩きながら、どの家が自分たちで芝刈りをし、どの家が人を雇っていたのかを確認した。

当然、基地の中でこの素晴らしい計画を思いついた子供は私だけではなかったので、周りよりも自分が特別であることを主張する必要があった。毎週水曜日の午後、近所を回ってドアをノックする際に言うセリフを、私は何度も細かく練習した。

庭ひとつにつき10ドルという大した金額ではなかったが、30分もあればできるので、暗くなるまでに5軒は回れた。50ドルの稼ぎがあれば、お店でお菓子などを買うには充分だったのだ。

私たち兄弟はサウスカロライナに引っ越すまで、アメリカでも海外でも基地にある学校に通った。そこにはバスケットボールコート、テニスコートなど多くの設備がそろっていた。まるで大学のキャンパスにいるかのようだった。国防総省がすべてを賄っていただけあって、教室や廊下はとてもきれいな場所だった。すべてにおいて最高基準のものを与えられたのだ。最高の教育、最高の教科書、そして何よりも、最高の教師たち。この教師たちは高い報酬と敬意が払われており、生徒たちのことをとても気にかけていた。これから生徒たちが挑んでいく試練への準備をするために、全力を尽くしていた。

エベニーザー中学と、のちに進学した数キロ先にあったヒルクレスト高校とでは、まったく状況が違った。

教師の稼ぎは比べものにならないほど低く、教材も決して充分ではなかった。生徒たちのことを気にかけてはいたが、とくに気にせずに生徒を落第させてしまう教師もいた。そういった子たちが、すぐに手助けを諦めてしまう教師ではなく、信じてサポートしてくれる教師に出会っていたらどうなっていたのだろうか、と私はよく考えることがある。コーチにも同じことが言える。

例として、兄のジョンについて話をしよう。彼は高校3年生のときには州の中でも屈指のランニングバック（アメリカンフットボールのポジション）だった。アメリカ南部では、アメフトが今でも宗教のように崇《あが》められている。ジョンの成績はそこまでよくなかったものの、彼自身はとても賢かった。しかし、コーチはジョンの成績がよくなることを待たずに、「あいつは落第で卒業できない」という噂を広め始めたのだ。ジョンはそんなこと知る由もなかった。スカウトは兄について調べるのをやめてしまい、ジョンは大学に進むことができなかった。ちなみに、高校は予定どおりに卒業している。

しかし、エベニーザー中学の教師たちがいろいろな対応に追われていたことも確かだ。私はバスケットボールを長くやっているだけに、汚い言葉はこれでもかというほど聞いてきたわけだが、エベニーザー中学の生徒たちほど、あの4文字（Fワード）の言葉を発する人たちは今でも見たことがない。

そして飲酒、ドラッグ、セックスの問題もあった。まだ中学生なのにだ。中学2年生のときクラスメイトのひとりが妊娠していたのだが、いちばん不思議だったのは、そのことを誰も非日常の出来事だと感じていないように見えたことだ。それがこの頃の様子を物語っていると思う。

新しいカルチャーに馴染むためにも、どれだけ不愉快なことであろうと、私はできるだけ多くを学ぼうと試みた。

例1：アメリカ史。

カリフォルニアで受けた歴史の授業では、エイブラハム・リンカーン、テディ・ルーズベルト、ジョン・ケネディなど、アメリカの過去のリーダーについて学び、当然エベニーザー中学でも同様だと予想していた。しかし、実際はサウスカロライナ州の過去のリーダーについて学んだ。黒人を筆頭に、多くの人がリーダーとは感じられないような人たちだ。

その中にはジョン・C・キャルフーンも含まれていた。1800年代に上院議員や副大統領を務め、さらには奴隷所有者でもあった。教師はその事実を教えず、私はのちに自分でその事実にたどり着いた。それでも、学校の誰かや親に文句を言うことはしなかった。ただでさえ問題は山積みだったのだ。

差別主義という州の過去と現在を恥ずかしく思うどころか、長期にわたって奴隷制度がもたらした苦しみを、教師たちはむしろ美化しているようだった。さすがは、社会の融和《ゆうわ》を拒み続けたストロム・サーモンド上院議員を、90歳を超えるまで選挙で選び続けた地域なだけある。州議会議事堂には、南部連合国旗が高く掲げられているほどだ。

実は、我々の家から数ブロック離れた場所にも、オークランド・プランテーションと呼ばれる大きな住宅団地が建っていた。壁に打ちつけられた手かせの鎖も含めて、まだ完全なまま残っていた。不気味な場所ではあったのだが、どういう場所なのかをちゃんと理解するうえで、我々はまだ若すぎた。今では、あの鎖のことを考えるだけでゾッとする。2017年のシャーロットビルの事件があって以来、こういった差別を象徴するものは、何がなんでも取り払うことの大切さを身にしみて感じている。遅くても、やらないよりはマシなのだ。

当時の私にとって、黒人対白人という問題だけではなかった。一部の黒人にも見下されていたのだ。それは新入生だからという理由だけではない。〝喋り方〟という間違いを犯してしまったのだ。

「おまえ、ホワイトボーイ（白人の蔑称）みたいな喋り方をするな」と、つねに言われていた。

ホワイトボーイ？

これまで聞いたことのない言葉で、私はその言葉に傷つけられ混乱もした。私はこれまで自分が喋ってきたように喋っていただけだ。黒人がどういうふうに喋らないといけないかなど知らなかった。どこに父が配属されていようと、自分や付き合う人を肌の色で区別したことはなかった。我々は、ほかのアメリカ人とともに国に務めていたのだ。白や黒のアメリカ人ではない。

子供は、時にとても残酷であり、私自身もサウスカロライナに知り合いが誰もいなかったから、なんとか馴染もうという想いもあり、周囲からの批判にはとても影響を受けやすい状態になっていた。初めて自分自身の存在を疑い始めたのだ。自分は何かおかしいのだろうか？　もっと彼らのように振る舞うべきなのだろうか？

問題は、喋り方の違いだけではなかった。白人の男の子や女の子と友達になるのも問題視されてしまうのだ。たとえその子がすぐ隣に住んでいたとしてもだ。私にはそれが理解できなかった。白人の子供とかくれんぼをすると、自分が白人になってしまうわけではないのに。

カリフォルニアでは、そんなことなどなかった。

ベン・E・キングの1960年代の名曲が流れる、リバー・フェニックスとコーリー・フェルドマン主演の映画『スタンド・バイ・ミー』を覚えているだろうか？　エドワーズ基地で知り合った子たちは、黒人も白人もみんな、あの映画の子たちのような関係だった。

お互いの裏庭でキャンプをしたり、川で魚釣りをしたり、基地のレクリエーションセンターでビリヤード、卓球、ビデオゲームなどで遊んだり、親の許可など気にせずにお互いの家に泊まったりしていた。素晴らしい時間だった。誰かの父親の配属先が変わったりすることから、一生この時間が続かないことをみんな理解していたが、まるでずっと続くかのような感覚だった。

しかし、今度のサウスカロライナでは、自分の人種を超えることは許されなかったのだ。自宅で白人の子と遊んだり、バス停で一緒に待っているくらいはバレなかったが、学校のほかの子たちに見られているときは、どちら側につくのか選ぶことを強いられた。とくにそれが顕著だったのが、カフェテリアでのランチタイム。白人は白人と座り、黒人は黒人と座っていた。1988年ではなく、1958年にタイムスリップしたかのようだった。

ほとんどが黒人生徒であるエベニーザー中学での初日、白人の子とすれ違うときに、彼が「ボー（Bo）」と言うのが聞こえた。私は自分のことではないだろうと思い、そのまま歩き続けた。しかし、実際には私に話しかけており、その後も私のことをそうやって呼ぶ白人の子が多く現れた。当初、私はそれが「Dude（男性同士の呼びかけに使われる言葉）」と呼ばれるようなものだと考え、受け入れてもらえているのだと感じていた。

その考えは甘かった。ボーは「ボーイ（Boy）」の卑語《スラング》であることがわかった。私はそれを「N

ワード」と同じくらいの蔑称《べっしょう》だと考えていた。その言葉を発しているのが白人であろうと黒人であろうと関係なかった。黒人はそれを愛情のこもった呼びかけとして使うことがあるのだが、もともとは奴隷の所有者が奴隷を呼ぶときの言葉であるため、使うべきではないと私は感じているのだ。それを父に伝えると、父も基地で誰かにボーと呼ばれたことを教えてくれた。自分だけじゃないのかという安心感は得ることができた。

しかし、ボーと呼ばれ続ける私に選択肢はなかった。唯一あった選択肢は、毎朝バスがエベニーザー中学に到着したときに、黒人側につくのか白人側につくのかというものだった。

私はバスケットボールという3つ目の選択肢を選んだ。誰が来ようと、その人が黄色だろうが緑色だろうが、その人と友達になると決めたのだ。

最初にバスケットボールと恋に落ちたのは8歳のときで、イギリスのベントウォーターズ・ロイヤル・エアフォース基地の近くにある、サックスマンダムという町に住んでいたときだ。

両親は、地域のそれなりに強いセミプロチームでプレーしていた。父はどこからでも左右の手でシュートを決められ、母は冗談抜きに「トラック」という通り名で知られていた。まるでブルドーザーのように人をなぎ倒し、肘打ちすることになんの躊躇もなかった。母、フローラはみんなから「フロー」の愛称で親しまれ、得点とリバウンド能力に優れていた。のちに私が所属したチームの中には、彼女にプレーしてもらいたいと思えるようなところもあった。

観客が彼らを応援するあいだ、私はいつも、スタンドの下で誰かのポケットから落ちた小銭を探すことに夢中だった。数時間で結構稼げたものだ。

ある試合のあと、両親がロッカールームに下がり周りに誰もいないなかで、バスケットボールを拾い、初めて何本かシュートを打ってみた。そして、左側から左手でレイアップ3本、右側から右手で3本、6本連続で成功しないと失敗というドリルを思いついた。大したことないだろう、と私は思った。母と父はいつも楽々とレイアップを決めていたからだ。

しかし、私にとっては違った。失敗したのだ。

思いどおりにならないと、いつもやっていたように私は涙を流し始めた。なぜすべてのシュートを決められないのか理解できなかった。バスケットの高さが3メートル5センチで、自分の背丈はその半分近くでしかないことは考えもしなかった。

その後、イギリス滞在中にボールを手に取ることはなかったのだが、レイアップを外したことが理由ではなかった。ほかのことで忙しかったのと、家の近くに公園やコートがなかったからだ。もう一度バスケットボールをやってみようと思ったのは、およそ2年後。エドワーズで6年生、中学1年生用のリーグに参加したからだ。そして、すぐに自分にはそれなりの才能があることに気付いた。バスケット付近にボールを投げると、入ることのほうが多かったのだ。

しかし、シュートフォームは見られたものではなかった。腕を交差し、ボールをあごの下に引き、バスケットに向かってジャンプしながら両手で放っていた。やばいな。なぜそんなシュートがネットに吸い込まれていたのかは私にもわからない。コーチのひとりであるジェフ・リンチは、この間違ったフォームを直すというチャレンジに挑んでくれた。勇気ある男だ。私がシュートを打つところを撮影してくれ、それを見るのは本当に勉強になった。彼のアドバイスはとてもシンプルなものだった。

まっすぐ上に飛ぶ。肘は中に入れる。片手をボールの下に、もう片方を横に添える。つま先をバスケットに向ける。膝を曲げる。目はつねにリムから離さない。

ジェフには、初めてのNBA観戦に連れていってもらった。1987年3月のことで、ロサンゼルス・レイカーズが当時ファビュラス・フォーラムと知られていたホームアリーナでデトロイト・ピストンズを迎えていた。

コート上で選手たちがウォームアップするのを見ながら、私は両チームの先発センターの身長の高さに驚き続けていた。レイカーズの伝説的選手、カリーム・アブドゥル＝ジャバーと、ピストンズのビル・レインビアは、テレビだとここまで大きくは見えていなかったのだ。

ジェフは私に、カリームのサインがもらえれば20ドルやるぞと言ってきた。まるで現実的ではない賭けだ。カリームの有名なスカイフックをブロックできることと同じくらいしかチャンスはなかった。ただでさえシャイであり、ほかの人たちが断られているのを見た私は、聞くことすらしなかった。それにカリームがルーティンの最中であることに気付き、これはきっとNBA選手にとって神聖な時間なのだと判断したのだ。これに関しては正しかった。当時の私は、ゲームのちょっとした細かい点をつかむにはまだ若すぎたが、ただシュートを決めるだけではないということは理解していた。

それもあってか、1980年代を飾ったショータイム時代のレイカーズでいちばん好きな選手は、カリームでもマジック・ジョンソンでもスピーディーなジェームズ・ウォージーでもなかった。私のいちばん好きなレイカーズ選手は、先発メンバーですらなかったのだ。それは195センチの細いガードで、『SportsCenter』のハイライトに出るようなプレーではないが、試合に勝つために必要なことをすべてやってくれる、マイケル・クーパーだった。

ボックスアウト。パスを弾く。ピックを張る。チャージを奪う。

どの試合でも、それがクープだった。

ジェフはもうひとりのコーチ、フィル・プレザントとともに、私に基礎を徹底的にたたき込んでくれた。

左側でのドリブル。

右手でのレイアップ。

バウンズパス。

鋭いカット。

ポンプフェイク。

ゲームにおけるどんな要素でさえも見過ごすことはなかった。基礎を学ぶことに集中しすぎていたせいで、実は今になってもジェフとフィルのどちらがヘッドコーチだったのかはよく覚えていない。どちらにせよ、サウスカロライナへ引っ越すことがわかったとき、友達との別れと同じくらい、あのふたりほど知識を持って熱心に教えてくれるコーチに新しい場所で出会えるのかという不安があった。

当時は、エベニーザー中学にある鎖のネットと砂利のコートが時代遅れに感じていた。今はとても美しいものに見える。

学校が始まる20分ほど前、毎日1、2試合ほどやる時間があった。サウスカロライナのバスケットボールは、カリフォルニアで慣れていたものとはだいぶ違うことを私はすぐに知ることとなった。ポンプフェイク、スクリーン、ゴールへのカットなどを使うのではなく、コートを走り回り身体能力を使うプレーが多かったのだ。押し合い、引っかき合いも多かった。

そして、ケンカだ。大きい子たちは本当に威圧的で、信じられないかもしれないが、すでに生えきったひげを蓄えている奴らもいたため、誰も向かっていこうとはしなかった。注意しなければならなかったのは、サイズの小さい子たちだ。つねに押し回されているだけに、彼らは自分たちがタフであることを証明する必要があった。

始業ベルが鳴るのは8時半で、全員急いで教室へ駆け込む。しかし、私はいつもバスケのことを考えていた。ようやくボールのことがわかってきたように感じていたのだ。

ボールによってはスピンする方向が違う。

打つときは高いアーチを描けるようにする。

ハンドリングを失わないようにドリブルする方法。

ボールに関することならなんだって知ろうと思っていた。試合の中でボールは自分でコントロールできるものだから、これはとても大切なことだった。対戦相手やチームメイトをコントロールすることはできない。ボールはいつだって自分のためにいてくれる。自分がボールのためにいさえすれば……。

時間がたつとともに、私は次から次へと試合に勝つようになり、私がプレーするのを見に来る子たちも現れ始めた。それはとてもうれしいことだったのだが、競争するのが好きだったからだけではない。バスケットボールは、私が「白人の子みたいに喋る」と言われるのをやめさせる術《すべ》でもあったのだ。

ある日、なぜか私はコートのあらゆる場所からスカイフックを打っていたときがあったのだが、私が6メートルほど離れた場所からスウィッシュで決めるのを、アメフト部のキャプテンと彼の友達がたまたま目撃した。完全に運がよかっただけ。なんというタイミングだろう!

「こいつはうまいな」

そのキャプテンは言った。

大抵の場合、私はほかの子たちと同じスタイルでプレーしていた。速くボールを運んで、クイックショットを打ち、バスケットボールの試合でありながら短距離走に参加しているようなスタイルだ。それでも、カリフォルニアで学んだ基礎は絶対に忘れることはなかった。あれは自分にとっていつまでも役に立つものとなった。

しかし、公園で活躍するだけでは充分ではなかった。もっと意味のある試合で活躍する必要があり、じきにそのチャンスが巡ってきた。

「バスケットボールチームの入部テストを受ける者は、明日の始業前に体育館に来るように」

私はもちろん参加したが、ほかにも多くの子たちが参加し、保証されていることは何もなかった。コーチは我々を3人ずつにグループ分けし、全員に25本のフリースローを打つように指示した。カリフォルニアで学んだとおり、ぐっと膝を曲げ、リムをしっかりと見るようにした。割とフリースローは得意だったのだが、もし調子の悪い日だったらどうしよう？　始まる前から私のバスケットボールキャリアは終わってしまうのだろうか？　そんなことを考えてしまった。

幸いなことに、最悪の事態にはならなかった。誰よりも多い25本中23本を決め、コーチが感心していることは目に見えてわかった。同じく入部テストを受けていたケニー（仮名）に関しては、同じことは言えなかった。

「おまえはチームに受からないよ」

ケニーはそう言ってきたが、私は返事をしなかった。むしろ自分のことを何も知らない人がそんなことを言ってきたときは、なんて返事すべきなのだろうか？　なぜ彼があれほどネガティブだったのかは見当もつかないが、おそらく自分が受からないという不安があったのかもしれない。

入部テストの数日後、自分がチームに受かったことがわかると、ケニーは再び私を落ち込ませようとしてきた。

「なんの意味もないさ、そんなの。先発できないさ」

私は再び返事をしなかった。

悪い奴ではなかったし、ケニーのようにダメだと言ってくるような奴には、誰しもが人生で2、3人くらいに出会うだろう。問題はそういう発言を真に受けるかどうかだ。

むしろ私は、ケニーがああ発言したこと、そしてそのタイミングに感謝しているくらいだ。彼の言葉は長いあいだ、私の脳裏に焼きついていた。そして、何度も訪れる自分を疑問視する瞬間、その言葉を思い出し前に進んだ。ケニー見てろよ、俺は先発してやる、そしてチームで一番の選手のひとりになってやる！　批判することでモチベーションを上げてくれた初めての人物であり、その後も彼のような存在は多く現れた。

チームに入れたことはとても大きかった。私のことを部外者だと思っていた多くの子たちから、クールだと思ってもらえるようになったのだ。さらに、どこかのグループに所属しているかどうかだけで判断されなくなった。

「あいつはバスケットボールをプレーする、あいつはアスリートだ」と言われるようになり、「あいつは黒人（もしくは白人）とつるんでいる」ではなくなった。

もうひとつよかったことは、試合のある日はウォームアップジャージーを着て学校に行くことを許されたことだ。これによって2本のジーンズ以外に着られる3着目の服を手に入れたのだ。廊下を歩いていると、今まで感じたことのない誇らしい気分になれた。

何人かの子たちは、私がバスケットボールのスキルを持っているだけではなく、何か特別な人間であると思うようになっていた。

ある日の練習前にロッカールームで待機していたとき、私は何を思ったのか錠を開けることができるとみんなに自慢した。嘘つけ、と彼らは信じなかった。見せてやると言いながら私は適当なロッカーに向かい、ダイヤルを2、3回まわし、映画で見るように耳を当てた。すると、信じられないことに、本当に開いてしまった！　まるで神様が私に手を貸してくれたかのようだった。

「どうやってやったんだ？　もうひとつ開けてくれ」

彼らはそうお願いしてきたが、もちろんやらない。1個で充分だ。あんな幸運に恵まれることはもうなかっただろうから。

不思議に感じるかもしれないが、ピッキングができたことはとても重要だった。あれぐらいの年齢の子供たちは、つねにグループ内で注目される術を探しているからだ。

しかし、バスケットボールに関しては、運に頼る必要がなかった。努力することだけで上達できた。1990年の秋にヒルクレスト高校に進学すると、観客も多くなり、重要度も増した。

自分は、それに立ち向かえる準備ができていることを望んでいた。

3

高校、高い期待

MY JOURNEY THROUGH LIFE AND THE GAME I LOVE

新たなチャレンジへの準備は充分にできていた。

それは、公園や中学でたくさんプレーしたからだけではなく、父の職場であるショー・エアフォース基地で土日の朝にトレーニングしていたからだった。

週末の朝に、いつも父が基地の仲間とバスケットボールの親善試合を行っていた。いや、親善とは呼べないほど、彼らは真剣に打ち込んでいた。9時半までには到着し、10時から始まる5対5の試合に参加するために、早く来た者順にボードに名前を書き込む。遅刻するとプレーできるまで時間がかかるか、一切プレーできないかのどちらかだった。

父は待つのが嫌いだった。ショー基地に行くためにいつも9時には家を出ており、私は準備ができていなければ置いていかれた。家の下に簡易車庫があったため、ベッドで寝ていると父がヴァンのエンジンをかけるのが聞こえてくる。急いでスニーカーと朝食をつかみ、階段を駆け下りるのだが、間に合わなかった場合は自転車に飛び乗るか、友達に送ってもらうようお願いしていた。週末の試合は何があっても逃したくなかったのだ。

しかし、何人かの体育館職員に言われたことによると、私はそもそも行ってはいけなかったらしい。プレーしていた人たちは20代と30代がほとんど、40代が数人いた。働いている人がプレーする枠を、13歳の私が埋めてしまっているのではないかという懸念があったのだ。

中学2年生から中学3年生のあいだに約13センチ身長が伸びて188センチになったことで、時とともに年齢よりも年上に見えるようになったのが助けとなり、父が私を連れていっても誰も問題を感じないようになっていた。しかし、一度だけ守衛に止められたことがあった。父は、私がもう1年以上も通っており、倍以上も年上の連中よりうまくて、背も高いことを指摘した。それでも守衛は折れず、父が激怒したことが問題となり、命令違反で罰せられることとなった。

しかし、私はそれをちっとも恥ずかしいと思うことはなかった。むしろ誇らしかった。父が私のために立ち上がってくれたのだ。

父は、私やほかの兄弟に対して過剰に愛情表現をすることはなかったし、家で一緒に遊んでくれることもなかった。レゴ、おもちゃ、フットボール、何もなしだ。思い返してみれば、1対1で何かをした記憶がまるでなく、ほかの兄弟もおそらく同様だったのだろう。「愛してるよ」と言われたことは一度もない。今となってみれば言ってほしかったなと思う。もしそうしてくれていたなら、私自身が、親や、とても親しいと感じる人に「愛している」と言うことに違和感を持たなかったはずだ。

それでも、父が自分を愛してくれていることはいつも理解しており、ショー基地でのその朝は、父がそれを示してくれたひとつのケースだったのだ。

あそこでプレーしていたことで、私はバスケットボール以外にも多くを学んだ。成功と失敗の基本的な違いについてもそうだ。あそこにいた人たちは人生でとても成功しており、家族を養い、国のために務めていた。しかし、早い段階で失敗したことで、プロアスリートになるという本当の夢を手に入れることができなかった人が多かったのだ。若い頃にアルコールや女性関係で問題を起こしていなければ手に入れたはずだったと悔やみ、やり直せるなら違う選択をしていたという人がどれだけいたことか。私は彼らを信じた。それほどうまかったのだ。

「僕は、ああならないぞ」そう私は自分に言い聞かせた。「今から20年後のある土曜日の朝、どこかの基地で子供に自分の後悔を語っていたりなんかしない。その子が持っている才能をうらやましがったりしない。なぜなら、自分の才能を投げ捨てないから」

試合自体は短いもので、先に11得点あげたチームが勝つという仕組みだった。勝者はリストの次の相手と対戦し、敗者はリストの最後に回される。それは最悪の気分だった。違うゴールでシュート練習をしたり、ウエイトトレーニングをしたりして時間をつぶし、もしもう一度プレーできたとしても相手はもう疲れ果てている。そんな相手を倒しても、何も証明できない。

かなり荒っぽい展開になることもあったが、審判がいないため自分でファールを申告する必要がある。しかし、明らかにたたかれたとかでない限り、ほとんどの場合はみんな何も言わなかった。

「俺のコールをリスペクトしろ」と言われていた。

もちろん、アメリカ中のピックアップゲーム同様、シュートを外すたびに「ファール！」と叫ぶ人もいた。なんならNBAでも、得点しないたびに審判を見る選手を知っていた。

「手をたたいた」と、彼らは文句を言う。

だからなんだ？　それはファールではない。手はボールの一部とされている。驚くことに、それを知らない選手がとても多いのだ。シュートを外したというのが事実。誰だってシュートは外すものだ。

ショー基地では、トップシューターのひとりである父と、アメフトのスター選手だった兄ジョンのおかげもあって、かなりの試合を勝つことができた。私たちが到着すると、周囲は「やばいな、アレン家の登場だ」と言う。彼らは私たちのことを、あの伝説的なレイカーズチームにちなんで「ショータイム」と呼んでいた。私たちはボールを持って走り、次から次へと得点を重ねた。

もちろん、負けた試合も多かった。地域のトッププレーヤーが集まり、かなり本気で取り組んでいた。最初は、そもそも入ることに苦労するのだが、多くの場合はゲートの前で落ち合って、誰かしらが入れてあげるようにしていた。アレン家はトップを目指していた。そのためには、相手もそれにふさわしい人間がよかったのだ。

ショー基地でプレーする前、私はシュートの仕方は学んでいたが、ダンクの仕方は知らなかった。挑戦するための身長が足りなかったのだ。ダンクの仕方を学んだのはショー基地で、とくに印象に残っているダンクがここで飛び出した。

父の車に間に合わなかった日に、それは起きた。友人と一緒にボードに名前を入れると、数試合勝利して気分が向上していた父と試合をすることになった。スコアがどうであったか忘れてしまったが、速攻で走っていた私は、チームメイトからのパスをレーン内で受け取った。私とゴールのあいだに立っていた唯一の相手は誰か？　もうわかっただろう。私はできるだけ高く飛び上がり……スラム！

　体育館全体が大盛り上がりだった。

「あいつ、父親の上からダンクをたたき込んだぞ！」と彼らは叫んだ。「父親の上からダンクをたたき込んだ！」

　その瞬間は、ダンクをしたことは私にとってあまり重要なことではなかった。2点しかカウントされないうえに、まだ試合に勝つ必要もあった。しかし、少し時間がたつと、その重要さが身に染みてきた。あのダンクは、選手として新たなレベルに到達し、これからさらにうまくなれることを意味していた。ダンクができるようになると、周りがまだ1階にとどまっているところ、自分だけ5階でプレーしているかのようになる。バスケットボールにおいて、これ以上に失意を誘うものはない。ダンクをされる相手は、止めようがないことを理解しているのだ。

　しかし、父はそのダンクについて、当時も、それ以降も話すことはなかったため、どう感じていたのかはわからない。言ったとおり、我々にはそういった関係性がなかった。父は褒めたり励ましたりしてくれることはなかった。それは母の仕事だったのだ。母はつねに、私が世界一の選手になれると言ってくれていた。

　ヒルクレスト高校も、周りに何もない場所にあったが、国道441号線を降りてすぐの所にあり、土の道ではなかっただけに、多少は文明の近くにいることを実感できた。幸いなことに、冷水機が最初にオレンジ色の水を出すことはなかった。

1学年に約200名という、さほど大きくない学校ではあったが、クラス4Aに所属するくらいの規模ではあり（アメリカの公立高校のスポーツは、在籍する生徒数によってカテゴリー分けされている）、それは地域のいい選手と対戦できることを意味していた。大学のスポーツ推薦枠を勝ち取るためには、そういったチャレンジが私には必要だった。

コート外でも気をつける必要があった。カフェテリアでは、周りの子たちが当たり前のように20ドル札の束を取り出しているのを見ていた。もちろん、彼らがどうやってそのような大金を稼いでいたのかはわかっていた。それでも私は、ドラッグにまるで興味が湧かなかった。大学やNBAに入ってからも、私は一度も大麻たばこを手に持ったことがない。

それでも、たまたま間の悪いタイミングで、間の悪い場所に居合わせてしまうこともある。母はそれをとても危惧していた。私の門限は深夜0時だったのだが、それを延ばす交渉の余地などなかった。母はきっと、とても厳しいGMになれただろう。

「妥協するような状況に自分を置く必要はないわ」と母は私に伝えた。「あなたはここから出ていくの。きっと自分の人生でいいことができるわ」

母は、自分が何を喋っているのかよく理解していた。例えば、私のよき友人の話がある。

彼はある金曜の夜にクラブに行き、しまいには人を殺すことになってしまった。私が彼と一緒にいた可能性もあれば、共犯者として彼のように刑務所に入れられた可能性もあれば、私自身が撃たれていた可能性もあった。私はそういう世界にいたのだ。だからこそ、周りのみんなが深夜にパーティーへ繰り出しているなか、私は家に残って兄弟や姉妹と一緒に過ごすことを好んだ。パーティーや学校主催のダンスパーティーに行かなかったことで、さらに私は社交性を失ったが、それは支払ってもいい代償だった。それに、早く眠りにつくことで、翌朝体育館に一番乗りすることがとても楽だったし、それより重要なことなどなかった。

しかし、私は別に修道士のような生活をしていたわけではない。私だって男だ。必要なものは必要だった。

彼女の名前はロザリンドで、私と彼女のあいだにはほとんど共通点はなかった。彼女は高校3年生で、私は1年生だった。彼女は人気グループのひとりで、私はどのグループにも属していなかった。彼女は過去にボーイフレンドがいて、私のほうは付き合ったことがなかった。

ロザリンドは身長が182センチあったため、ふたりとも背が高く、痩せていて、お互い処女と童貞という共通点もあった。最後の部分はとくに自慢だったわけではないけれど……。14歳頃から、私は毎晩のように「いったい、いつヤれるんだろう?」と考えながら眠りについていた。待ちきれなかった。周りは運転の仕方を学ぶ前に、セックスしているような奴らばかりだったのに、私は一塁にすら行けていなかったのだ!

だからこそ、ボーイフレンドと別れたばかりの黒髪ショートカットのとても美しい女の子が、私について聞いているという情報を友達が教えてくれたとき、私は行動を起こした。何を言ったかは覚えていないが、女の子の前ではとてもシャイだったことを考えれば、あまりかっこいいことは言えなかっただろう。

それでも成功した。ロザリンドと私は電話番号を交換し、しばらくしてから付き合うようになった。しかし、彼女の付き合い方は少し不思議なものだった。私は毎日、彼女が廊下を歩く後ろをついていくのだが、いつも数歩先を歩いていて、追いつくのを待とうとはしなかった。学校内でのステータスの違いからだったのかはよくわからないが、私に待ってくれとお願いする勇気はなかった。そして、私が情熱的になる勇気もなかったために、彼女を不満にさせた。頬にキスをするくらいしかできていなかったんだ。

「終わった頃には口紅が全部取れているくらいキスしているべきだわ」

ロザリンドは私たちの友人にそう話していた。

ある日、ようやく私は勇気を出して、ロザリンドが求めているようなキスをすると、彼女は2度と文句を言わなくなった。

高校2年生になる頃には、ロザリンドが大学に通っているコロンビアから帰省するたびに、私か彼女の家で時間を過ごすようになっていた。

そうとなれば、次に何が起きたか、だいたいわかるだろう。そして、彼女は妊娠した。赤ちゃんを堕ろすという考えはまったくなかった。結婚にも迷いはなかった。1990年代初頭、南部ではそれが当たり前であり、正直、私はとても楽しみにしていた。ロザリンドと私は愛し合っていたのだ。子供を生むことでその愛を分かち合える。

しかし、私は高校を卒業して、その後できれば大学も行きたかった。私の家族で大学を卒業した人はそれまでいなかったこともあって、大学に行くことを母はとても重要視していた。学業を大切にしてくれれば、赤ちゃんを育てる手助けをしてくれることを約束してくれた。

それでも、怖いと感じる面もあった。このような状況で怖くない人なんていないだろう。子供がいる責任感を持つ日が訪れようとしているなかで、私は父親になるということや家族を養うということについて、まるで何も知らなかったのだ。自分の父に対して批判することはあったが、父がどういうプレッシャーを抱えていたかをわかっていなかった。自分が想像する以上に、一家の大黒柱でいることは大変なことだったのかもしれない。

母の支えに加えて、そういった不安に対処するために役立ったのは、軍人と一緒にいることで得た自信だ。命をかけて戦場に立つときにどう考えるかなどは、当然わかるはずもなかったが、彼らの立ち振る舞いを見ていると、生きている限りどんな困難でも乗り越えられるということに気付いた。これから子供を育てなければならないという現実は、自分がもっと将来のことに集中するように仕向けてくれた。もう、自分ひとりではなかったのだ。

唯一の後悔は、高校3年生の秋に生まれた娘、ティエラの出産に立ち会えなかったことだ。ロザリンドが検査のために病院に行ったと聞いていたのだが、実際は分娩中だった。学校にいた私のところに母がやって来て、知らせてくれたのだ。病院に行き、初めて自分の娘を見たとき、私は再びこれからやって来る使命《タスク》の巨大さに圧倒された。

大学に進学する前までに、ティエラが父親を認識できるようにするというロザリンドの希望もあり、私は毎日のようにティエラと会った。その最初の数週間は、恐れていたとおり、私はまったくの無力だった。オムツを替えたり食事をあげたりはできたが、これまでほとんど赤ん坊が近くにいたことがなかったため、ただ一緒に座って彼女と遊ぶとことがうまくできなかったのだ。

一方、母は約束どおりオムツ、ベビーフード、ミルク、服など必要なものを買ってくれた。家計のことを考えると、それは決して楽なものではなかったはずだ。

ヒルクレスト高校バスケットボール部のコーチ、ジェームズ・スミスを最初に見たのは、私がまだ中学生の頃だった。いつも何かしらの理由で選手たちを怒鳴りつけていた。冗談抜きに、ボールのラックを選手たちに投げつけるのを見たこともあった。「この人、やばいな」と思った。

しかし、私は大きく間違っていた。コーチ・スミスの下でプレーした3年間で、彼が声を荒げることはほとんどなかった。むしろ、いつも静かすぎて、その場にいることすら気付かないくらいだった。私にとってそれは、コーチに対する最大級の賛辞だ。審判にも同じことが言える。我々は審判たちの名前すら知らなくていいはず。どんなレベルであっても、バスケットボールの試合は選手たちが主役。ファンは選手を見に来ているのだ。

コーチ・スミスは、選手たちの身体が最高の状態であることを徹底した。毎日、放課後には5

キロを走った。私が走ることへの愛と憎悪を発見したのは、まさにそのときだった。

コーチ・スミスは、我々を地域のクロスカントリー競技に登録。ほとんどの場合、惨敗だったのだが、自分たちの限界に挑戦することには徐々に慣れていった。練習中にコーチ・スミスが笛を吹いて体育館を周回する指示を出すと、私はコーチのほうを見て「盲目なのだろうか？もう我々に体力がまるで残っていないことがわからないのだろうか？」と思うことも度々あった。しかし、実際は多少体力が残っていた。コーチはそれを見抜いていたのだ。

我々のチームは、州のトップチームのひとつではなかった。まだお互いとプレーすることを学んでいる段階で、それはどうしても時間がかかるものだ。何人かはエベニーザー中学で一緒にプレーしていたが、高校になると競争は激化する。高校1年時におけるいちばんの成果は、ライバルのサムター高校に勝ったことだろう。まるで州大会を優勝したかのような感覚だった。同シーズンに、私は平均20・5得点、10リバウンドを記録したが、まだ積極性に欠け、コート全体を見渡すことができなかった。それはのちに身につくことになる。

一方、チームに在籍していることは、中学生の頃以上に私のイメージに大きく関わった。エベニーザー中学では数人しか試合を見に来なかったため、大半の子たちは校内放送で結果を知る。「中学3年生男子チームが誰々に勝利しました。レイ・アレンがチームトップで12得点をあげました」といった具合だ。ヒルクレスト高校では、結果が新聞に掲載されていたのだ。多くのクラスメイトは、私と一緒にいるところを見られたいと思うようになり、スポーツ選手として知られるとともに、白人と黒人を選ばないといけないという無益な選択を避けることができた。

それでも、いくらコート上で結果を残し学校のステータスを上げたとしても、私のことを受け入れない子たちもいて、それが変わることはなかった。彼らにとって、私は彼らの一員ではなかったのだ。「一員」であるためには、ダルゼルで生まれ育っている必要があった。

具体例を紹介しよう。最上級生がカフェテリアに集まり、アメリカ中の学校が行う賞の授与式をやったときだ。お調子者《クラスクラウン》、ベストカップル、最も大統領になりそうな人等々。

賞を受賞した生徒は、名前を呼ばれると、ひとりひとりが前に行き、みんなから拍手を送られるなかで表彰状を受け取った。しかし、「最も成功しそうな人」に私が選ばれたとき、部屋は静寂に包まれた。バスケットボールでかなりの成績を残していたことで、みんな私に投票したのだが、喜んで投票したわけではなかったのだ。受賞することによって、まるで自分が何か悪いことでもしているかのような感覚だった。

チームメイトを含めて、周囲はつねに私が何か間違ったことをやったり、言ったりしないかをうかがっており、何かあればすぐにつけ込んできた。州の週間最優秀選手を受賞し、カフェテリアで地元テレビ局のインタビューを行ったときがよい例だろう。私は、「ジム」という言葉を使う代わりに「ジムネージアム」と発言した。彼らはそれに大ウケ。ダルゼルで「ジムネージアム」なんて言う奴はひとりもいなかったのだ。

さらに、高校3年生のときのウエスト・フローレンス高校戦では、ティップオフ後にボールを持った私は強烈なリバース・トマホークダンクをたたき込んだ。しかし、体育館の中は静寂のまま。

「なんで観客は盛り上がらないんだ？　これまで見てきた素晴らしいダンクのひとつだろう？」

するとチームメイトが口を開いた。

「うちのゴールは反対側だ」

やってしまった。ものすごく恥ずかしかった。大差で勝利したので結果には影響しなかったが、このダンクについてはずっと言われ続けるだろうと覚悟した。今でも、チームメイトのひとりがこのネタを話していたとしても驚かない。

多くのチームメイトが家にやって来て、一緒に時間を過ごすこともあった。それでも、私はどこか壁を感じていた。それは、決して出身地の違いによるものだけではなかった。私が成功していたからなのだ。私はいずれここを出ていき、人生で成功を収めると、母はいつも言っていた。彼らは自分たちにはそれができないということを理解していたのだ。一度、練習でチームメイトからわざと思いきりファールをされ、傷だらけになって流血したことがあった。私が大学に推薦で入っても4年間ベンチで過ごし、アル中になって帰ってくると言いふらすチームメイトもいた。中学生のときに、私がチームの入部テストで落ちると言っていたケニーのことを思い出した。

ある時期から私は、いいニュースがあっても、仲がいいと思っている相手であってもそのニュースを伝えないようになっていた。チームメイトのクリス、本名はモーリス、に大学からのリクルートレター（招待状）を見せたとき、彼はひと言も発さなかった。自分には多く届いている一方で、彼には届いていないことに、その時点で気付いた。クリスはその後、サウスカロライナ州の小さな大学に進学し、音信不通になってしまった。これらの話の教訓は、ほかの人の前であまり自分の成功について興奮しないことだ。多くの人は他人が成功していることに興味はないし、むしろ失敗を望んでいる者も多い。

それに、周囲が自分のことをどう思っているかを心配している余裕もなかった。やることはたくさんあったのだ。高校1年生から2年生になる夏、私はワシントンDCとバージニア州でアマチュア・アスレティック・ユニオン（AAU＝アメリカのアマチュア運動連合）の試合に出場していた。当時のDCは、高校バスケ界のクロスオーバーのメッカだった。あそこ以外で、あれほど派手なドリブルを見たことがない。AAUのいちばんよいところは、大きな都市でプレーし、サウスカロライナ州にある多くの街の選手たちと出会えることだ。その中には、ダルゼルから240キロほど北西にあるグリーンビルという街出身の選手も含まれていた。

その選手の名は、ケビン・ガーネット。

ケビンと私には、まず私を拾って、次にケビンを拾い、サウスカロライナ大学の選手たちと対戦するために、コロンビアまで運転してくれる共通の友人がいた。片道2時間かかっていたが、16歳で自分より年上の選手とマッチアップするためには、そういった行動を取る必要があったのだ。その夏、ケビンとはお互いをよく知ることになる。

ケビンは、いつも「おまえはジョーダンみたいだな」と言っていた。「相手が30得点したと思えば、おまえは35得点する」

私は決してジョーダンほどではなかったが、3年生のときは明らかに選手として上達していた。夏のAAUにおける経験がその理由のひとつだった。2年生のときにはなかった積極性を身につけ、ロザリンドとの関係がはっきりしたことも大きかった。日に日に自信が強まっていた。

チームも強くなり始めていた。どのプレーが機能するか、しないかもわかるようになっていた。コーチ・スミスも好きにプレーさせてくれ、これまで以上に口を出さなかった。

リクルートレターに関しては、コーチ・スミスも大きな助けとなってくれた。選手がトップの大学から興味を持たれていると、それを選手だけのチャンスではなく、自分のチャンスだと捉えるコーチも少なからず存在する。「彼を取りたいのならば、私も雇わなければダメだ」というスタンスだ。

逆に、学校がそのコーチを取らないと、「選手は別の大学に行くように仕向ける」と主張するのだ。

コーチ・スミスはそのタイプではなかった。彼もキャリアアップを狙っていたか？　間違いないだろう。しかし、コーチ・スミスは私やほかの選手を交渉材料とはせずに、自身の力で出世するという考え方だった。

当時、私はとてもうぶだったので、選手のリクルートで車、女性、金銭などの裏取引が多く行われている実態を知るのはプロになってからだった。私は一銭もオファーされることはなく、そこまでうまい選手ではないと思われていたからだろう。1993年卒業の学年にはラシード・ウォレス、ジェリー・スタックハウス、ジェフ・マッキニスなど、その後NBAでプレーすることになる選手たちのほうが私よりも注目されていたのだ。

自分が本当にやっていけるのか、疑問に思うこともあった。高校2年生から3年生になる夏に参加した、インディアナポリスでのナイキのキャンプはその一例。ほかの選手との差を感じた私は、サウスカロライナ州で対戦相手に勝つだけではなく、圧倒しなければならないのだということに気付かされた。キャンプの終わりに行われるオールスターゲームに選出されなかったとき、それを痛感した。その試合はテレビ放映もされていたことを付け加えておこう。

当時、高校1年生になろうとしているステフォン・マーブリーと一緒に、私は観客席からその試合を見ていた。

「よう、あんたがプレーしているのを1週間見てきたけど、あんたのほうがあいつらよりうまいよ」

そうステフォンは言った。私は彼に聞いた。

「どうすればいいと思う？　コートに駆けつけて俺を入れろって言うべきか？」

彼の表情を見る限り、彼はまさにそうすればいいと思っていたようだ。4年後に、私と彼がNBAドラフトで立て続けに指名され、その夜のうちにお互いとトレードされるとは、当時夢にも思わなかった。まだ大学にすら行けてなかったのだから。

これまで以上にやる気に溢れた状態で、私はインディアナポリスをあとにした。最終学年のシーズン、私は平均28・5得点、13リバウンド、6アシストを記録し、サウスカロライナ州のゲータレード年間最優秀選手に選ばれた。場内アナウンスもやっていたコーチからは、「キャンディーマン」というニックネームまで与えられた。彼はこう言ってくれた。

「おまえがやることは、すべてがスウィートだ」

小さな州だけに、噂は一気に広まった。我々のジムは約650人しか座れなかったため、多くの人が横口から入り込み、立ち見の状態だった。私が噂どおりのよいプレーヤーなのかを確認しに来ていたのだ。まずは、どの選手が私なのかを見つけ出すところからだ。当時はまだ、今のようにネット上に自分の顔が広まっていない時代。試合前のウォームアップ中に、私を探しているファンの声が聞こえた。

「あそこにいる奴だ」

「いや、違うよ。あっちがレイ・アレンだ」

「違うよ、フリースローライン近辺にいる奴だ」

私としては、自分ではなくチームが注目されてほしかった。この時点では州屈指のチームになっていたので、注目されて然るべきだったのだ。

中学2年生から一緒にプレーしていた何人かのチームメイトとは、ショー基地や家の近くのコートでも一緒にプレーしていた。私は195センチに、ほかの選手も191センチ、188センチと身長が伸びていくとともに、リングの上でプレーすることを学んでいった。まずは片手でつかめるバレーボールで練習し、次にバスケットボールで実践するのだ。たまに対戦相手に203センチ、206センチくらいの選手がいることもあったが、試合を圧倒できるような選手ではなかった。

周りの学校よりも、我々のほうが身体能力は高かった。ポストに立っている、みんなから「T」と呼ばれるロニー・モラントに私がパスを出し、レーンに向かって走り込むというセットプレーがあった。ロニーがボールを高めにトスし、それを私がたたき込む。相手チームは、それが来ることをわかっていても止められなかった。

対戦相手が次に来るプレーをわかっていないことも、もちろんあった。Tがインバウンズパスを出すふりをするというトリックプレーがあったのだ。審判がボールをTに手渡すと、私は自分を守っている相手が聞こえる大きさの声で「インバウンドをするのは俺だろ」と言うと、相手は一瞬気が緩むのだが、それで充分だった。Tはゴールに向かう私にパスを出し、楽々とダンクをたたき込んだ。

レギュラーシーズンを23勝4敗で終えた我々は、サムター市にあるモーリス大学で行われるプレーオフにその勢いを持ち込んだ。サウスカロライナ大学のキャンパスで開催された州大会決勝では、ジェームズ・F・バイアンズ高校と対戦し、前半を40－14のリードで終え、我々はお祝いムードになっていた。時期尚早に。

試合残り数分、リードはひと桁に削られていた。今になっても、相手にどう追いつかれたのかはよくわからない。幸い、私が何本かジャンプシュートを沈め、ダンクで試合を決めた。私は25得点、15リバウンドの成績を残し、何よりも我々は州チャンピオンになれたのだ！

タイトルを獲得すればダルゼルで一生ヒーローになれると思ったが、現実はそうではなかった。パレードもなければ、名誉の賞なども何もなかった。それは、南部における高校バスケットボールと高校アメリカンフットボールの重要性の違いを物語っていた。アメフトで州を制覇すればレジェンドになれた。バスケットボールはかなりないがしろにされており、チームはユニフォームやシューズの購入、遠征をするための費用を捻出するために寄付金を募る必要があるほどだった。

それでも、私はつらいと思うことはなかった。むしろ、サウスカロライナ州にいた日々に感謝しているほどだ。自分が持っているかわからなかった勇気を見いだすことができ、愛する女性、そして彼女と一緒に育てる子供と巡り会えたのだ。

カリフォルニア州では、何をやっても問題にならなかったが、サウスカロライナ州ではつねに試練があることに気付いた。周りが望んでいるように失敗するか、それとも自分が望んでいるようにコート内でも外でも勝者になれるかというのが、つねに課題としてあったのだ。それは誰しもが直面する試練だ。周りからの疑い、そして自分に対する疑いを乗り越えるということ。

サウスカロライナ州で私は変わり、よい方向へと進むことができたのだ。

4

少年よ、北へ行け

MY JOURNEY THROUGH LIFE AND THE GAME I LOVE

大学からの誘いの手紙が届き始めたのは高校2年生のときで、ファーマン大学、リバティー大学、マーサー大学、ウィンスロップ大学、イーストカロライナ大学、キャンベル大学、ノースカロライナ大学（UNC）シャーロット校、イーストテネシー州立大学などの南部の小さな大学がほとんどだった。

学校の大きさや強さを問わず、どれも封を開けるのが楽しみだったのを覚えている。ヒルクレスト高校の3年生として何か問題でも起こさない限り、大学に進学できそうな事実を噛み締めていた。高校で一緒にプレーしたほとんどの子たちは、どんな大学でもいいからひとつでも手紙をもらいたい、そのためならなんでもやるというほどだったのだ。

大学でプレーできるということは、NBAでのキャリアについても可能性を考えられることを意味していた。その考えは、何年も前にマイケル・ジョーダンがニックスと対戦しているのをテレビで見たときから、脳裏の片隅に、いや全面にあったが、それが夢から現実へと近づいていた。考えてみてほしい。サウスカロライナ州ダルゼルからNBA入りした人は、これまでひとりもいなかったのだ。なぜ空軍技師の息子、ウォルター・レイ・アレンJr.が行けると思う？

どのみち、先のことを考えすぎる余裕は私にはなかった。昔から、次のレベルのことを気にしすぎると、今のレベルで成功できないという考えを私は持っていたのだ。どんな状況であろうと、ベストを尽くせば結果はついてくるものだ。

誘いを受けていた学校の中で最も惹きつけられたのはUNCシャーロット校、フォーティナイナーズ（スポーツ部のチーム名）だ。他校よりも私に興味を示しているように感じられた。トップ校のひとつではないからってなんだ？　フォーティナイナーズは多くの強豪校と試合をするため、私の求めている露出の機会も多く、そこで結果を出せばＮＢＡに行けないこともないはずだ。1970年代と80年代にセルティックスでプレーしたセドリック・マクスウェルも、その道をたどっていた。

街が好きだったのもあった。シャーロットは160キロほど離れており、ひとりで頑張っていると思うには充分な距離。一方、友人や家族が遊びに来るのに遠すぎるということもない。自分がここに通うイメージは容易にできた。

それに、大きい大学から声がかかるとは思ってもいなかった。ダルゼルでは全員がそう思っていた。アメフトではあるかもしれないが、バスケではあり得ないと。

しかし、私は間違っていた。

しばらくすると、ウェイクフォレスト大学、バージニア大学、サザンカリフォルニア大学、ビラノバ大学などの強豪校から連絡がき始めたのだ。興奮したよ。手紙を一枚ずつ、父の持つ宝箱に入れていった。その箱は、私にとってタイムカプセルだったのだ。当時も、自分がこれから山あり谷ありを経験するだろうということはわかっていたので、何が起きてもこの箱を見れば、人生の特別な時期を思い出すことができた。

しかし、この状況に圧倒されていたことも認めなければならない。ウェイクフォレスト大学は毎日のように手紙を送ってくれ、その内容が自分たちのバスケ部だけのことではなかった。ほかの部の記事なども送ってきて、私が大学コミュニティーの一部になることを示そうとしてくれていたのだが、しばらくすると私は読むのをやめていた。

いくつかの手紙は、実際に私の試合を見たことのある人が書いているような内容で、事細かな説明や感情が記載されていた。一方、レイ・アレンとレイ・アルストンの違いもわからなさそうなコーチの秘書が書いているようなものもあった。それは、いろいろな女の子をナンパするような男性という印象を受けた。どれかひとつは付き合ってくれるだろうと。

手紙や電話をくれた大学で忘れてしまったものもあったが、絶対に忘れられない連絡がひとつある。

「きみは大した選手だよ」とディーン・スミスが言ってくれたのだ。

そう、ノースカロライナ大学の名将、ディーン・スミスだ。バスケットボール界において、コーチ・スミス以上に崇拝されていた存在はいないだろう。

「きみは素晴らしいキャリアを送ることになるだろうと伝えておきたい」と彼は続けた。「ただし、きみのポジションにはすでに選手がいるので、きみをリクルートすることはできない。もしいなければ、確実にきみに興味を持っていただろう。幸運を祈るよ」

これぞ気品の見本というような内容だ。彼は私を必要とすらしていなかったのにだ。ディーン・スミスが「すでにいる」と言っていた選手とは、ジェリー・スタックハウス。彼はその後、ターヒールズ（ノースカロライナ大学スポーツ部のチーム名）でスター選手へと成長した。

高校3年生にもなると、決断の時期が迫ってきていたこともあり、選択肢を5つに絞る必要があった。全米大学体育協会（NCAA）が許可している公式訪問回数が5回で、一度も自分の目で見たことのない学校に行くつもりはなかった。

最後の5校に入れたいと思っていたうちのふたつの中に、クレムソン大学とカリフォルニア大学ロサンゼルス校（UCLA）があった。クレムソン大学は、ある夏に同校で開催されたバスケットボールキャンプに参加した際にとても好きになった。カリフォルニア州に住んでいた頃は、ブルーインズ（UCLAスポーツ部のチーム名）ファンになっていた。ジョン・ウッデンHCの下、1960年代と70年代に10度の全米制覇を果たしていただけに、UCLAほどの名門はなかった。子供の頃は、ブルー&ゴールドのブルーインズジャージーをどこにでも着ていったものだ。

でも、どちらもリストに入ることはなかった。

クレムソン大学はタイガーズ（クレムソン大学スポーツ部のチーム名）が謹慎処分を受けそうだったため、そのリスクを負うわけにはいかないのでリストから外した。そしてUCLAは、どうやらブルーインズが私に興味を示してくれなかったようで、一度も声がかかることはなかったのだ。

当初、バージニア大学も候補のひとつだった。アップテンポなスタイルをプレーするジェフ・ジョーンズHCに魅了され、ノースカロライナ大学やデューク大学のいるアトランティック・

コースト・カンファレンス（ACC）に所属していた。しかしある日、キャブズ（バージニア大学スポーツ部のチーム名）が私と似たようなスキルを持ち合わせた選手を獲得したので、もう私のことをリクルートしないという手紙が突如届いた。

検討もしなかったのは、サウスカロライナ大学だ。もちろん、誘われていれば真剣に考えたと思うが、UCLA同様、手紙も電話もなかった。州のトッププレーヤーのひとりだっただけに、これには驚いた。コーチたちから声がかかったのは数カ月後で、それもリクルートしていた選手たちの獲得に失敗し、地元メディアからプレッシャーを受けていたからだった。

その時点ではもう遅すぎた。アラバマ大学、ウェイクフォレスト大学、ノースカロライナ州立大学、ケンタッキー大学、そしてコネチカット大学の5つに絞っていたからだ。

この5つに決める前の高校2年生のとき、次から次へとコーチが我が家にやって来ては、母と私に話をしていった。父はそのとき韓国にいた。母はバスケットボールや教育について知ったかぶりをすることはなかったが、しっかりと話に耳を傾けて、いい質問をすることに長けていた。

父は電話越しに意見をくれたが、やはり離れているとできることも少なかった。コーチがどれだけ真摯なのかを見極める必要があって、いちばんの見分け方は「目を見ること」だった。セールスマンと同じだ。

リクルートの過程で最初から最後まで父にいてほしかったかって？　もちろんだ。人生を変える可能性のある決断をするにあたって、父に横にいてほしいと思わないティーンエイジャーはいないだろう。しかし同時に、私はいつもひとりで何かをすることが多かったので、自分の本能に身を任せるということを学んでいた。それが裏目に出ることは、ほとんどなかった。

幸い、コーチ・スミスに加えて、ヒルクレスト高校のアメフトコーチのひとりが私に助言してくれた。

「大学はどこに行くべきだと思いますか？」と私は彼に聞いた。

「ここに行けなんて、私は絶対に言わないよ」

ずいぶん変わった答えだな、と私は思った。これまで、このアメフトコーチよりも大学について詳しくない人でさえもが、どこに行けばいいか意見をしてくれていた。

しかし、そのあとに言われたことが心に響いた。

「きみが何をするにも、自分が決断するようにしなさい」

当たり前のように聞こえるかもしれないが、親、ガールフレンド、エージェント、コーチなど、他人に決断を委ねてしまう子たちが多すぎる。最近は、若い子たちには近しい人たちの話を聞くように助言している。自分に見えていないものが見えてくるかもしれないからだ。しかし、周囲の思うゴールは自分とは違う可能性があることも頭に入れておかなければならない。実際、授業に出てテストを受けたりするのは自分だ。コーチやチームメイトとうまくやっていかないといけないのは自分。そして、振り返ってみて誇らしく感じるのも、後悔するのも自分なのだ。大学、もしくはＮＢＡでスターになれたかもしれないすごい選手を高校で見てきた。しかし、そういった選手でも、自分に合わない大学に進んだことで、二度と名前を聞かなくなることがあった。

1992年10月、ティエラが生まれてから1週間後に、私は最初の見学でアラバマ大学を訪れた。タスカルーサ市に2日間滞在したのだが、それは本当に素晴らしい2日間だったのを覚えている。

私のお世話をしてくれたひとりが、コロンビア地域出身の大学1年生のポイントガード、マーヴィン・オレンジで、州のトップ高校生選手だった。自分と同郷の選手がここまで活躍できているなら、アラバマ大学こそが自分に最適なのかもしれないと思った。

最初の夜は、各男子学生クラブや女子学生クラブが、広い講堂でヒップホップのビートに合わせてダンスステップを披露する「ステップ・ショー」というものに出席した。そのとき私は気付いた。12歳のときに、黒人の多い大学が舞台の映画『School Daze』を見て以来、私がずっと夢見ていた風景だったのだ。みんなはとても楽しそうで、私も早く混ざりたいと思った。

翌日はアメフトの試合を観戦した。当然だ。アラバマ大学ほどアメフトが重要なキャンパスは、アメリカにないと言ってもいいくらいだったのだから。そこで長年コーチを務めていたポール・ウィリアム・〝ベア〟・ブライアントは、州知事や法王よりも有名なくらいだ。クリムソン・タイド（アラバマ大学スポーツ部のチーム名）はいつもどおり、サウスカロライナ大学相手に48－7と圧勝した。

これだけ楽しんだものの、訪問中、アラバマ大学は果たして自分にとっていいのだろうか？

そう考えてしまうことがふたつ起きた。

ひとつ目は、初日にバーミンガムで昼食を取る前に起きた。キャンパスに行く前に別のリクルートと落ち合う予定にしていた。車から降りてレストランに向かって歩いている途中、軽トラに乗っている運転手と目が合った。すると、彼が中指を立ててきた。「僕は何か悪いことしたかな？　僕に怒ってるわけじゃないよね？」と自分に言い聞かせた。

しかし、悪いことをしていなくても関係なかった。私は黒人、彼は白人、そしてそこはアラバマ州だった。それだけで、もう悪いのだ。私はそのまま中に入って、美味しい昼食を取り、誰にも言うことはなかった。言う意味がないと思った。トラックの運転手に対して、ほかの選手やコーチが何かできるわけではなかったからだ。これほどの差別意識のある場所で、自分がやっていけるのかを判断する必要があった。なぜなら、それは決してなくなるものではないから。

ふたつ目は、アメフトの試合でのことだ。大事なリクルートとして、フィールド中央に近い、よい席に座れるものだと思っていたのだが、席すらもらえなかった。試合中ずっと通路で立ち見だった。バスケ部のコーチに影響力がないのか、私のことが大して大事ではないかのどちらかだった。いずれにせよ、またもやアメフトよりもバスケットボールのランクが極端に低い学校に通うことが心配になった。

しかし、アラバマ大学をリストから外しはしなかった。むしろ……。

サウスカロライナ州に帰る前に、「いい時間が過ごせただろう？」と、アシスタントコーチのグレッグ・ポリンスキーから聞かれた。

「ええ、とても楽しかったです」

「きみにはアラバマ大学が一番だ」コーチ・ポリンスキーは付け加えた。

そして、私の私生活の状況を知っていることから、コーチはこう続けた。明らかに、彼はこういった話し合いに関するプロだった。

「きみは責任のある判断をできるようにならなければいけないよ。娘の面倒も見なければならない。きみはここに来たいと私に言わなければならない」

コーチに言わなければならないことなんてひとつもない、と私は思った。それでもコーチ・ポリンスキーは、私がなぜアラバマ大学を選ばなければならないかを説き続けた。最終的に、彼をがっかりさせたくないという思いから、私は折れた。

驚くなかれ、ダルゼルに戻ると、多くの人から軽率な判断を非難された。以前助言してくれたアメフトのコーチが、いちばんうまくまとめてくれた。

「アラバマ大学が好きになったのかもしれないし、もしかしたらきみにとって最適の場所なのかもしれない。しかし、ほかの選択肢を見なければ、それすらもわからないだろう?」

彼がすべてを言い終える前から、もう彼が正しかったことに気付いていた。

まだ4つの大学が残っていたので、私は訪問を続けることにした。アラバマ大学のコーチ・ポリンスキーをがっかりさせてしまうことは忘れよう。これは私の未来であって、彼のものではないのだから。

しかし、コーチ・ポリンスキーはそれをよく思ってはくれなかった。子供を育てるために成熟する必要があるということで、コーチは私を巧みに操ろうとしているように感じた。今度は、私がほかの大学を訪問するから未熟だと言ってきたのだ。アラバマ大学はほかにも選手をリクルートしており、その選手が来ることになれば——実際、のちにその選手は入学したのだが——私の居場所はないとも伝えられた。

でも、今度は折れなかった。

「これは僕がやらなければならないことです」と、私はコーチ・ポリンスキーに伝えた。「あなたがそうしたいのであれば、そうしてください」

あまり批判することでもない。彼は競争がすべての世界で成功しようとしているだけ。ほかのコーチがやっている悪どいことを考えれば、彼の交渉術は大したものではなかった。

ただ、ひとつだけ妥協することにした。残り4つのうち、ケンタッキー大学とコネチカット大学の2校しか訪問しないことにしたのだ。これも間違いだったのはわかるが、当時どれだけ私が若くて脆弱《ぜいじゃく》だったかの表れだと思っている。

次に訪問したのはコネチカット大学。コネチカット大学？ なぜこの大学を最終候補に入れたかって？

有名なコーチ？ いいや。

伝統？　そうじゃない。

大きな都市という環境？　違う。

では何？

礼儀、品位、誠実。

最初にコネチカット大学から声がかかったときのことを覚えている。電話をしてきたのはアシスタントコーチのひとり、ハウイー・ディッケンマンで、彼は私がジャクソンビルで開催されたＡＡＵのトーナメントでプレーしているのを見ていた。その日、ディッケンマンは私の名前の横に「Ｐ」と書き込んだ。ポテンシャルの「Ｐ」だ。

「私はＵＣｏｎｎ《ユーコン》の者だ」と、ディッケンマンは電話越しに私に話した。「きみをリクルートすることにとても興味を持っている」

「ＵＣｏｎｎ？　待ってください、それ、アラスカ州の近くじゃなかったですか？」

冗談抜きに、彼はユーコン地域（カナダの準州）から電話しているのかと思ったのだ。あんな所でバスケをやっているとは思わなかった！

そこでひと笑い起きたのち、コーチと私はとても内容のある会話をすることができた。具体的にディッケンマンが何を言っていたかは思い出せないが、あの北東部訛《なま》りのしゃがれ声には、この人は信頼できると思わせる何かがあった。ディッケンマンとほかのコネチカット大学のコーチたちは、戯言《たわごと》を言わなかった。ほかのリクルーターからはたくさん聞いていたから、逆に新鮮だった。例えば、アラバマ大学は、私がそこからNBAに行けることを約束してくれた。私のことを信頼してくれるのはうれしいが、次のレベルが約束されている人間なんていない。

UConnのコーチたちは、逆にNBAに関して何も言わなかった。なんなら、大学1年生のことに関しても何も約束はなかった。

「きみが成功したと思えるレベルになれる機会を与えるが、そのためにどこまで努力できるかはきみ次第だ」

そう彼は説明してくれた。それこそが、私が聞きたかった言葉。エベニーザー中学、ショー基地、ヒルクレスト高校、AAU、どこでも努力するかどうかは自分次第だった。もしUConnに行って成功できなかったとしても、彼らがチャンスを与えてくれたということは残る。それ以上に求めることは何もなかった。

コーチ・ディッケンマンと会話したのち、自分でも少し調査してみることにした。それまで私は、コネチカット大学についてあまり知識がなく、唯一知っていたことでも別に好きになれるようなものではなかった。1990年のNCAAトーナメント（全米大学ナンバーワンを決める一大イベント）の東地区準決勝で、UConnが私の愛するクレムソン・タイガーズ相手に、テイト・ジョージのブザービーターで勝利したということだ。あれには絶望した。そしてその2日後、今度はUConnがデューク大学との試合でクリスチャン・レイトナーにブザービーターを決められて敗退。大義達成、と私は思ったのだ。

全米制覇どころか、まだファイナルフォー（ベスト4）にすら出場したことがない大学だったが、上昇傾向にあることはすぐにわかった。1986年にコーチになったジム・キャルフーンHCの下、ハスキーズ（コネチカット大学スポーツ部のチーム名）はビッグイーストという競争性の高いカンファレンスで118勝73敗という立派な成績を残していた。

想像どおり、コネチカット大学も独自の調査をしていた。コーチ・キャルフーンが私の家にやって来て、ヒルクレスト高校の試合も観戦。決してよい内容ではなかったと言ってもいいだろう。私はわずか9得点に終わったのだが、決して相手に抑えられたのではなく、自分の問題だった。チームメイトたちが、自分たちも目立ちたいという想いと、私が奨学金を得るのを邪魔するために、パスをくれなかったのだ。母は激怒していた。彼女が座ったままでいてくれて彼らはラッキーだった。忘れた人のために言っておくと、彼女のあだ名は「トラック」。試合後、私は彼女をなだめた。「母さん、大丈夫だよ。僕を抑えられるものなんてないさ」

夏のトーナメント中にもっとチャンスがあることはわかっていたし、前にも言ったとおり、バスケは得点するだけのゲームじゃない。コーチ・キャルフーンは、私がコート上で行うすべてのことに注目してくれるので、まだ私を欲しがってくれることに自信を持っていた。

ただ、自分が何を欲しいかを決める必要があり、それは訪問してみて、大学を気に入るかどうかにかかっていた。

ふたを開けてみれば、私はとても気に入った。コネチカット州も、大学のある街ストーズも、キャンパス自体も、すべてが大好きになった。

秋色に染まった葉っぱが美しい週末に、私は大学を訪れた。金曜日には、選手たちが受講している授業にいくつか参加し、選手たちがコート外でも仲がいいのをとてもクールに感じた。高校での私は、ほかのチームメイトとそこまでつながることができていなかった。彼らが学校主催のダンスパーティーに行くなか、私は家に残って落ち着くというほうが多かったのだ。

土曜日には、ここでもアメフトの試合を観戦。しかし、コネチカット州ストーズとアラバマ州タスカルーサのアメフトは、まったく違うものだった。そのシーズンのハスキーズの成績は5勝6敗に終わっていた。しかし、そんなことよりも、今回はフィールド中央に席が用意されており、自分が観戦している写真がストーズの大学新聞に掲載されていることを、サウスカロライナ州に戻ってから知った。まだ決断すらしていなかったのに！

自分にとって最も衝撃だったのは、何人かとバーにいたとき、曲の『ウーリー・ブリー』が流れ始めたときだ。ある黒人の選手が、ほかの白人選手たちと一緒に歌い始めたのだ。歌詞を知っていたことにまず驚いたし、ラップじゃないという理由で聴かないなんてことをしないところに感心した。サウスカロライナ州で慣れてしまった差別の壁は、ここにはなかった。この場所こそが、自分に最適だと感じた。

聞いたことあるって？　そうだろう。アラバマ大学に行って、男に中指を立てられ、アメフトの試合を通路で観戦したあとも同じことを言っていたのだから。どの大学に行っても同じ感情を抱いてしまうのだろうかと、私は少し不安になった。

そこで、ケンタッキー州レキシントンに最後の大学訪問をしに行く必要があると思った。コネチカット大学は大好きになっていたが、確信が欲しかったのだ。

ケンタッキー大学は、そんじょそこらの大学と違う。エイドルフ・ラップHCの下で、ワイルドキャッツ（ケンタッキー大学スポーツ部のチーム名）は1940年代と50年代に4度、全米制覇を成し遂げていた。そして名を上げ始めていたリック・ピティーノHCの下で、リクルート規律違反の謹慎が解けてからわずか数年で、ケンタッキー大学は再び、エリート校の仲間入りを果たしていた。

コーチ・ピティーノとは、以前家に来てくれたときに会っていた。ピティーノは、自分や、自分のチームを誰よりもうまく売り込む方法を熟知していた。私がとても特別で、欲されていると感じることができた。しかし、レキシントンに行ったときは、同じ感情を抱くことができなかった。とくにストーズでの待遇のあとだったから、なおさらだった。

ふたつの例がとくに目立った。

ピティーノが所有するレストランで、チームのスターフォワードであるジャマール・マッシュバーンと彼のルームメイトと昼食を取っていたときのことだ。ピティーノは私たちのテーブルから少し離れた所で、友人たちと食事をしていた。やった、きっとあとで僕の所に来て少し話をするだろうから、判断材料になるなと思っていた。しかし、ピティーノは来なかった。手を振ってはくれたが、それだけだった。コーチ・キャルフーンなら、絶対にそんなことはしなかっただろう。むしろ、彼とはストーズで一緒に食事をしたくらいだ。

ふたつ目は、翌日のことだ。寮から練習施設に歩いている途中、ピティーノが車で通るのが見えた。彼はまた手を振ってくれたものの、車を止めて話すまではしなかった。この似たような状況から私が導き出した答えは、明らかに自分を求めている所に行こう、重要な役割を担うことができる場所に行こう、ということだった。これは大学にも就職活動にも言えることだろう。

大学バスケ史上、最高のコーチのひとりであるピティーノを責めるつもりはないが、彼にとって私はたくさんいる選手たちのひとりにすぎなかった。ケンタッキー大学に行けば、きっとピティーノは私をうまく使ってくれるだろうが、もし行かなかったとしても彼らはちっとも困らないだろう。ピティーノは全国のトップ高校生を獲得することに慣れており、その年も彼にとってはいつもどおりだったのだ。

どちらにせよ、私は確信を得ることができた。コネチカット大学に決まりだ。

どれだけ興奮していたか、言葉では言い表せない。ジョージタウン大学、シラキューズ大学、ビラノバ大学、セントジョンズ大学といった、これまでテレビで試合を見るのが大好きだったビッグイーストでプレーすることになる。そして、バスケットボール界のメッカと呼ばれているニューヨーク市のマディソン・スクエア・ガーデンでプレーできるのだ。

ニューヨーク、フィラデルフィア、ボストン、すべての大都市でプレーすることになり、大都市ということは大舞台、そして大きな可能性を意味している。それについては高校1年生から2年生になる夏に、ワシントンDCでプレーしたAAUの試合ですでに学んでいた。もしビッグイーストでしっかりと自分を出すことができれば、NBA入りも見えてくる。その道を進む準備を手伝ってくれるのには、コーチ・キャルフーンが最適だった。1980年代半ばに、彼がノースイースタン大学でコーチをしていたときのレジー・ルイスがいい例だ。あまり注目されていない大学出身ながらも、今は亡きルイスはその後、6年間もNBA（セルティックス）でプレーしたのだ。

コネチカット大学を選ぶことには、大都市でプレーしながらも、多くの若者から夢を奪ってしまうような誘惑からは離れた田舎にある学校に通う、というふたつの側面があった。私が大学に行っても4年間ベンチで過ごし、アル中になってダルゼルに帰ってくる、と言いふらしていた高校のチームメイトのことを思い出した。UConnでどれくらい活躍できるかは予想できなかったが、私がどうなるかについては彼の考えは間違っていたと証明できる。

コネチカット大学のコーチたちは、最初から私のことをただのバスケットボール選手ではなく、ひとりの人間として見てくれた。コーチ・ディッケンマンは、私の兄や姉妹の名前を覚え、今でも毎年、ティエラの誕生日にメールをくれる。別のアシスタントのデイブ・レイトーは、自分がどれだけ家族を愛しているかなどをのちに語ってくれた。私の成長を助けてくれようとしている大人がそろっていたのだ。

行く学校が決まった私は、周りにそれを伝え始めたのだが、なかなか誰も納得してくれなかった。

「コネチカット。いったいなんでそんな所に行くんだよ？」

月に行くんだ、とでも言ったかのように彼らはショックを受けていた。私は何度も決断の理由を説明したのだが、彼らが納得することはなかった。

数カ月後、コネチカット大学がＮＣＡＡトーナメントよりも劣るＮＩＴ（全米招待トーナメント。全米トップ68校が招待されるＮＣＡＡトーナメントのすぐ下に位置づけられる大会）の第1ラウンドで、事もあろうかジャクソン州立大学に88－90で敗れたことで、周囲からはさらにバカにされた。

「コネチカット弱いな！」

「僕が行けば状況は変わるさ」

そう言い返した私は、本当にそう信じていた。

父も、なぜ私がケンタッキー大学を選択しなかったのかを理解できず、韓国からの電話でその不満を伝えられたが、私は聞く耳を持たなかった。

「父さんはリック・ピティーノが家に来たとき、いなかったじゃないか。コーチたちが何を言ったかも知らないし、寮の部屋に座った感じもわからないだろ。彼らは僕の面倒を見てくれるのか？　ケンタッキー大学であるという理由だけで行かせようとしているだけじゃないか」

母も決して喜んではいなかった。まだ迷っている頃から、彼女には「コネチカット大学じゃない限り、どこでもいいわ」と言われていた。

しかし、父に感じていたような怒りを、母に抱くことはなかった。それは、息子に遠くに行ってほしくないという母親の感情から出てくる言葉だったからだ。しかし、それと同時に、親というのは子供にとって最適なものを優先することが大切だ。それがNBAを目指している子であろうが、ボストン・ポップス・オーケストラでバイオリニストになりたい子であろうが、どちらも一緒だ。

ロザリンドも、私が遠くに行ってしまうことを嫌がっていた。私たちはこれまで以上に親密になっていた。無神経だと思われたくはないが、彼女がどう思っているかが私の決断に影響することは1秒足りともなかった。自分の将来にとっていちばん必要なことをやらなければならないと信じていた。長期的に見ても、どこに行こうと、私が成功すればするほど彼女とティエラをしっかりと養えることにつながるのだから。

大学選びが終わったとき、かなりの安堵を感じたのを覚えている。数カ月のあいだ、知らない人、友人、先生、親戚などから、どこの大学に行くのか聞かれない日はなかったからだ。一番に教えるよ、約束するよっていつも言っていた。

これでようやく、高校最後の1年を乗りきるとか、ほかの心配事に集中することができた。それまで、卒業できなくなり、あの場所を脱出できなくなってしまうような問題を起こすことはなかったのだが、それでも心配はなくならなかった。

本当に、最後の最後まで心配していたのだ。

卒業式の朝、私は友人とサムターの中心街にある講堂で、式のリハーサルに出席することになっていた。リハーサルを欠席したら卒業できないぞと言われていた。チームメイトの姉がその講堂の近くに住んでいたので、そこに泊まらせてもらったほどだ。とにかく、卒業できなくなるようなリスクを冒したくなかったのだ。

それなのに、講堂に行く途中に交通事故に遭ってしまった。1918年生まれの女性（なぜか覚えている）の過失だったのだが、警察のレポートを作成するために現場に残らなければならず、リハーサルに間に合わなかった。

警察から解放されるのを友人と待ち続けるあいだ、私は不安に駆られていた。

〈これのせいでコネチカット大学に行けなくなってしまうのだろうか？　自分の人生を歩めなくなるのだろうか？〉

「大丈夫だ」私は自分に言い聞かせた。「ちょっとした交通事故で卒業できないなんてあり得ないさ」

何かを本当に欲っしているときに、悪いほうに想像力が働きすぎることの典型だった。言うまでもなく、卒業証書はしっかりともらうことができた。

夏が来て、すぐ終わった。時には50年に感じることもあったが、サウスカロライナ州での5年間は終焉《しゅうえん》。私は次へ進む準備ができていた。

それでも、この5年間の苦闘を経験していなければ、今の私はなかっただろう。周囲に失敗すると言われ続けたからだけではない。もっと大事なことがあったのだ。

最初にエベニーザー中学に行ったとき、私はほかの黒人の子たちに白人みたいな喋り方をすると非難されたことにムキになっていた。しかし、時とともに、それは私の問題ではなく、周囲の問題なのだということに気付いた。もし彼らの言うことを信じていたら、私も彼らのような感情を抱き、ずっと怒っている人生を歩んでいたかもしれない。

信じられないかもしれないが、今でもその30年前に直面した憎しみと無知に直面することはある。気にはなるが、ムキになることはもうない。

数年前、何度も行ったことのあるコネチカット州のコースでゴルフをしていると、よく知らない男性に「白人のゲームを遊ぶのはどんな気分だい？」と聞かれた。ショックではなかった。近所の黒人がいるという理由だけで、人々が車のロックをかける音が聞こえるのと同じようなもの。もう、こういったことが何度あったか数えきれないくらいだ。

さらに、「話すのがとてもうまいね」だったり、「とても語彙力が高いですね」などといった、相手が褒めていると思い込んでいる言葉をかけられても、ショックを受けなくなった。

今では、怒る代わりに、主張するようにしている。

「もし私が白人だったら、同じことを言うのかい？」

だいたい答えは返ってこない。しかし、相手の表情を見る限り、考えなければならないことを提唱できたんだなということはわかる。

ただし、当時はこういったことを理解していなかった。若い黒人のバスケットボール選手が立ち向かわなければならない数々の挑戦の山に、足を一歩踏み入れたばかりだったのだから。

挑戦は、まだまだ続いた。

5

ストーズで
私を待ち受けていたこと

ほかの学生たちよりも1週間早く、私はキャンパスに到着した。それはもはや、私の習慣だった。誰よりも早く新しい環境に慣れて、周りが手探りのなか自分はもう万全という状況をつくるためだ。

例えば、UＣｏｎｎの練習はいつも午後3時半開始だったが、私は遅くとも午後2時半までに行っていた。そうすると、自分で、もしくはコーチと一緒にいくつか練習することができる。これはあとになって気付いたことだが、全体の集合時間よりだいぶ早く着いていると、自分がどれだけ真剣なのかをコーチたちに見せることができる。

ストーズ入りも同様だった。着いてすぐの頃は何度か迷子になったが、そうやって慣れていき、しばらくしたらもう何年もキャンパスにいたことがあるような感覚を手に入れていた。どこで食事をして、どこで買い物をして、どこで授業を受けるかなどすべてバッチリだった。授業初日はバタバタして、つねに地図を見ながらうろうろしているような1年生にはならないぞと決めていたのだ。

だからといって、新たな生活に何も不安がなかったわけではない。ハートフォードへの飛行機の中、ロザリンド、ティエラ、母、姉妹のキム、タリーシャ、クリスティーといった大切な女性陣を置いてきたことで、自分がどれほど寂しくなるかを初めて実感した。もしかしたら、こんなに遠い学校に行くのはあまりいい決断ではなかったのかもしれないと思いもした。

しかし、ポケットに200ドルの現金を入れ、スーツケースを買うお金がなかったから服をゴミ袋に突っ込んだ状態のまま、空港でコーチ・レイトーに出迎えてもらったとき、そういった迷いはすべて吹き飛んだ。それはまるで、外すのが怖いと思いながらフリースローラインに立つ感覚と似ていた。ボールを手に取って、ルーティンをこなしているうちにその恐れは消えてしまうのだ。「大丈夫だ」と自分に言い聞かせた。

キャンパスでの最初の数週間がたったある日を、今でも鮮明に覚えている。とくにその日に目立った何かがあったわけではなく、今になってみれば、そうだったのかもしれない。朝5時半くらいに目覚めると、少しウエイトトレーニングをしたのち、軽くシャワーを浴び、朝食を食べた。そして、なぜそうしようと思ったのかは忘れたが、今までやった経験のないことをやった。ネクタイを締めてセーターを着て、朝9時に始まるスピーチの授業に向かったのだ。

「なんでおめかししてるの？」と、隣の席の女の子に聞かれた。

「準備万端だからだ」と私は答えた。

それぞれの旅路の途中である自分と、同い年の男女とともに授業に行くことで、現実を理解していた。

〈これは夢ではないぞ、レイ。おまえは大学生なんだ。自分の運命は自分で支配するんだ〉

その瞬間を手に入れるために私はとても頑張っていたが、どこかで実現しないだろうと思ってもいた。高校の知り合い数人のように、何か大きな間違いを犯してしまったり、自分がコントロールできない何かが原因で落ちぶれてしまったりするのではないかと思っていたのだ。実際、私の家族の知り合いで、サムター屈指のランニングバックだった子は、クレムソン大学から奨学金をもらった数カ月後に交通事故で亡くなっていた。

姉のキムが、1年前にサウスカロライナ州コロンビアにあるベネディクト大学に入学していたため、アレン家初の大学生というわけでもなかった。しかし、この国の歴史上、こういったチャンスを手にすることができなかったすべての黒人のことを想い、自分がこの機会を最大限に活かさなければという思いには駆られていた。それは、勉強以外に、そもそも自分が大学に行ける理由となったバスケットボールに、全力で打ち込まなければという思いにつながった。

初日から全力で頑張らなければならないと言っていたコーチたちは、決して冗談を言っていたわけではなかった。私は、これまでバスケットボールのためにトレーニングをしたことがなかった。やらなければいけないこともわかっていなかった。とにかく行ってプレーする、そういう日々はもう終わったのだ。

彼らは我々を走らせることを好み、それは高校でやっていた長距離走が〝日曜日のお散歩〟に感じるほどだった。毎週土曜日に走らされる、墓地を通る「セメタリー・ヒル」と呼ばれるルートが最もつらかった。これを走りたいと思う奴は誰もいなかった。少なくとも、まともな奴は。まずは鋭い坂道から始まり、1・5キロくらいすると平らになった。進めば進むほど傾斜は急になっていく。コーチ陣は我々に対して、肉体的にだけでなく、精神的にも試してきていた。

最初にセメタリー・ヒルを見たときは、大したことはないと思っていた。入学する前の年のことで、コーチ・キャルフーンと車の中から選手たちが走るのを見ていたときのことだ。

「全員一緒にやっている、なんて素晴らしいんだ。これぞチームだね！」と私は思ったのだが、これが必須項目であることに当時は気付いていなかった。

コーチ・キャルフーンに関しては、戦場の軍曹を想像してくれるとちょうどいいだろう。まるで、彼が「諸君、敵はすぐそこまで来ている。やられる前にやらなければならない。戦死という選択肢はない」と言っているのが聞こえてくるかのようだった。

コーチ・キャルフーンは、我々の注目を得る方法を熟知していた。練習が始まる数分前、チームはいつも壁の時計を見守っていた。そして3時半になるとドアがバンと開き、コーチがノートとペンを持って登場するのだ。

「やることがたくさんあるぞ」

コーチ・キャルフーンはそう言ってくる。毎日だ。

そして、コーチがそれを言ったとき、我々は、準備できているぞ、という気持ちを示すために手をたたく。ひとりでもやる気を見せていないと――彼は言う。

「なんだおまえら、ここにいたくないのか？　線に並べ」

「線に並べ」。チームが最も恐れる言葉だ。

これは、セメタリー・ヒルと同じくらいつらいランニングが始まることを意味していた。28秒でこなさなければならないことから、我々は「28s」と呼んでいた。もうひとつの呼び方は「スーサイド（自殺）」だ。28秒間で、ベースラインから手前のフリースローラインに走り、ベースラインに戻る。そしてベースラインからハーフコートまで走り、またベースラインに戻る。

ここまで付いてきているかな？

そこから奥のフリースローラインまで走り、ベースラインに戻る。最後に反対側のベースラインまで行き、元のベースラインに戻って終了だ。

28秒だよ！

ほとんどの選手はできたのだが、それだけではコーチ・キャルフーンを満足させることなどできない。全員ができるまで、全員やり直しだったのだ。201センチのフォワード、エリック・ヘイワードがいる我々にとって、それは大問題だった。優しい言い方をすると、エリックは時間をかけて物事をする奴だった。率直に言うと、遅い。エリックが28秒でこのドリルを終えるのは不可能だった。そのため、なんとか終わらせるためにエリックを抱えて走るというのが常だった。

それでも28秒で終えられないときもあったが、重要なのはそこではなかった。もう14人の個人ではなく、チームになり始めていたのだ。エリックのせいで走らなければならない状況があればあるほど、チームはよりひとつになっていった。しばらくすると我々は、これまで思っていた以上に何かを成し遂げられるという思いに気付かされた。コーチ・キャルフーンはコーチ・スミスと似ていて、諦めるという選択肢が最も楽だと感じるときに、それを選ばせないようにすることに力を入れていた。ちょっといきすぎだなと感じるときでさえも、私はひと言も文句を言わなかった。毎日、私はコート上で自分と戦う準備ができていた。一度でも諦めてしまえば、その後何度も、何度も諦めることになってしまうからだ。

しかし、実際に諦めてしまい、転校する選手もいた。言われたことをやるよりも文句を言っていたことから、そうなるだろうなというのは予想できていた。彼らは、自分たちに才能があるからやらなくてもいい、と考えていたのだ。

コーチ・キャルフーンの下で、それは通用しない。

彼の懐に入るためには、決して簡単なことではないとはいえ、練習で全力を尽くし、授業に遅れることなく出席することを毎日繰り返す必要があった。

初めての練習のことを思い出す。練習終了後、コーチ・レイトーが気に入らなかったことを口にした。

「コーチ」と、レイトーはキャルフーンに向かって話した。「あの1年生は汗をかいていない。明らかに努力していない証拠だ」

レイトーは私を試していたのだろうか？ 汗をかいていない理由は、体育館に冷房が効いており、私は南部の湿度の高いなかでバスケをやることに慣れていたからだった。むしろ必死にやりすぎて、水に飢えていたのだが、チームメイトのケビン・オリーに止められていた。

「その水のボトルから離れたほうがいいぞ。飲みたいと思ったときに水を飲んでいいわけではない。コーチに言われたときだけだ」

どちらにせよ、コーチ・キャルフーンがコーチ・レイトーの指摘にどう反応したかは知らない。なぜなら、私はさっさとコートを去り、振り返らなかったからだ。

コート外では、前年に見たチームの親密さは本物で、そういったグループの一員になれるのは、カリフォルニアの幼少期以来だった私にとってかけがえのないことだった。新しい友人たちのためならなんだってやってやるという気持ちだった。

その一例として、1年生のときに学生会館で行われたパーティーがある。そのパーティーには多くのアメフト選手が出席していた。悪い知らせだ。UConnのアメフト部は、いつもバスケ部を妬んでいた。彼らが50人なのに対して、我々は14人しかいないのに、我々のほうが校内で脚光を浴びていたからだ。何か女の子のことで揉め事があり、成熟した大人らしく拳で決着をつけることになった。私は準備万端だった。ケンカが初めてというわけでもなかった。

しかし、チームメイトが私の助けはいらないと言ってきたのだ。

「あっち行け、寮に戻れ」

「いやいや、やるよ」

彼らの理由はこれだった。もともと態度がいいというわけではなかったので、問題を起こすのには慣れていた。しかし、もし評判の高いレイまでもが関わっていたとコーチが知ったら、かなり怒られてしまう。特別な待遇など求めていなかったが、「彼らは僕のことを高く評価してくれているんだから、それに敬意を払う必要がある」と私は思った。

一方、彼らと絶対にやらないこともあった。

それは飲酒だ。一緒にやりたいなと思うことはあったかって？　もちろんだ。それでも、翌朝彼らが二日酔いなのを見ると、だいたい気が変わる。しかし、彼らは私が一緒になって飲まないのを責めることは一度だってなかった。私が自分のことを考えて行動を取っていることを理解してくれていた。もし私がバスケットボールで成功できないのであれば、酒飲みだったからとかではなく、実力でのことであってほしかったのだ。

私はやっていけると思っていたが、まだ確信を持っていなかった。それが変わったのは、シャーロッツビルでバージニア大学と対戦した第2戦目のときだ。バージニア大学は、私にもう興味がなくなったと手紙を送ってきた学校だ。彼らが何を失ったか見せつけようと、私は意気込んでいた。サウスカロライナ州から家族も何人か来ていたので、彼らをがっかりさせたくないという気持ちもあった。

しかし、私がどれだけモチベーションが高かろうと、コーチ・キャルフーンが決める出場時間にはなんの影響もなかった。コーチにはビッグゲームを勝つという課題があったからだ。キャバリアーズ（バージニア大学スポーツ部のチーム名）はその年、全米12位というランク付け。我々はランキング入りすらしていなかった。彼らのホームで勝つことができれば、それは大きなメッセージになる。

そして、目的は成し遂げられた。ＵＣｏｎｎ77点、バージニア36点。

誰も予想していなかった結果だったが、私は相手がよかったのか、我々がよかったのかもよくわからなかった。全ポゼッションでプレスを仕掛け、相手はそれに対応できなかった。私はベンチから20得点し、ほかの控えもよいプレーを見せていたことに好感が持てた。その年の初戦はトーソン大学相手に40点差で勝っていたのだが、それは先発陣が圧倒したからであり、毎試合期待できることではない。いずれはベンチ陣も結果を出さなければならない。スターティングファイブと同じくらいベンチ陣も重要であるというのは、私が所属したすべてのチームで思っていたことだ。

そんな先発メンバーのひとりに、イスラエル出身の1年生、ドロン・シェファーがいた。初めてドロンに会ったときのことは一生忘れないだろう。体育館でシュート練習をしていると、ドロンがやって来た。私と同じ195センチで、彼もガードだった。真っ先に思ったのは「僕がいるのに、なんでこいつが必要なんだ?」だった。しかし、自分を証明しなければという思いには駆られなかった。コーチはいちばんいいプレーをしている選手を先発させるわけで、それが自分だという自信を持っていた。

結果的に私ではなかったのだが、まったく気にならなかった。ドロンはチームのプレーをよくしたからだ。重要なのはそれだけだ。ドロンは平均12得点、5アシストを記録し、ビッグイーストの最優秀新人選手に選出された。私も平均12・6得点を記録し、一緒にコートに立ったときの相性はとてもよかった。ドロンが相手ディフェンダーを抜き去ると、完璧な位置で私にボールを回してくれる。いいシュートを打つために、それはとても重要なことだ。

私が努力を怠ることはなかったが、たまに思い知らされることもあった。チームに入った最初の月、うちのベストプレーヤーだったドニエル・マーシャルと、前年にシャーロット・ホーネッツにドラフトされてチームを去ったスコット・バーレルと一緒に体育館にいたときのこと。ジャンプシュートを打ち続ける彼らから、私は目を離すことができなかった。まったく外さないのだ。

これほど一貫した能力を得るにはどうすればいいのだろう？　もちろん、答えはわかっていた。練習。練習。練習だ。

アシスタントコーチのカール・ホブスが見守るなか、シュート練習をしていたときのことも覚えている。私は立ったままシュートをしたり、ジャンプしながらシュートしたりしていた。

途中で彼に止められ、こう言われた。

「これからはブロックできる213センチ《セブンフッター》を相手にするんだ、ジャンプせずに立ったまま打っていてはダメだ。毎回同じ形でシュートしろ」

コーチ・ホブスの助言はとても助けになった。それ以降、シュートするときは絶対にジャンプするようにした。ブロックされることは稀だった。

シャーロッツビルで勝利したことで、我々は全米21位にランク入りした。我々はそれに見合ったチームだったのだろうか？　判断するにはまだ早すぎた。

しかし、その夜の私は、ほかに重要なことを知った。サウスカロライナ州の人たちが私のことをどう思っているかを知ることができ、それは予想していたとおりのものだった。

試合後に会ったロザリンドが、「こんなにうまいなんて知らなかった」と言ってきた。彼女はすぐに自分の発言を訂正した。「いいえ、うまいのは知っていたわ。でも、サウスカロライナ州サムターの連中よりもうまいだけだと思っていたの。ここまでうまいなんて知らなかったわ」

ロザリンドは周囲から、私が4年間で戻ってくる、ダルゼル出身の人間は大成しない、と聞かされていて、それを信じていた。彼女に怒りを感じることはまったくなかった。それに、まだ正式に別れるとかではなかったのだが、ロザリンドと私のあいだに少し距離が生まれ始めていたというのもあった。お互いを愛していないわけではなかったのだが、あの歳で遠距離恋愛を維持するのはとても難しい。キャンパスでは、自分に相手がいなければもっとお近付きになりたいと思うような女性たちに出くわすことが、しょっちゅうあった。

チームにとって次の試練は、シートンホール大学との試合だった。私はとても楽しみにしていたのだが、その理由は試合だけではなかった。この遠征自体が楽しみだったのだ。

バスがコネチカット州からニューヨーク州に入ると、それはそこにあった。ビッグアップルだ。想像していたとおりの魅惑。窓の外に見える風景は信じられないものだった。正真正銘のニューヨーカーが街中を歩いており、私はすぐにでもバスを降りて、彼らと一緒に歩き、話したい、彼らのなかのひとりになりたいと思った。

しかし、気付けばバスはジョージ・ワシントン橋を渡り、シートンホール大学のあるニュージャージー州に移動していた。セコーカス市にあるホテルに着くまで、私はずっと遠ざかっていく摩天楼を見つめていた。街を訪れるのは、またいずれだ。

試合が始まるまで、私は怖くて死にそうだった。これがビッグイーストだ、私が求めていた舞台、ついにやってきた！」と。

しかし、コートに足を踏み入れてしまえば、その不安は消え去っていた。コートはほかと変わらず、私のやるべきことも一緒だった。オープンになり、シュートを決め、守っている相手を止める。目的《ミッション》は成し遂げられた。コネチカット82点、シートンホール66点。私は後半だけで13得点をあげ、トータルで17得点を記録した。

12月下旬時点の我々の成績は7勝0敗で、ランキングも14位まで上昇していた。なぜ前年のチームがあまり勝てなかったのか、私には理解できないほどだった。唯一納得できる説は、この年のリーダーだったケビン・オリー、ドニエル・マーシャル、ドニー・マーシャル（親戚ではない）が、前年よりも断固たる決意を持っていたからというものだろう。

「もう負けない」と彼らは誓った。「もう勝手がわかったから、大学最後の2年間で結果を出してやるんだ」

我々はその後、ハワイで行われるトーナメントに参加した。連勝を伸ばすため。ランキングを上げるため。よい陽射しを少し楽しむため。そして……面目を失うため。

1回戦でテキサス大学アーリントン校に勝利したのち、ミッドアメリカン・カンファレンス（MAC）の強豪、オハイオ大学相手に76－85で敗れてしまったのだ。前半残り7分でドニーが退場してしまったのが痛かったが、それは言い訳にはならない。シュートを外し、ターンオーバーを犯し、すべてのルーズボールを取られた。単純によいプレーができなかったのだ。

責任を逃れるわけではないが、オハイオ大学は周囲が思うよりとてもいいチームだった。よいポイントガード、そして「MACのシャック」という異名を持つ203センチ、113キロのパワーフォワード、ギャリー・トレントを擁していた。その異名に偽りはなく、ギャリーはまさに怪物《ビースト》だった。ギャリーをハック（意図的にファールすること）するのも含めて、すべてを試みたが、何も通用しなかった。しかし、結果的にこの敗戦は、我々が必要としているものだった。少し自《う》惚《ぬぼ》れが始まっていたのだ。彼らに対するスカウティングレポートすらなかったと思う。

ハワイでの翌日、テネシー州立工科大学を相手に勝利し、そこからまた連勝街道を走った。2月上旬にシラキュース大学に負けるまで、連勝は「10」に伸び、ランキングも5位まで上昇していた。その10勝のうちの7つはビッグイーストの大学相手だった。その中にはマディソン・スクエア・ガーデンで勝利したセントジョンズ大学との試合が含まれていた。ようやく、私は眠らない街で時間を過ごすことができたのだ。

ほかのチームメイトも街を探索することを楽しみにしていたところ、我々はホテルのコーチ・キャルフーンの部屋に呼び出された。

「ここは世界一の街だ。きみらにとって人生最良の経験のひとつになることだろう」

この遠征中の費用として渡された60ドルを手に、ドニー、センターのトラヴィス・ナイト、あと数人と私は、タイムズスクエアへと向かった。大勢の人と、眩しい光を見たとき、大げさでなく、私は初めて自分が生きているんだなと感じた。

そこで私たちは、ニューヨークらしい人物に出会った。彼は小さなボールを複数の帽子の下に隠すゲームを披露していた。彼は、田舎から出てきて立ちすくんでいる私たちのグループを見つけると、お金の匂いを嗅ぎつけてきた。とくに白人のトラヴィスを見たときに。

「どこにボールがあるか、わかる奴はいるかい？」と彼は投げかけた。

トラヴィスが釣られた。

「俺わかるよ」

トラヴィスが指をさすと、ボールは確かにそこにあった。彼は自分がなんて賢いんだろうと思っただろう。しかし、トラヴィスを追い詰めていたのは男のほうだった。帽子を再び動かし、彼は聞いた。

「どこにボールがあるかわかるかい？」

トラヴィスは躊躇することなく「わかるよ」と口を開いた。

しかし、今回は帽子を開く前に正解だったら、トラヴィスに60ドルあげるとその男が言い始めた。もちろん、間違っていればトラヴィスが60ドルを払う必要がある。

「いやいやいや、だったらやらないよ」とトラヴィスは主張した。

ドニーがなんとか説得し、トラヴィスが財布を開けるやいなや、ドニーは60ドルを取ってテーブルに乗せた。言わなくてもわかると思うけど、トラヴィスがその60ドルを見るのはそのときが最後。当然、ボールは違う帽子の下にあった。トラヴィスはまるで泣き出しそうな顔をしていた。

ニューヨークシティーへようこそ。

幸い、トラヴィスも私たちも、その日とくにトラブルに巻き込まれず、セントジョンズ大学相手に勝利していい気分で帰れたからよかった。

そこからもチームは快進撃を続け、ビッグイースト・トーナメントの準決勝でプロビデンス大学相手に敗退したものの、27勝4敗の成績を収め、NCAAトーナメントの東地区で2位シードを手に入れた。全米制覇も決して夢ではなかった。

しかし、「マーチマッドネス」（NCAAトーナメントの別称。3月〜4月にかけて行われるため、このように呼ばれることもある）ではどんなミスも許されない。ターンオーバー、よくないシュート、ボックスアウトのし忘れなど、タイミングが悪いときに何かしらミスをすれば、どれだけタレントがそろっていても一巻の終わり。

地区準決勝のフロリダ大学との一戦で、我々はそれを経験することとなった。最初から最後まで激戦だったのだが、我々は試合時間残り3・4秒の時点で、勝利して次のラウンドに進めるところまで来ていた。57−57の同点で、シュートをまったく外さないNBA候補生のドニエルが2本フリースローを得ていたのだ。数カ月前、彼は20本中20本のフリースローを決め、カンファレンスの最多フリースロー成功記録を打ち立てていた。この2本、最低でも1本のフリースローを決めれば、相手にクリスチャン・レイトナーのようなシュートを決めさせさえしなければ、我々はエリートエイト（ベスト8）に進めるはずだった。

ドニエルが1本目を外すと、ゲイターズ（フロリダ大学のチーム名）はタイムアウトを取った。問題はない。ドニエルのような大舞台に強い選手に対し、タイムアウトで惑わすことなんてできない。

しかし、ドニエルはもう一本のフリースローも外してしまい、延長の末に我々は60－69で敗退した。ただでさえ負けたことがつらかったのに、ドニエルが前夜に、マイアミのお洒落なエリアとして知られるココナッツ・グローブでパーティーをしていたという記事が大学の新聞に掲載された。本当かどうかは知らないが、もしそうだったとしても、決してそれがフリースローを外した理由ではない。試合は翌日の夜10時まで始まらなかった。単純に、ドニエルはシュートを外しただけだったのだ。

どちらにせよ、私はこの敗戦でずっと落ち込み続けるということはなかった。コーチ陣のひたむきさを考えれば、秋にはより強くなって戻ってこられる確信があった。

私はシーズンを通してベンチからの出場ではあったものの、プレータイムはとても多く、最終的にドニエルに次ぐチーム2番目のスコアラーとなった。練習での努力が実を結んだ形であり、これはコーチ・キャルフーンに感謝している。毎日の練習だけではなく、彼にある日言われたひと言が、ほかの何よりも私の心に刺さったからだ。

チームメイト数人とともにコートから出ようとしているときに、私はコーチに呼ばれた。この日も長く疲れるワークアウトをしていたので、それは待ち望んでいたダウンタイムだった。

「今日のシュート、100パーセント決めたか？」とコーチは聞いてきた。

え、なんだって？

「今日のシュート、100パーセント決めたか？」

もちろんですよ、ほかの日と同じように今日も完璧でしたよコーチ。気付かなかったことがショックです、とでも言えばよかったのだろうか？

それは冗談だが、コーチ・キャルフーンが言おうとしていることは明確だった。もし私が、大学で特別な選手になり、次のレベルを目指すのであれば、周囲がやりたがらないことも犠牲にしなければならないのだ。

「いいえ」と私は答えた。「100パーセントは決められませんでした」

彼はニヤリとして、もう何も言わなかった。チームメイトには「またあとでね」と伝え、私はコートに戻り、ボールボーイに手伝ってもらいながら、もう30分間シュートを打ち続けた。その日以来、私は正式に練習時間が終わったあとも、シュートを打つようになった。

チームメイトと一緒に帰るほうがよかったかって？　もちろんだ。でも、「もしあのときもう少し練習していれば」というふうに、ある日振り返って後悔するようなことはしたくなかった。例えば、1年生のときのルームメイトにルイジアナ州出身で203センチのフォワード、カーク・キングがいた。同じく1年生のカークは、まるでタイトエンド（アメフトのポジション）のような体格をしていた。彼がコネチカット大学に入ったことは、私よりも注目されていた。しかし、毎晩寮にとどまり、休憩したり、友人に付き合ったりする私とは対照的に、彼はつねにどこかに出掛けていた。NBA入りすることができなかったカークはその後、「もしあのときこうしていれば」と自分に問いかけていることが、きっと何度かあったはずだ。私なら、きっとそれに耐えられなかっただろう。

1年目、私は自分のボールハンドリングに納得がいっていなかったので、どこに行くにもボールを持ち歩くようにしたことがあった。一度たりとも手放さなかった。中学のときに毎日ドリブルをしていた話は覚えているかな？　今回の場合、それとは比べものにならなかった。授業、カフェテリア、ベッドにだってボールを持ち込んだ。ある映画の中で、アメフトでファンブルばかりするランニングバックが、どこにでもボールを持ち歩くことで、試合中にボールを持っても大丈夫になるようにするシーンからヒントを得た。

効果てきめん。ボールハンドリングが上達したことで、よりよいシュートが打てるようになっていた。次の試合でハートフォード大学と対戦したとき、私は20本中11本のシュートを決め、キャリア最多となる28得点をたたき出した。教師やクラスメイトには不思議に思われたかもしれないけれど、そんなことはどうだっていい。私にはやらなければならないことがあったのだ。

1年生が終わった夏、私はセントルイスで開催されたUSオリンピック・フェスティバルに参戦。初戦では7本中3本のスリーを決め、28得点、12リバウンドと活躍。そこで終わることはなかった。最終的に銀メダルを獲得し、私はシャキール・オニールの持つ大会記録を破り、大会の得点王に輝いた。これは相当自信になった。やらなければならないときは、チームを牽引《けんいん》できるという自信を得たのだ。

しかし、その必要はなかった。少なくとも、まだそのときは。4年生にならずプロになったドニエルを失ったものの、ケビンとドニーが4年生となった我々の選手層はとても厚かった。私はさらに得点力を求められたが、その試練を楽しみにもしていた。

試練といえば、我々は第2戦にして大きな試練を迎えた。デューク・ブルーデビルズとの試合だ。下馬評では我々が格下《アンダードッグ》。相手はデューク大学。我々はコネチカット大学。それ以上言う必要もあるまい。

しかし、結果はUConn90点、デューク86点。私はチーム最多の26得点、そしてケビンが24得点。試合を通して、デューク大学よりも一歩前を走ることができていた。

ただ、コート外ではこれほど順調にはいっていなかった。

デューク大学との試合は、火曜日にミシガン州にあるザ・パレス・オブ・オーバーン・ヒルズで開催されたため、我々は月曜日にストーズを発った。それによって私は、生物学の試験を欠席することになった。問題はない。戻ったら再試験を受ければいい。

でも、大問題だった。

教授には、どんな理由があろうと再試験はできないと言われ、成績の大部分を占める試験を受けられなかったことで、授業の単位も落としてしまった。さらに悪いことに、私は仮進級扱いになってしまったのだ。まさか自分にこんなことが起きるなんて想像もできなかった。私は、勉強にもかなり時間を費やしていた。奨学金を取り下げられてしまうという心配はなかったが、しっかり監視されていて、成績を落としすぎると問題になることは理解していた。安全策を敷くために、私は夏のあいだもいくつかのクラスを受講することにした。

一方、デューク大学への勝利は決してまぐれではなかった。それから2カ月ほど、我々は負けることなく全国2位にランク付けされた。自分たちが誇らしかったとはいえ、あまり調子に乗らないようにしていた。1975―76シーズンにボビー・ナイトHCが率いたインディアナ大学以来の無敗チームになると口にする選手は、誰ひとりといなかった。どんなときでも、どんな相手にでも、負ける可能性があることはわかっていた。

それは、1月にやって来た。カンザスシティーで対戦したカンザス大学に、59―88のスコアで大敗。ハーフタイムまでに20点差をつけられ、相手はもう振り返ることもなかった。シュート率は26パーセントと散々で、珍しく我々のプレスディフェンスで相手のリズムを崩すこともできなかった。

負けた。どんなチームでも負けるものだ。しかし、どんなチームにもジム・キャルフーンがコーチとしているわけではない。私の知る限りでも、ジム・キャルフーンほど負けることが嫌いな人はなかなかいない。

コーチは敗戦を自分への侮辱として受け止めていた。彼にとっては、試合だけでなくすべてが競争なのだ。練習では、最初に20本決めたら勝ちという1対1のフリースロー対決をよくやらされていた。毎回、どれだけ勝ちたかったことか。負けた者は、コーチのいないコートの反対側でプレーしないといけないからだ。決してよい気分ではない。勝者はコーチと一緒に残る。

それだけでも屈辱的なのに、さらに彼はこう言ってくる。

「今日はKO（ケビン・オリー）に勝てなかったようだね？　おまえはあっち側にいていいような選手ではない。おまえは負けてはいけない」

コーチの目的は、負けることを彼のように個人として受け止めるという教えだ。そして、どうなったと思う？　コーチ・キャルフーンは成功したのだ。

チームメイトにとって、カンザス大学に負けたあとの最初の練習は鬼のような内容だった。私は足首をひねっていたため、練習ではなくロッカールームで治療を受けていた。体育館からコーチの怒号が聞こえてくるなか、あれほどその場にいなくてよかったと思ったことはなかった。

しかし、その厳しさが功を奏した。最後の10試合で8勝し、23勝3敗でレギュラーシーズンを終えて、一瞬ではあるが全米1位になったのだ。ビッグイースト・トーナメント決勝でビラノバ大学に惨敗したものの、チームはよい状態で「ビッグダンス」（NCAAトーナメントの別称）を迎えることができていた。

しかし、またもや我々は早めの敗退を味わうこととなった。エリートエイトでUCLAに96－102で敗れたのだ。前年のフロリダ大学への敗戦ほどのつらさはなかったし、ブルーインズがその年に優勝したことも敗戦の痛みを和らげる要素となった。私自身のプレーも、決して恥ずべき内容ではなかった。前後半ともに18得点ずつの36得点を記録した私にとって、それはこの時点でキャリアハイだった。

それから数週間、私が大学最後の2年間を見送り、NBAドラフトに名を投じるべきだという噂を耳にするようになった。もし表明するなら、間違いなくロッタリー（抽選）指名になるという噂もあった。それが本当かどうかはわからなかったが、この時点でプロになるという思いは一度も頭をよぎることはなかった。どれだけお金を稼げるということがわかっていてもだ。大学でのキャリアが楽しすぎて、そこを去ることがまだ想像できなかったのだ。〝リアルワールド〟でやっていくには、まだまだ人生は長いはずだ。

私にはまだ学ぶことがたくさんあった。NBA入りするのであれば、すぐさま結果が出せないと1、2年で職を失う可能性があるのだ。そうしたらどうなる？　2巡目指名という予想すらされていないのにドラフトに表明する選手を見るのは、今でも本当に不可解だ。もう1年、大学にいるだけで、どれだけバスケットボールに、そして人生に影響することだろうか？　大学を一度去ってしまうと、もう自分で道を切り開くしかないのだ。

ある午後、私とワークアウトしたがっているチームメイトと一緒に体育館にいたことがあった。しかし、それもジャンプシュートを打っている途中で、彼のガールフレンドがやって来るまでのことだった。

「仕事まで送ってよ」と彼女は彼に言った。「今すぐ行かないと遅刻しちゃうの」

彼は躊躇することなくボールを床に置き、着替え始めた。信じられなかった。

「おい、これもおまえの仕事だぞ」と私は言った。「ふらっと出ていっていいはずないだろ」

この話をしている理由はもうわかると思うが、彼が私の忠告に耳を傾けなかったということ。だから、のちに彼が転校したこともとくに驚きではなかった。

あの日、彼が去ったあと、私はもう1時間ほど体育館に残った。早く着いてやるだけでは足らない。この日に決めた目的を成し遂げるまでは続けなければならないのだ。

6

舞台の準備

MY JOURNEY THROUGH LIFE AND THE GAME I LOVE

大学2年生のとき、自分にとって大切だった関係がふたつ、終焉を迎えた。

ひとつ目は初恋の相手、ロザリンドだ。彼女はほかにも出会いを経験してみたいと言っていて、その気持ちは私もわからなくもなかった。

私は大学で、毎日のように、世界を制覇したいと思っていそうな女性に出会うことがあった。ロザリンドはそういうタイプではなかった。彼女は現状にとても満足していて、もちろんそれは悪いことではなかったが、私が自分自身にとって違う未来を見ていたのだ。同じ家に両親がいないという状態になってしまうティエラはかわいそうだったが、私とロザリンドから無条件の愛と支援が注がれることには変わりない。それすら得られない子供たちが多く存在していた。

ふたつ目の関係は、母と父のものだった。ふたりが離婚を申請することを寮の部屋で知ったとき、最初のリアクションは「ようやくか」というものだった。何年も関係を修復しようと試みていたのだが、ずっとそれを続けるわけにもいかなかったのだ。どっちの側につくかを選ぶ意味もなかった。父は完璧ではなく、母も同様だった。

こういった環境の変化が、私に影響したと思っていたら大間違いだ。大学3年生のシーズンはこれまでで最もタフなものとなったが、私はその状況に対して「かかってこい！」という意気込みで挑んだ。

このシーズンでは、相手チームがディフェンスで対策を練ることを必要とするくらいの選手になりたかった。ダブルチームされることで、そういった状況で自分がどういう対応を取るのかを知ることができる。もし大学でそのプレッシャーに耐えることができないのであれば、プロとしてもやっていけない。

大学2年生のときは、エースというわけではなかった。平均21得点を記録しながらも、相手チームは私をなんとしてでも止めるという形ではなかった。ドニーとドロンもそれぞれ、ふた桁得点を記録していたから、彼らの心配もあった。NCAAトーナメントでさえ、私はまだ相手に研究されていないなかで活躍していたのだ。しかし、大学3年生にしてそれは変わった。

自分の技に、より磨きをかけなければならないことはわかっていた。それもあって、私は大学の寮を出て、キャンパス外にあるアパートに引っ越した。寮生活は大好きだった。お互いの部屋で遊んだり、クラスや音楽など他愛のない話で盛り上がったり、まさに映画で見るような生活だった。私の部屋があった4階はすべて男子部屋だったが、上と下の階はすべて女子部屋だった。でも、1年生や2年生の頃ほど友人と遊ぶというのが簡単ではなくなっていた。すでに、毎日のように多くの学生からサインを求められるようになっていた。それにはすぐに飽きてしまい、自分のスペースが必要だと感じたのだ。

しかし、完全に自分だけのスペースではなく、ルームメイトがいた。トラヴィス・ナイトだ。トラヴィスのことは覚えているだろう。最後に登場したのは、ニューヨークで60ドルを失ったときだ。トラヴィスはとてもいい奴なのだが、きれい好きというわけではなかった。一方の私は、無類のきれい好き。ゴルフコースのフェアウェイに紙くずが落ちていたら、わざわざ自分で拾ってゴミ箱に捨てるようなタイプ。正式に診断されたことはないが、もし軽い「ＯＣＤ（強迫性障害）」があると言われても驚かない。

トラヴィスにはしょっちゅう怒っていた。いつも使った食器を洗わないまま、流し台に置きっ放しだったのだ。「皿を洗えよ」と何度も言ったが、彼は聞いてくれなかった。「次やったら、全部おまえのベッドに突っ込んでおくからな」と私は忠告した。

ある夜、トラヴィスが口説こうとしていた女の子を家に連れてくると、彼は自分の洗っていない食器が私の忠告したとおりの場所にあることに気付いた。トラヴィスはそれを受け止め、以後、二度と洗っていない食器を流し台に置きっ放しにすることがなくなった。

私は、基本的に誰とでも仲良くしたいタイプだが、毎回うまくいくわけではなかった。

ひと夏前、私はアメリカ代表チームの一員として、ユニバーシアードに出場するために日本を訪れた。ティム・ダンカン、オセラ・ハリントン、チャッキー・アトキンズ、オースティン・クローシャーといった、その後ＮＢＡでプレーすることになる選手を多く擁する素晴らしいチームだった。それと、ジョージタウン大学のアレン・アイバーソンもいた。

アイバーソンと私は、そこまで仲が悪いわけではなかったのだが、奇しくも金メダルを獲得した夜に関係が変わった。優勝後、アイバーソンを筆頭にみんなお祝いムードになっていた。

「明日の朝出発だ」とアイバーソンはチームに話した。「だから今日は誰も寝ちゃダメだぞ。誰もな」

でも、寮に戻った途端、寝てしまった奴がいた。誰だと思う？ 正解だ。私は、アイバーソンの手と顔にピーナッツバターとシャンプーを塗りたくろう、とみんなに提案した。賛成者ばかりだった。

しかし、終わる前にアイバーソンが起きてしまった。彼は怒って、皆に報復する気満々だった。私以外にやり返したあと、私とアイバーソンは取っ組み合いになり、そのうち殴り合いに発展した。信じられないことに、彼は真剣に、私にケガを負わせようとしていたのだ。

気付くと、アイバーソンは消火器を手に取って振り回してきた。私はぎりぎりで避けた。あれを見たらモハメド・アリも褒めてくれただろう。

「絶対に仕返ししてやるからな」とアイバーソンは誓った。

「おい、遊んでいただけだろ」と答えたのだが、どうやら彼には伝わらなかったようだ。

その後、アイバーソンと私は、コート上で何度も戦いを繰り広げた。

周りからお互い嫌い合っているのではないかと思われるほど、熾烈《しれつ》な戦いだった。ナンセンスだ。彼は私を倒したくて、私は彼を倒したかっただけだ。そうあるべきなのだ。

大学3年生のシーズンは、その前の2シーズンと同じようなスタートを切った。全国トップレベルの好調さだった。

第2戦で10位のアイオワ大学に延長の末に95－101で敗戦したあと、23位のインディアナ大学に34点差、ノースイースタン大学に47点差で勝利。2月中旬での成績は24勝1敗で、カンファレンスでは14勝0敗だった。

そして、メリーランド州ランドオーバー市にあるキャピタル・センターで、3位のUConn対11位のジョージタウン大学の試合がやって来た。そう、アレン・アイバーソンとの対決だ。

ホーヤズ（ジョージタウン大学のチーム名）は我々同様、決してワンマンチームではなく、ジョン・トンプソンHCはバスケットボール界でも屈指のコーチだった。213センチ近い身長はとても威圧的で、選手たちはとくにディフェンス面でコート全体を使って相手を追いかけ回すなど、コーチ・トンプソンの性格を体現していた。コーチ・キャルフーン同様、彼もいい軍曹になれたことだろう。この試合ではコーチ・トンプソンが上に立ち、我々は65－77で敗戦。相手のプレスにやられてしまい、我々は20ターンオーバーを犯してしまった。オフェンスでは、アイバーソンが26得点、6アシストと圧倒的な力を発揮した。私は18本中5本しかシュートが決まらず、シーズン最低となる13得点に終わった。

1カ月もたたないうちに、今度はガーデンで、ビッグイースト・トーナメント決勝で再びジョージタウン大学と当たることになった。勝者は威張れるだけでなく、数日後に始まるビッグダンスに向けて強力な後押しを手に入れることができる。前回よりもいいプレーができていた我々は、ハーフタイムをわずか4点ビハインドで迎えた。それでも、試合残り4分半くらいになると、点差は11点まで広がってしまう。早急に起爆剤が必要だった。

それに応えたのが、カーク・キングだった。カークがシュート2本とフリースローを2本決めると、点差は5点まで縮んだ。数ポゼッション後、カークは強烈なダンクをたたき込み、ついに点差は1点となった。ホーヤズがワンエンドワン（フリースローのルール。1投目のフリースローが成功した場合は、2投目の権利を得るが、1投目を失敗した場合は2投目は打てず、そのままゲームが再開される）のフリースローの1本目を外したことで、残り44秒で我々のボールとなった。

コーチ・キャルフーンがタイムを取る。作戦会議《ハドル》の中で彼は、すぐさま「レイで行くぞ」と明言した。

まず思ったのは、「コーチに信頼されている」ということだった。カークや1年生ガードのリッキー・モアのほうがいい内容のプレーだったにもかかわらず、彼は私のことを信頼してくれていた。私は14本連続でシュートを外し、19本中わずか4本しか決めていなかった。この場面でコーチ・キャルフーンが調子のいい選手を選んでいたとしても、誰も文句を言わなかっただろう。

「レイ、スクリーンを利用してボールをもらったら、こっち側はすべて使える状態だ」

コーチにそう言われた。彼が私を信頼していることを見せてくれた以上、私は絶対にコーチとチームの期待に応えなければいけなかった。

残り18秒で、私はリッキーからボールを受け取ると、右を向き、ゴールに向かってドライブを仕掛けた。アイバーソンが身体を当ててくるなか、ジェローム・ウィリアムズがヘルプに来ているのが見えた。コーナーでオープンだったルディー・ジョンソンにパスすることが一瞬頭をよぎったが、彼は手を引っ込めてしまったのだ。

空中でバランスを崩した私はピンチだった。ほかに選択肢がなかったので、ゴールのほうを目がけて投じたボールはリムに当たり、バックボードに跳ね返り、入った！

コネチカット75点、ジョージタウン74点。

しかし、まだ終わっていなかった。14秒も残っていたし、それはアイバーソンにとって永遠と言ってもいいような時間だ。あの有名な練習に対する暴言を筆頭に、何かと性格が問題視される選手だったとはいえ、アイバーソンほど何も恐れずプレーする選手はほかに知らない。１８０センチそこそこながらも、毎年、自身のプレーヤーとしての価値を証明し続けた。

しかし、このときのアイバーソンは、ありがたいことにフリースローラインの後ろから放ったフェイダウェイを外した。ウィリアムズがリバウンドを奪い、近距離からのシュートチャンスがあったが、彼も外した。

試合終了。最後の4分半で、我々はホーヤズを12－0と圧倒し、ビッグイーストチャンピオンに輝いた。最も求めていたタイトル、インディアナポリスが舞台となる南東地区の第1シードを手に入れたことで、我々の自信は最高潮だった。

しかし、その自信は最初の2ラウンドのプレーに直結していないようだった。コルゲート大学とイースタンミシガン大学に勝利し、3年連続でスウィートシックスティーン（ベスト16）に進出したものの、プレーの質を上げない限り、またもや早めの敗退を喫してしまう状態だった。

奇しくも、舞台はインディアナポリスからレキシントンへと移った。ラップ・アリーナ（ケンタッキー大学の本拠地）は、たくさんプレーする可能性もあった場所だ。もしここであと2試合勝つことができれば、私にとってラップはファイナルフォーのチケットを手に入れた場所として自分の中に刻まれることになる。

まずは5位シードのミシシッピー州立大学ブルドッグスに勝つ必要があった。彼らは数週間前にサウスイースタン・カンファレンス（SEC）・トーナメント決勝でケンタッキー大学に勝利していただけに、決して侮れない相手。のちにNBAで16年間プレーをする211センチのセンター、エリック・ダンピアーを筆頭に、4選手が平均ふた桁得点を記録していた。

結果的に、相手ガードのダイル・ウィルソンにやられてしまった。彼は5本連続を含む7本のスリーを決め、27得点。55－60で我々は試合を落とした。私自身も25本中9本しかシュートが決まらず、残り12秒で同点に持ち込めるスリーを外してしまった。さらに、フリースローも、打った2本とも外していた。

2年前のフロリダ大学のとき同様、この敗戦はとても痛かった。勝てるはずだった試合なのだが、私はよく自分にこう問いかけた。「勝ちたかったのか?」と。ナンセンスだと思うだろう。勝ちたいなんて当然だ。もしかしたら、どこかで家にちょっと帰りたいなと思っていたかもしれない。インディアナポリスからレキシントンに移動する際に、実際に帰るべきだった。しかし、コーチ・キャルフーンはとにかく雑念を遠ざけたがっていたため、帰らなかったのだ。

コーチの意見も理解できるのだが、選手たちはたまには褒められることも必要であり、キャンパスに行けばそれを得ることができていたはずだった。これが自分たちのプレーにどう影響していたか？　答えは絶対にわからないが、試合後にストーズに戻れることを、勝ち進むのと同じくらい喜んでいる選手も多くいたことは確かだ。このように集中力が割れてしまうと、優勝するのは難しい。

どちらにせよ、ラップ・アリーナのコートを去る時点で、私はまだ将来のことを何も考えていなかった。しかし、次の試合でシンシナティ大学と対戦するジョージア工科大学のステフォン・マーブリーは、明らかに先を見据えていた。

「ドラフトで会おうな」

ステフォンは私にそう言ってきた。一方の私は、ほかの学生と同じように授業に出席し続けていた。私は学生のアスリートであって、アスリートの学生ではなかったのだ。少なくともその予定だった。しかし、授業に行くたびに、ほかの学生からは不思議そうな顔で見られた。

「なんで来たんだ？」

なんなら、教授たちでさえも不思議そうだった。1週間後くらいに、私も同じことを思うようになっていた。「なんで僕はここにいるんだろう？」と。この時点でみんなが知りたかったのは、私がプロになるのか、4年生として戻ってくるのか。どの大学に行くのか聞かれ続けた高校時代を思い出した。

多くの人にとって、答えはもう決まっていた。「レイ、きみはビッグイースト最優秀選手なんだよ。全米トップガードのひとりだ。トップ5で指名されるんだ。一生、安泰だ。行かないなんてないだろう?」

彼らの言うことはすべて本当だった。しかし、まずは大学に残ることを私は検討していた。

それを後押ししようとしていたのがコーチのジム・キャルフーンだ。

「まだ行かないほうがいいぞ」とコーチは言ってきた。「大人と一緒に時間を過ごし、何をするかわかったもんじゃない。大学でもう1年やれば、さらにうまくなれる」

私はコーチ・キャルフーンを尊敬しており、彼が言っていることをありがたく思っていた。私が少しでも上達する道から逸れていれば(「今日のシュート、100パーセント決めたか?」)、コーチはすぐに正してくれた。私がその後経験したことは、彼なくしてはあり得なかった。コーチ・キャルフーンが言っていることは真実だと確信していた。うまくなることに上限はないのだ。

一方で、家族からはプロになることを期待されていた。しかし、母は私が何をやっても納得するよと言ってくれていた。ありがたいことだ。

日々がどんどん過ぎ去っていく。何度か決断が近いと感じることもあれば、そうでないこともあった。そしてある日、思いがけないことから自分の心が決まることとなった。キャンパスを歩いていると、以前受けた人類学の教授に遭遇した。彼は、決してドラフトに詳しいわけではなかったが、こう聞いてきた。

「ミスター・アレン、自分の将来は決まったかい？」

「まだわかりません」

「ミスター・アレン、自分の周りを見てみなさい」と彼は続けた。「この大学は１８００年代からここにある。きみがいなくなったあとも、ずっとあり続けるんだ」

教授のその言葉だけで充分だった。私は長いあいだ、学位を取得することよりも、プロになってお金を取ることで周りに白い目で見られるのではないかと心配していたのだが、教授のおかげで学位はいつだって取得できるということに気付けた。どちらにせよ、黒人のアスリートが大学を早めに切り上げると、ある種の烙印が押されてしまう。白人のアスリートがお金を優先したと批判されているのを、ひとりでも見たことがあるだろうか？

最終的に、大学に残る理由はなくなり、プロになる選択肢だけが残った。

コネチカット大学を去るのはつらいことだった。

大学に入学した3年前、私は何も保証されていない状態で、服の詰まったゴミ袋と２００ドルを手に、ハートフォードの空港に降り立った。しかし今は、コーチ・キャルフーンと彼のスタッフの教えを基に努力した結果、自分の夢を成就できる世界へ飛び立とうとしていた。しかし、彼らは私に、バスケットボール選手としてだけでなく、ひとりの男性としての在り方を教えてくれた。これには一生感謝する。

チームメイトと築いた絆は、人生で最も強固なものであり、今でもそうだ。まったく違う地域である程度の成功を収めて集まった我々でも、まだまだ多くを学ばなければならない状態だった。学ぶことは決して簡単ではなく、諦めてしまいそうになることもあった。そういったときは、いつでもお互いを支え合った。

もちろん、ファイナルフォーでプレーしたかったという気持ちはあった。チャンスも間違いなくあった。もしドニエルがフロリダ大学戦で最後のフリースローを1本でも決めていれば。もしUCLAの調子が悪ければ。もし私がミシシッピー州立大学戦でスリーを決めていれば。到達するには運も必要だと、コーチはいつも言っていた。我々にはそれがなかったのだ。しかし、もしもっと伝統のあるケンタッキー大学やほかの大学でファイナルフォーに出場していたとしても、UConnでプレーしたという、いま私が持っている満足感を超えることはなかっただろう。私は特別なプログラムをつくり上げることに貢献できたのだ。

1999年春、フロリダ州セントピーターズバーグ市にあるトロピカーナ・フィールドで、ハスキーズがデューク大学に77－74で勝利し、初めて全米制覇を成し遂げたとき、私は観客席にいた。私や一緒にプレーしたチームメイトも、その栄光の一部であると感じた。

3年前にUConnに進学し、そしてUConnを去るという決断は、私自身で下したものだった。しかし、1996年のNBAドラフトに名を投じることで、まるで子供の頃のように、誰かに指示された場所に行くことになるのだ。

トレードがない限り、行き先は最初の4つの指名を持っているフィラデルフィア、トロント、バンクーバー、ミルウォーキーの4都市に絞られていた。それ以下になることはないというのが大方の予想だった。

運命の6月26日までに、私は各都市を訪れ、チームのワークアウトに参加した。動画で選手を見るのと、生で見るのとでは大違い。正しい選択をすることは非常に重要だ。間違った選択をしてしまえば、チームは何年も停滞し、GMも職を失うこととなる。

ふたつの都市がとても印象に残った。感触のなかったトロントと、あったミルウォーキーだ。

トロントでは、ピストンズの伝説的ガードであり、ラプターズの共同オーナー兼役員のアイザイア・トーマスに会った。

「ここからあそこまで走ってくれ」と、コートで30メートルほど離れた場所を指差したアイザイアが指示した。なんでもやりますよ、ミスター・トーマス。

指定された場所まで走ると、私は次の指示を待った。しかし、指示はなかった。

「もう大丈夫だ。何ができるかわかった」

アイザイアがそう言うのを聞いた時点で、トロントに指名されることはないとわかった。チームの未来となる選手に大金を投じる以上、すべてのスキルをチェックすることが大切だろう。NBAでは、やり直しはきかないのだ。

もしトロントの「ワークアウト」があり得ないと思ったのなら、ミルウォーキーのものも信じられないだろう。

練習施設に着くや否や、チームのGMであるマイク・ダンリービーに、ウエスタンケンタッキー大学出身のガードで、バックスが2巡目指名で検討していたクリス・ロビンソンと1オン1をするよう指示された。

問題ない。チームゲームの中で、個人の価値を計るのに1オン1は決して最適なテストではないが、一般的なドリルでわからないことをダンリービーが知る機会になるだろうと私は考えた。クリスは飛行機の時間が迫っていたこともあり、あまり長くやらないであろうこともわかっていた。お互いかなりハードにプレーした。

クリスがいなくなると、従来のワークアウトを用意されているだろうと私は思っていた。でも、そんなことはなかった。「よし、きみと私でやろう」とダンリービーが言ってきたのだ。

きみと私？　何を考えているんだ？　マイク・ダンリービーは現役の頃はよい選手だったが、もう42歳でとっくに現役を終えていた。自分の半分の年齢である選手とプレーすることで、ダンリービーはいったい何を得ることができるのだろうか。まるでわからない。

何を思っていたのかはわからないが、断ることはできないだろう？　そして、スコアはまったく覚えていない。

その後、チームのオーナーであるハーブ・コール上院議員に会った。彼とは意気投合したのだが、ミルウォーキーを去るときになっても、ダンリービーが何をやろうとしていたのかをずっと考えていた。

チーム訪問はそれで終わりだった。5位指名を持つミネソタ・ティンバーウルブズが最後の最後にワークアウトできるか聞いてきたのだが、私はそれを断った。ニュージャージーで開催されるドラフトのために、家族がすでにニューヨーク入りしていたからだ。それに、ウルブズにはすでに才能あるシューティングガード、アイザイア・ライダーがいたので、私を必要としていなかっただろう。

しかし、6位のセルティックスは私を必要としてくれていた。ドラフトの数時間前、ホテルの部屋にいると、セルティックスのレッド・アワーバック社長から電話がかかってきた。チームにいるレッドはセルティックスの象徴であり、彼の歴史は8連覇を含む数々の優勝チームを生み出す前の1950年代までさかのぼる。レッドは、もし私がまだ残っていれば指名したいと言ってきたのだ。たまげたよ。

どうなるかはわからないまま、私はコンチネンタル・エアラインズ・アリーナのグリーンルームに、これから人生が変わる選手たちとともに席に着いた。

午後7時半、TNT（ターナー・ネットワーク・テレビジョン）で全米中継されるなか、コミッショナーのデイヴィッド・スターンが演壇に上がり、名前を読み上げ始めた。

1位、フィラデルフィア・セブンティシクサーズにアレン・アイバーソン。驚きはない。ファンを喜ばせたいのであれば、バスケで最もエキサイティングな若い選手を指名すべきだ。

2位、ラプターズはマサチューセッツ大学のセンター、マーカス・キャンビー。ここも驚きはない。トロント・ラプターズはビッグマンを必要としていた。アイザイア・トーマスは、いったい彼にどんなワークアウトをさせたのだろうか。

3位、バンクーバー・グリズリーズ（現メンフィス・グリズリーズ）はカルフォルニア大学のスモールフォワード、シャリーフ・アブドゥル＝ラヒーム。いい指名だ。シャリーフはボーラーだ。グリズリーズはかなりドラフトに真剣に取り組んでいた。私はワークアウトで、垂直跳びやベンチプレスの結果、敏捷性を測るテストをいくつか受けた。聞くところによると、すべての選手に対して徹底的に調査したようだ。

ここからが興味深くなるところだ。不思議な一日ではあったが、私はバックスに指名されると思っていた。しかし、コミッショナーが「ステフォン・マーブリー」と名前を読み上げた瞬間、私は「なんてこった！　信じられない！　俺はセルティックになるんだ！」と思った。セルティックスの前に指名があるウルブズには、ワークアウトを断っていたので指名されるはずがなかった。

「だったらなぜ、ＴＮＴのカメラマンたちは私の所に駆けつけてくるのだろう？」と私は疑問に思った。

彼らは、私の知らないことを知っていたのだ。

「１９９６年ＮＢＡドラフト、５位指名では」と、スターンは持っているカードを読み始めた。

「ミネソタ・ティンバーウルブズがコネチカット大学のレイ・アレンを指名」

え？　誰か渡すカードを間違えたのか？　そういうこともある。２０１７年のアカデミー賞もそうだった。

しかし、カードは正しいものだった。私はウルブズに行く、そして興奮しているふりをしなければならなかった。立ち上がってティエラを父に託すと、このために新調したクリーム色のスーツを身にまとった私はウルブズのキャップを被り、舞台上でコミッショナーと握手をした。ずっと笑顔だ。

気付くと、ＴＮＴのクレッグ・セイガーにインタビューされていた。

「ミネソタ（州）は素晴らしい街だ」と私は言った。もちろん、ミネアポリス（市）の間違いだ。

「素晴らしい組織で、来シーズンにプレーする準備はできている」

いい役者だろ？

次のインタビューは、ミネソタのテレビ記者とのものだった。この茶番をいつまで続ければいいのだろう。またもや定型文で受け答えをしている途中、リーグ関係者がインタビューを中断してきた。「申し訳ないが、彼を引き取る必要がある」

私は舞台裏に連れていかれ、私とセンターのアンドリュー・ラングが、マーブリーとの交換でバックスへトレードされたことを告げられた。マーブリーと私はカメラの前で帽子を交換し、ドラフトは続いた。コービー・ブライアント、スティーブ・ナッシュ、デレック・フィッシャー、アントワン・ウォーカーなどが指名される錚々《そうそう》たるドラフトだった。

バックスのほうがウルブズよりもよっぽどいいから、私がほっとしたと思うだろう？　まったくそんなことはなかった。ＮＢＡキャリア開始30分にして、私はもう誰かに必要ないとされてしまったのだ。さらに、ドラフトを見るためにバックスの本拠地であるミルウォーキーのブラッドリー・センターに集まったファンが、このトレードに対してブーイングしていたことを知って、より気分が悪くなった。ミルウォーキーは中西部に位置し、ビッグイーストのことがあまり知られていなかったのだ。しかし、ＡＣＣでストリートバスケのようなプレーをしていたマーブリーは有名人だった。

ホテルに戻ると、私は泣き始めた。家族は何が問題なのか理解していない様子だった。

「お祝いしたくないの？」

いったい何をお祝いするんだ？　トレードされたこと？　ブーイングされたこと？　人生最大の夜でありながらも、これほどまで絶望したことはなかった。

とにかくそこを出たいという気分だったので、ドライブに行くことにした。しかし、ひとりではなく、前日に出会った女性と行くことにした。

シャノンとは、ドラフト関係のパーティーで訪れたマンハッタンにあるオールスター・カフェで出会った。彼女ほど美しい人を見たことがなかった。

初めての会話はあまり長続きしなかったが、私がそのあとに行こうと思っていたクラブにシャノンも行くことがわかると（ロマンスに運命は付き物だ）、私は彼女に、一曲一緒にダンスしてくれとお願いした。シャノンは承諾してくれた。

バスケットボールについて何も知らないことも含めて、私は彼女のすべてに恋をした。

「明日、僕はドラフトされるんだ」

「戦争中だなんて知らなかった」と彼女は答えた。笑いを取ろうとしていたわけでは決してない。

シャノンが約束してくれたダンスを踊ると、夜が更けるまで話し込み、お互い翌日の準備のためにお別れをした。私も彼女も、翌日は重要な日だったからだ。シャノンは『Shades』というR&Bグループのシンガーで、モータウンからリリースされるデビューシングルの発売日を迎えようとしていた。なんてタイミングだろう。私は彼女におやすみを告げ、明日また電話すると約束した。

そして翌日、ニュージャージーのステージを降りてすぐ、私は電話を探した。

「今すぐ会いたい」とシャノンに伝えた。「きみに会わずに街を去ることはできない」

シャノンを彼女のアパートで拾うと、私たちは会話をするためにジャージーシティーの埠頭まで行った。私が話すというよりも、泣き言を言う感じだったのだが……。バックスではなくセルティックスのメンバーになれていたらどれだけ素晴らしかったかを話した。シャノンはある程度までは同情してくれた。

「これから夢を実現させるのよね？」と彼女は聞いてきた。そうだ。

「お金をたくさん稼ぐのよね？」そうだ。

「家族を養うのよね？」そうだ。

もうそれで充分だった。

「元気を出しなさい」

それもシャノンの好きなところだった。彼女は自分の意見を言うことを躊躇しない。

時間は迫っていた。彼女をアパートに送り届けた時間はもう午前2時、もしかしたら3時くらいだったかもしれない。

数時間後、私はミルウォーキー行きの飛行機に乗るのだ。14歳のときにマイケル・ジョーダンをテレビで見て、「彼《マイク》みたいになりたい」と思ったときから見ていた夢を実現するために。

7

ここからが始まり

MY JOURNEY THROUGH LIFE AND THE GAME I LOVE

コネチカット州ストーズ市が田舎にあると感じただろうか？　バックスがトレーニングキャンプを開催したミルウォーキーから約145キロ離れたウィスコンシン州オシュコシュ市は、その上をいく。

あまり批判的になるべきではなかった。自分の置かれている状況と、すぐにでも変わりたいと思う人がたくさんいることはわかっていた。ただ、言おうとしていたことは、NBA入りするということが、決して夢描いていたもののとおりではないということだ。

ホテル。練習。ホテル。練習。おわかりいただけただろうか。

オシュコシュでは毎日がそんな感じで、キャンプが終わってシーズンが始まっても、決して派手な生活ではなかった。パーティー、派手な車、セレブといった、〝プロバスケットボール選手の人生〟としてイメージされるような生活は、少なくともミルウォーキーにはなかった。

なんなら、リーグ入りしていないのではないかと感じることも多々あった。ホームの入りはそこまで大きくなく……アウェイで応援してくれるバックスファンもいなかった。街、そして州は、そこまで大きくなく、1990年代半ばまでミルウォーキーでたまに試合をしていたグリーンベイ・パッカーズ（NFL＝アメリカンフットボールのプロリーグのチーム）のものだったのだ。人々が熱狂するのはアメフトで、まるで高校時代に戻ったかのようだった。チームメイトと一緒に練習に向かう途中、誰かに出くわすと、会話はだいたいこんな感じだ。

「背が高いね。バスケ選手でしょ」

「そうだよ」

「マーケット大学でプレーしてるのかな？」

「いや、バックスだ」

「そっか」

大した感動もなく、会話は終了。

ブラッドリー・センターで試合が終わるたびに、私はピザを頼み帰宅し、『Xーファイル』を見るというのが習慣だった。なんて楽しそうなんだと思っただろう？

アウェイでは完全に笑いのタネで、みんながミルウォーキーについて知っていることは『ラバーン&シャーリー』の舞台であることくらいだった。コートに駆け込むたびに、あのテレビドラマのテーマ曲が流れるのだ。すぐに飽きてしまった。

プレー中も、大して楽しむことができなかった。いま思えば、なんとかチームにフィットする方法を探していたUConn時代の初期に似ていたのかもしれない。

しかし、ひとつ大きな違いがあった。NBAでは、大学と違って自力で頑張る必要があることだ。大学では、授業だったり、友達と遊んだりと、つらい時期に違うことを考える要素がたくさんある。シュートが不調な試合があった？　でも、今はそれよりも明日の試験の勉強をしよう、と切り替えることができた。

NBAは何倍も難しかった。システムをまだ知らない。オフェンスをまだ知らない。ルールもわからない。ディフェンス？　問題外だ。真剣な話、いったいどうやって、レジー・ミラー、ミッチ・リッチモンド、デル・カリー（ステフィンの父さん）、そしてシカゴ・ブルズのあの23番を着けている男のようなスコアリングマシーンを止めろと言うのか？

生でマイケル・ジョーダンを見たときは、本当に圧倒された。トレーニングキャンプ中にバックスのプレシーズンスケジュールを確認し、シカゴにあるユナイテッド・センターでブルズと対戦するのを知ったときから、ずっと楽しみにしていた。「本当に実現するんだ」と心の中でつぶやいた。

その夜は現実離れしたものだった。いつもどおりストレッチをしていると、ブルズの選手たちがコート上にジョギングしながら現れた。マイケルは最後。テレビで見るよりよっぽど色が黒くて、まるで影のようだというのが第一印象だった。すべてを受け止める時間もないまま、開始のブザーがなり、ジャンプボールのためにマイケルと同じコートに立っていた。すると、なんとマイケルがまっすぐ私のほうに向かって歩み寄ってくる！

「レイ」と彼は手を差し伸べながら口を開いた。「ＮＢＡへようこそ」

「ありがとうございます」

マジか、ＭＪ（マイケル・ジョーダン）が僕の名前を知っている。どの対戦相手でもやるように、おそらく彼はスカウティングレポートを見ただけであろうことにはあとになって気付いた。名前は知っていて当然だった。

記憶が確かならば、その試合で私は第1クォーターで9得点を記録したのだが、クリス・フォードHCはその後、なぜか私をずっと起用してくれなかった。もし出してくれるのであれば48分全部出られたのに。とても悔しかったのを覚えている。

クリスは私のことを「新人《ルック》(rook)」と呼び、つねに私が序列を意識するようにしていた。多くのコーチが持つオールドスクールな考え方の持ち主だったのだ。新人にはわからせてやれ。まだ何もわかっていないということを、とね。

すべてのポゼッションで、クリスは私に向かって「シュートしろ」だったり、「ドリブルしろ」だったり、「バウンスだ」と指示してきた。「自分の仕事をやらせてくれない?」といつも思っていた。ただでさえ、対戦相手に集中し、チームのシステムを学ぶだけでも大変なのに、ずっとコーチが何かを叫んでくるのだ。クリスのしつこさから遠ざかるために、彼とは反対側に位置取るようにした。

それでもクリスは止まらなかった。

「新人を連れてこい」と、彼はチームメイトの誰かに伝え、また散々いろいろと言われるのだ。声を荒げるのではなく、落ち着いていろいろなことを教えてほしかったなと思う。選手から最大限を引き出すには、それが一番なのだ。NBAだけでなく、どんなレベルでも。

公平のために言うと、コーチ・フォードから教わったこともあった。それが彼の意図したものかどうかはわからないが。

例えば、目覚まし時計を「AM」ではなく「PM」で設定してしまい、シュート練習を逃してしまったときだ。その夜のワシントン・ウィザーズ戦で、コーチ・フォードは私を先発出場させなかった。それは、私にとってとてもつらいことだった。彼としては、練習を逃せばその罰があるという考えだった。リーグに在籍した18年間で、シュート練習などの練習に遅刻することは、その後二度となかったと胸を張って言える。

試合に負けて、我々のベストプレーヤーだったヴィン・ベイカーが、急いで着替え、メディア対応をせずにすぐさまロッカールームを飛び出したときのこともよい例だ。私自身もメディア対応がしたくなかったので、とくに考えることもなくすぐその場を去った。しかし、記者から苦情を聞いたクリスが、私に忠告してくれた。

「おい新人。このリーグでは評判が大事なんだ。おまえは優しい、いい奴だ。だが、メディアはおまえをサポートするか、しないかのどちらかだ。だから、負けたときも自分のミスを認められる男にならなければならない。もしリーダーになりたいのであれば、チームを代表して喋る必要がある」

それ以降、どれだけつらい敗戦のあとでも、メディアから逃げることはなかった。そして、つらい敗戦は本当に多かった。

「もっとうまくプレーできたはずだった」と認めたり、「僕のターンオーバーが多すぎた」だとか、「相手チームの気迫に対抗できなかった」だとか、言う内容はなんだっていいのだ、喋りさえすれば。のちに理解したのは、リーダーというのは最も得点を取った人を言うのではないということだ。リーダーは、とくに自分が悪くないときでも、責任を取れる人のことなのだ。自分がリーダーだと思い込んでいる多くの選手と一緒にプレーしてきたが、リーダーとはかけ離れた者たちだった。チームの調子がいいときは自分のおかげだと考え、調子が悪くなるといつの間にかいなくなっているような選手たちだ。

ルーキーとして、そういった責任を背負うことは私の役目ではなかった。まだ自分の道筋を探しているなかで、チームを先導することはできない。キャリアの最初の数カ月、シャノンはとても頼りになる存在となった。彼女の正直さは頼れるものとなっていった。ミルウォーキーに何度も遊びに来てくれて、想像以上に、私は彼女と一緒に過ごす時間を楽しみにしていた。

「もし結婚してくれと聞いたらどうする？」と私は聞いた。

「まだお互いのこと、全然知らないじゃない」

結果的に、結婚はまだだいぶ先の話となったのだが、お互いにとってそれは最良だった。まだ築かなければならないキャリアがお互いにあったからだ。シャノン自身が成功したいと考えていることも、私にとって魅力に感じる要素だった。

うちのチームにも魅力に感じる要素――1994年の全体1位指名であるスモールフォワードのグレン・ロビンソンだ――はあった。しかし、彼がいても成績は33勝49敗で、ブルズとは36ゲーム差をつけられた。やばいね。コーチ・キャルフーンの教えもあって負けることは大嫌いだったのだが、NBAに来るまで本当に負けるという感覚がどういうものなのかはわかっていなかった。最初の数年はたくさんの敗戦を経験したが、一度も慣れることはなかった。ファンも同様だ。

彼らにはブーイングする権利が当然あったが、ちょっと行きすぎだなと感じることが何度もあった。しかし、何人かの選手は毎試合100パーセントを出していなかったので、ブーイングされて当然だったのだとあとから気付いた。残念ながらNBAでは、大学と違ってそれが当たり前の世界だった。大学では試合数も少ないため、すべての試合が一大イベントだった。逆にNBAでは、1月の寒い夜に負け越している2チームが対戦するというのは、大したイベントではないのだ。

それでも、残念なパフォーマンスをする言い訳にはならない。プロのアスリートであり、とんでもない額の給料をもらっていて、すべての試合では誰かが初めて、いや、もしかしたら唯一のNBA観戦をしに来ているのだ。そういう人のためにも、ベストを出さないというのは許されることではない。

コート外では、ゆっくりと新しい環境に馴染もうとしていた。数カ月はヴィンの家に寝泊まりしていた。ヴィンは私にとって兄のような存在だった。初めて来たときは、本当に街のことを何も知らなかったのだ。どこで食べるべきか、どこで買い物をすべきか、どこで映画を見られるのか。なんにもだ。だから、住む場所を探さなくていいのは心配事がひとつ減らせてよかった。ようやく自分の家に引っ越したときには、ヴィンのおかげでもう準備万端だった。

それに合わせて、母のためにコネチカットに家を購入した。母は私のためにすべてを尽くしてくれていた。それは、並の母親が子供のために普通にやる以上のことだった。母が賃貸のアパートではなく、持ち家に住んでいるのを見られるのは、何よりもうれしいことだった。それ以外では、1年目にあまりお金を使うことはなかった。地元のレンタカー屋の友人が貸してくれた車を運転していたし、いつも雪が降っていたから洗車もほとんどする必要がなかった。

最初の数カ月は文句ばかりだったが、結果的にミルウォーキーは私にとって最適の場所となった。サウスカロライナ州や、ストーズがそうだったように。

選手としても、人としても、成長することができた。ほかの地だったら成長できなかったというわけではないが、ミルウォーキーの天気と夜遊びできる場所の少なさから、高級車を購入したり、クラブに行ったりという気持ちにならなかったのだ。それらは、レジー・ミラーやマイケル・ジョーダンと対戦する準備の助けにはならないことばかりだ。

そして、メディアが自分について書くことへの対処にも役立たなかっただろう。どんなことでも書かれるんだということを、私はデビュー前から知ることとなった。

スラム誌が前評判の高い1996年のドラフト組の特集を組み、「準備ができていようといまいと……やって来たぞ！」という見出しで、ステフォン・マーブリーがルーキー・オブ・ザ・イヤー、シャリーフ・アブドゥル＝ラヒームが最も平均20得点しそうな選手として予想されていた。

いいだろう。一方、私は「最も〝無名になりそうな〟選手」として予想されていたのだ。「無名」の意味はもちろんわかっていたが、念のために辞書で調べ、怒り狂った。何を思ってこんなことを書こうと思うのだろうか？　別に知ろうともしなかったが、ケニーやほかの子たちが私の成功を疑っていたのと同じように、私は忘れることはなかった。年数がたつとともに、あそこの記者とは普通に話してはいたが、そのたびにあの記事にどれだけ腹を立てていたかを伝えた。いつもどおり、あんなふうに貶《おとし》められたことで、私は逆にモチベーションが上がっていた。これ以上あげられるとは思いもしなかった。

バックスでの2年目は、また苦難のシーズンだった。少なくとも、未来は過去よりも明るいという感覚はあった。それは、これ以上ひどくなりようがなかったからなのだが。

9月にバックスは、ヴィン・ベイカーをクリーブランド・キャバリアーズとの三角トレードでシアトル・スーパーソニックスにトレードしていた。ヴィンのことは尊敬していたが、それはオフェンスでの私の役割が大きくなることを意味していた。UConnで1年生のシーズンを終えたあとに、ドニエル・マーシャルがNBA入りしたときと同じように。平均得点は13・4点から19・5点まで上昇し、グレン・ロビンソンの23・4点に次いでチーム2位となった。

このシーズン中、私は再びコーチ・フォードと思い出に残る会話をした。

「おまえにはルーティンがない」とコーチは説明した。「なんとなくやって、それで十分だと思っているだろう。ルーティンを見つけて、それを毎晩こなす必要がある。ただ走り回っていればいいわけではない」

コーチ・フォードは正しかった。ルーティンがなかったのは、それまで必要ないと思っていたからだ。大学では、コーチが毎日ルーティンをつくり上げてくれていた。ミーティング、ビデオ研究、コートでの練習、トレーナーとのストレッチ、レイアップでのウォームアップ、勉強、食事など、すべて時間が決まっていたのだ。たぶん、それで全部だと思う。

プロになると勝手が違う。練習、シュート練習、移動、試合以外の時間に何をするかは自分次第なのだ。なかなかいいと思うよね？

でもそれは、正しい時間の使い方ができればの話だ。そして私は、それをやっていた。ミルウォーキーにいるあいだは、仲間もいた。

毎朝マイケル・カリーとエリオット・ペリー――どちらもガードのチームメイト――とホテルの朝食を取り、ローテーションで勘定を担当していた。そこから、試合開始3時間前に着くようにタクシーでアリーナへ向かい、インサイド陣がやって来る前にシュートを打つようにしていた。インサイド陣を悪く言うわけではないが、彼らはシュートを外す数も多いので、こっちのリズムが狂ってしまうのだ。リバウンダーにパス出しをしてもらいながら、ミドルレンジ、ロングレンジ、フリースロー、ペリメーター沿いをぐるりと。

マイケルとエリオットが参加してくれたのはうれしかったし、のちのキャリアでもほかの選手がワークアウトに参加してくれるのもうれしかった。しかし、ちゃんと長期的に参加してくれる場合に限る。

何人かのチームメイトから時々、「レイ、一緒にシュートしてもいいかな?」と聞かれる。「もちろん」と私は答える。「でも、今日だけってのはナシ。毎日来なきゃダメだ」

なぜなら、一度参加すると、私のルーティンの一部になるからだ。いる日やいない日があると、私のルーティンが狂ってしまう。

マイケルとエリオットは、共に1999年にバックスを去ったが、私はこのルーティンを2014年の最後の試合までやり続けた。

なぜそこまで頑張るのか疑問に思うチームメイトもいたが、決して難しい話ではない。プロアスリートとして成功する間口はとても狭く、年齢という倒せない相手にやられるまで、全力を尽くすことは自分に対する義務でもあるのだ。もっとキャリアで成功を収めることができたかもしれない父のことを思い出し、私は全力を尽くすことを誓った。

キャリアの残りをずっとその高い基準で測られたくないという思いから、やらない選手も少なくはなかった。それもわかる。雪の降るミルウォーキー、凍える朝に起きると、前の晩の試合の痛みがまだ背中に残っているなんてことは何度もあった。そのたびに、「今日だけは、あと1時間だけベッドにいてもいいんじゃないか?　何か問題があるか?　誰も気付かないよ」と自分に問いかけた。

でも、私は気付く。もし一度でも休んでしまえば、また休もう、また休もうと続く。そして第4クォーターで、いつものように跳べなくなっていることに気付くのだ。フリースローやジャンプショットをただ外すのとは訳が違う。外すときは外すものだ。しかし、努力しなかった結果、外すのは問題だ。それはあってはならないことだ。

30分ワークアウトするたびに、私はリフレッシュされていたので、試合が始まってほかの選手がシュートを決めることや、終盤にスタミナを残すことに必死になっているなか、私は完全にリラックスしていた。不思議に聞こえるかもしれないが、すでに1試合プレーした感覚なのだ。

しかし、それが自動的によい結果につながるわけではない。対戦相手もプライドと才能を持ったプロ選手だ。たとえ結果が出なかった場合でも、決して準備不足からではなかったと言いきれる。

一度記者に、「悪い試合内容でしたね。これに対して次の試合どう対応しますか?」と聞かれたことがある。

「悪い試合内容ではなかった」と私は答えた。「ボールがバスケットに入らなかっただけだ」

15本中3本しかシュートが決まらず、パスミスをいくつか出してしまったからといって、悪い試合と決めつけてはいけない。なぜなら、ほかの方法でいくらでもチームを助けることができるからだ。

悪い試合内容というのは、準備不足で、エナジーもなく、シュートが入らず、ターンオーバーを犯すことを意味するのだ。

同時に、よい試合内容というのも、15本中11本決めればいいというわけではない。テレビの「専門家」たちは、選手がたくさん得点すると称賛するが、その選手はディフェンスでしっかりとヘルプしているのだろうか？　オフェンスの流れのなかできちんとシュートを打っているのだろうか？　周りのチームメイトの力を最大限引き出せているのだろうか？

シュートが重要ではないと言っているのではない。私は、みんなが想像する以上にシュートのことを考えていた。なんなら、夢にまで出てきたくらいだ。ちなみに、その夢では、私はいつも千本中0本とか最悪な状態なので、目覚めるといつもより早く体育館、改めラボ（研究所）に行くことを意味していた。なるべく早く頭の中からネガティブなイメージを拭い去るためだ。ワークアウトを始め、ボールがネットを通るのを見れば、もう大丈夫だとリラックスすることができる。少なくとも、次の試合までは。

準備するということは、ただシュートを打って、ランニングマシンで走るだけではない。睡眠と食事をしっかりと管理することも含まれている。

自分に嘘をつくことはできるが、自分の身体に嘘をつくことはできない。身体は自分が何を食べ、どれだけ寝たかを理解している。もちろん、1試合や2試合、運がよければ1シーズンくらいならやり過ごせるかもしれない。しかし、いずれ追いつかれる。誰もがそう。殿堂入りするほどのキャリアを送った選手も同様だ。

私は、対戦相手が準備不足かどうかを見抜くことができた。そういうとき、私は次のギアチェンジをし、一方で相手は私を追いかけ回すことで疲弊していく。ルーティンを続けたことで、リーグに入って数年で、私は第4クォーターに打つシュートの入る確率が高くなっていた。これ以上のことはない。

バスケットボールに限ったことではなく、自分がどれだけ成功できるかは自分次第であることを無視して、言い訳を考えるのは簡単なことだ。ワークアウトに参加すると言っておいて、目覚ましが鳴らなかったとか、渋滞がひどかったと言い訳する選手がどれだけいたことか。そんなことは聞きたくない。そもそも、その時間帯に渋滞がどれだけのものかは知っておくべきだろう。次はもっと早く出ればいいだけだ。結局、来るか来ないかの二択なのだ。

そして「きみはその能力を神から授かっていて、私は授かっていない」と言われることが、いちばん嫌いだ。この能力は、毎日努力した結果だと私は言い返す。私は、決して神様にボールを手渡されて育ったわけではない。神様は、私がバスケットボールを打てるかどうかなんてどうでもいいと思っているはずだ。そうではなく、神様は私に、自分と、自分の周りをよりよくするために全力を尽くしてもらいたいと思っているのだ。それをすべての人間に望んでいる。

人々は自分たちの責任をなくすために、誰が恵まれていて、誰が恵まれていないかという話をする。「なぜ努力しなければならない？　いいことなんてない」。NBA選手でさえも、この言葉を口にしているのを聞いたことがある。そういった選手が1、2年でリーグからいなくなっても驚きではなかった。

一方で、とても努力をした結果、何年もリーグに在籍した選手も見てきた。そのいい例が、2000年代半ばにピストンズで活躍したアンダーサイズのセンター、ベン・ウォレスだ。ベンは得点力こそなかったが、毎試合全力でプレーすることで、リーグ屈指のディフェンダーへと成長した。彼はリバウンドを奪い、ボールをプレーメイカーに渡すという自分の役割を受け入れたのだ。ベンが仲間から認められ、2004年には優勝リングを手に入れたのも不思議ではない。

たまに、ロッカールームが開く前にアリーナに着いてしまうこともあった。そういうときは守衛の人を探し出し、さらにその人が鍵を持っているボールボーイを探し出す。なんだってやるさ。

一度シカゴで、ワークアウト用のウェアを乗せたバスがまだ到着していなかったため、少しだけ待たなければいけないときがあった。すると、ロッカールームスタッフが私にこう提案した。

「マイケル・ジョーダンがもういるよ。もしかしたら彼のウェアを借りられるかもしれない。めちゃくちゃ持ってるからね」

「本当に?」

「ああ、でもきみ自身が彼に聞かなければいけないよ」

断られるだろうと思いながらも、勇気を振り絞って聞いてみた。断られてもマイケルを責めることはできない。なぜなら私は、敵チームの一員なのだから。

しかし、私は間違っていた。マイケルはとても優しく対応してくれ、シューズだらけのクローゼットへと案内してくれた。スタッフは決して大げさに言ったわけではなかった。おそらく200、いや300足は入っていたのではないか。面白いことに、当時私はもうリーグ入りして1年たっていたのだが、いまだにマイケルが私のことを知っていることに驚きを隠せなかった。

相手チームがシュート練習をするとわかっていたときは、いつもより早く行くこともあったのだが、あまりよく思われないことが多かった。私にいる権利があることなんて関係ない。彼らは私をNBA選手ではなくその辺の子供と同様に扱うのだ。

「おい、コートは立ち入り禁止だぞ。これから練習だ」

そう相手チームの職員に言われたことがある。「20分だけやってすぐ帰るから」と私はお願いした。

しかし、彼は動じなかった。

私がヒートに在籍していたとき、ミルウォーキーでプレーオフがあったのだが、誰もいないのに、私とチームメイト数人はバックスの職員にコートから追い出されたことがあった。文句を言っても結果は変わらなかったのだが、むしろ、なぜこんな大事な試合の前に、コートに相手チームの選手が誰もいないのだろうと思った。

コートにひとりで立っているときほど落ち着く時間はなかった。考える時間を与えてくれた。これから対戦するチームや、自分が守る相手のことではない。それはあとでいい。自分のルーティンについてだ。

しっかりと跳べているか？　もっとシュートするべきだろうか？　もっと走ったほうがいいかな？　何か忘れていないかな？

チームメイトがシュート練習にやって来る頃にはもう準備万端で、自分の心配をしなくていい分、彼らのことに集中できていた。どのスポーツでも、どんなチームでも、各選手がお互いのことを助けられた分だけ、成功につながるのだ。

1997—98シーズン開幕を迎えるなか、我々はヴィン・ベイカーのトレードでキャバリアーズから獲得したオールスターガード、テレル・ブランドンの活躍に期待していた。そして、彼はその期待に応えてくれた。

その前のシーズン、我々のアシスト数はリーグ下位だったのだが、空いている選手を見いだすことができるテレルの能力で大きく改善された。しかし、最終的に勝利数は3つしか伸びなかった。その大きな要因は、テレルが2月に足首を捻挫したために50試合しか出場できなかったことにある。もしテレルがケガをしていなければ、プレーオフ出場もあり得たかもしれない。3月に9連敗するまで、我々は29勝29敗というまずまずの成績だったのだ。チームのトップスコアラーであるグレンと、ベイカーのトレードで獲得したトップリバウンダーのタイローン・ヒルが多くの試合を欠場したのも影響していた。

それでも、誰かしらを放出する必要があった。こういう状況でまずクビになるのは、だいたいコーチだ。

キャリア序盤、クリスは私にとても厳しかったが、これに限ってはかわいそうだなと感じていた。1991年以来一度もプレーオフに出場できていないチームを好転させるのに、たったの2年しか与えてもらえなかったのだ。解雇のニュースを聞いた瞬間、「NBAは本当に冷酷なんだな」と思った。これまで、誰かが何かで首になるのを見たことがなかったからだ。

新しいコーチは、数カ月前にソニックスを去っていたジョージ・カールとなった。クリスの解雇を知ったときから、彼がいいと私はずっと思っていた。

ソニックスは、ジョージの在任中の6シーズンすべてで55勝以上を記録していた。同じ期間中に勝利数が多かったのは、1996年のNBAファイナルで彼らを6試合で倒したブルズだけだった。どうやらジョージは、オーナーのバリー・アッカーリーとGMのウォリー・ウォーカーと揉めてしまったようだ。だからどうした？　正直に言うと、コーチとその上の人間たちが長いことうまくやれるほうが不思議なくらいだ。私はジョージに本当に来てほしいと思っていたため、コール上院議員を説得するためにDCまで飛んでいったくらいだった。

コール上院議員との面会は、国会議事堂への初訪問ということもあって、とても思い出深いものとなった。当初から、彼とはとてもウマが合った。彼がミルウォーキーに来るときは、いつもダウンタウンのホテルで昼食を一緒にするくらいだ。チームのことに関して、私は100パーセント、正直に伝え、彼もそれをありがたく思ってくれた。

多くのオーナーたちがそうでないように、コール上院議員も決してバスケットボールの細かいニュアンスに詳しいわけではなかった。しかし、敏腕ビジネスマン兼政治家であったことから、いつも最高の人材を周りに配置し、適切な質問をしていた。だから、リーグのほかの選手が自分たちのオーナーを敵対視しているのを見ることは、いつも不思議だった。コール上院議員にそういった感情を抱いたことはなかった。

もしエリートチームになりたいのであれば、ジョージこそが必要なコーチであることを、私はコール上院議員に力説した。彼は多くを語らなかったが、どうやらジョージの名前はすでに何度か持ち上がっていたことが見て取れた。もし我々が彼を雇わなければ、どこか別のチームに取られるであろうことを私は確信していた。

しばらくすると、ジョージの就任が決まった。私は彼と一緒に働けることが待ちきれなかった。しかし、待たねばならない状況になってしまったのだ。

1998年夏、選手とオーナーのあいだに再び確執が生まれ、この確執が解消されるまで誰もコートに立つことができなかったのだ。対立している内容は、お金だ。ほかに何がある？　オーナーはバスケットボール関連の収入（チケット料、放送権、その他）の自分たちのシェアを上げようとしており、選手たちは自分たちのシェアを維持したいと考えていた。

もちろん、それよりももっと複雑なものだったのだが、7月1日になっても解決策が見いだせず、オーナー陣はロックアウトに踏み切った。大衆からの支持を得る戦いをさらにふっかけてきて、彼らはあっさりと勝利した。ファンはストライキとロックアウトの差はわからないだろうと予測し、我々選手側が悪者であるというイメージをつくり上げたのだ。我々はアリーナに行って、自分たちは仕事をしたい、オーナーたちのせいでできていないと主張しようとした。

なんの効果もなかった。当時、ソーシャルメディアさえあれば、メディアを通してではなく、直接ファンに訴えかけることができたのに、と思う。そうすれば、よりサポートされていたはずだ。人種差別も関係あっただろうか？　もちろんだ。白人の「オーナーたち」がよりお金を求めると「やり手」であるとされる。しかし、黒人が多い「選手たち」がお金を求めると「欲張り」になるのだ。言葉だけでわかることは多くある。

秋から冬へと移り変わっても両サイドが頑なに折れないなか、私はコネチカットで大学時代の友人であるドニー・マーシャルとケビン・オリーとワークアウトをしていた。昔に戻ったかのような感覚だった。

1999年1月、ようやく両陣営は合意に至った。シーズンは50試合に短縮され、すべてのチームが何度か3連戦を強いられる強行スケジュールだった。とくにベテラン選手にとって、これは本当に疲れることだ。しかし、少なくともシーズンを送ることはできる。私はすぐにミルウォーキーに戻った。孤立、雪、バックスよりも、ブレット・ファーブ率いるパッカーズ。多くのことは何も変わっていない。

しかし、希望があった。コート内外でドラマが付きまとうジョージ・カール時代が始まろうとしていたのだ。

ジョージはいろいろと言われることがあるとはいえ、とにかくつまらないということだけは決してなかった。

8

ジーザスとジョージ

考えてみれば、ジョージ・カールが就任する頃には私自身もドラマに溢れていた。ただし、私のものは、現実世界ではなく映画の話だが。

始まりは1997年1月、ニューヨークでニックスと対戦したときのことだ。リーグ屈指のシューティングガード、アラン・ヒューストンが私を相手に前半絶好調だった。私は割とコートサイドのファンの野次に耳を傾けないことに長けていたのだが、あるコメントだけ聞こえてきた。

「今夜はアランを守るのか?」

どこかの生意気な奴が叫んだ。

その声は、熱狂的なニックスファンである映画監督のスパイク・リー(『ドゥ・ザ・ライト・シング』『ジャングル・フィーバー』)だ。たとえスパイク・リー監督の作品を見たことがなくても、テレビでニックスの試合を見たことがあれば誰かわかるだろう。審判がニックス相手に疑わしい笛を吹けば、カメラはすぐさまチームジャージーを着たスパイクを抜き、コーチたちよりも怒鳴っている姿が映し出されるのだ。

私はひと言も返さなかった。野次に反応し始めると、それを楽しんでいようといまいと、止まらなくなってしまうからだ。

数カ月後、再びガーデンに試合をしに行ったとき、スパイクはまた注意を引こうとしていたのだが、私は無視し続けた。アランはこのときもいい試合をしていたので、またスパイクにごちゃごちゃ言われるのだろうと思った。

ハーフタイムになると、スパイクは私のほうに歩み寄ってきて、こう言った。

「いま映画をつくっているんだけど、ニューヨークに来てオーディションを受けてみないか聞きたかったんだ」

予想していた言葉とはまったく違った。もちろん興味はあったが、あまり興奮はしなかった。スパイクはガーデンで会った何人かの選手をオーディションする予定だったのだ。

4月に入り、シーズンが終わって数日後、私はニューヨークに行って挑戦してみることにした。それがプレーオフを逃した唯一の利点だった。もしプレーオフに出場していたら、オーディションはもう2週間、もしくはそれよりも先のことになっていただろう。スパイクもずっと私を待つわけにはいかない。私はマーロン・ブランドーではないのだから。

オーディションするジーザス・シャトルワースという役は、どの大学の奨学金を受け取るか選択しなければならない高校バスケのスター選手。どっかで聞いたことあるだろう?

しかし、過去は大きく違う。ジーザスの父は、誤って妻を殺害してしまったことで投獄されており、ジーザスが刑務所長の母校を選べば懲役期間が短縮されるというのだ。

私にしては珍しく、何も準備をせずに挑んだ。する意味がなかったのだ。このジーザスという男がどういう人間であるべきなのか、まるでコンセプトを知らなかったのだから。何人か別の女優で台本読みを行った。ラブシーンをいくつかやって——と言ってもセリフを読んだだけだ、本当だ——終わりだ。真剣に転職しようと考えていなくてよかった。

しかし、気に入られたのか、1週間後にスパイクから2度目のオーディションの誘いを受け、そして3度目と続いた。3度目では、すでにジーザスの父親役として配役されていたデンゼル・ワシントンと一緒に台本読みをすることになった。この時点でもう、リーグで1年プレーしていたこともあって、私は有名人に会うことには慣れ始めていた。

しかし、デンゼルは違った。完全に圧倒された。

大のレイカーズファンであるデンゼルは、すぐに私を落ち着かせてくれた。デンゼルは、自分がスターであり、周囲は自分のためにいるなんてまったく思っていない。彼を参考にしてほしいと思える人にはたくさん会ってきた。デンゼルとの相性はいいなと感じていたのだが、スパイクもどうやらそう感じていたようだった。数日後、スパイクから電話があった。

「やり遂げられると思うかい?」

いい質問だ。トレーニングキャンプが始まってから7カ月連続で全力を尽くしてきていたから、精神的にも肉体的にも休養を必要としていた。それなのに、大変な仕事をさらにやろうとしていた。しかも、初めてやることだ。夏休みよ、さようなら。

これらの思いをシャノンに打ち明けてみると、彼女はいつもどおり良識をたたき込んでくれた。

「夏休みなんてどうでもいいじゃない。悪魔に心を売ってでも、スパイク・リー作品に出演したいと思っている人がどれだけいると思っているの?」

スパイクが、ニューヨーク市内にアパートを用意して、毎日撮影が終わったあとにチェルシー・ピアーズでワークアウトできるようにセッティングする、と言ってくれたことが大きな助けとなった。さらに、休養日があることも教えてくれた。『ゴッドファーザー』のブランドー風に言うと、それは文句を言えないオファーだった。もし断っていれば、残りの人生でつねに後悔していたことだろう。

1998年の春に公開された『He Got Game』は、私にとって、これからも一生大切にするかけがえのない経験となった。スパイク、デンゼル、そして多くのアーティストと一緒にいられたからだけではなく、若い世代に人生について伝えるメッセージになる。自分に正直でい続ければ、目標は達成することができるというものだ。

そして、自分の感情を出しても大丈夫だということも学んだ。あまり愛情表現をしない親と、仲間外れにしようとする子たちの中で育ったこともあり、私はとても心のガードが堅くなっていたのだ。信じられないかもしれないが、誰かに対して、気にかけているとか、寂しいとかも言えないような人間だった。撮影が始まり、自分の役の感情を開こうとしたときに気付いた。自分も周りに対してどう思っているのか、ちゃんと伝える方法を学ぶ必要があると。

そこで助けてくれたのが、演技指導のスーザン・バトソンだ。彼女は6週間、毎日指導してくれた。

台本上でジーザスが新たな登場人物と出くわすたびに、スーザンは、その人を誰か自分が知っている人と比較するように言ってきた。デンゼルに怒らないといけないシーンでは、実際に私が父に対して怒りを感じたときを思い出すように指示された。まるでセラピーを受けているかのようだった。

「観客は、あなたが何を感じているのか、何を考えているのかを理解する必要があって、それを表情から読み取りたいの」

スーザンはそう説明してくれた。私は、どのシーンの撮影前にも、取っていたメモを確認してから挑んでいた。

助かったのは、ジーザスが直面している責任に自分も共感できたことだ。ジーザスが妹の面倒を見る必要があったように、私とロザリンドも母の助けを借りながらティエラの面倒を見る必要があった。高校生でありながら自分以外の誰かの面倒を見るという経験は、なかなか理解できないものだ。自分の面倒を見るだけでも大変なのだから。

撮影のために毎日準備するのは、試合のために準備するのと変わらなかった。正しい食事をして、しっかりと睡眠を取り、邪魔なものを取り除く。そしてもちろん、セリフを覚えること！

私は撮影中に、撮影し終わったシーンを見ることはなかったが、それを見たスパイクは私の演技を気に入っているようだった。初めて自分の演技を見たのは、数カ月後にロサンゼルスで行われた試写会だった。『SportsCenter』などでのハイライトでさえ、スクリーンで自分を見るのはあまり好きではなく、今回も同様だった。しかし、スパイクの手腕には正直感心した。嘘っぽいなと感じる部分は一瞬もなかったのだ。

当時は、ジーザスの家族はなんで崩壊してしまっているのだろうと思っていたが、歳を取るとともに、見方は変わっていった。多くのチームメイトからは、つねに「俺の家族はメチャクチャなんだ」と文句を言われた。

「おい、どんな家族にだって問題はあるもんだよ」と私は答えていた。

『He Got Game』でさらに学んだことは、自分の家庭でリーダーになることの大切さだ。周りが絶対についてきてくれるわけではない。むしろ、簡単に破ることのできない壁さえもつくってしまうかもしれない。しかし、何かのために立ち上がらなければ、すぐに倒れてしまうのだ。

ロックアウトがようやく終わると、私は早くコートに戻りたくてたまらなかった。いつもより多めに休めたのはありがたい変化だったが、NBA選手のキャリアはとても短く、私はまだまだたくさん達成したいと思っていることがあった。ジョージ・カールについても同じことが言えるだろう。ジョージは私の知っている人間の中でも、最も要求の高い人間だった。まるでジム・キャルフーンがゆったりした人物だと思えてしまうほどだ。

初日から、ジョージは我々がこれまで見たことのないような仕組みを持ち込んできた。先発選手からベンチのいちばん端の選手まで、全員が責任を負うことだ。ルーキーは、練習前から施設でワークアウトすることを求められた。私がプレーしたどのコーチよりも、ジョージは全員をオフェンスに組み込んでいた。それによって選手たちは、48分間集中力を保つことができていた。

コーチがいつ自分のためのプレーをコールするかわからないからだ。

ジョージがつくったプレーのひとつに「ハンマー」というものがある。控えフォワードのダーヴィン・ハムから取った名前だ。今でもNBAで見られるプレーだ。ダーヴィンがブロック（ペイントエリアのライン上にある長方形に塗りつぶしてある部分）でボールを受け取ると、ベースライン側にスピンをして、逆側のコーナーにいる私にパスを出し、スリーを打つというものだ。私の得点として記録されるが、プレーメイクしたのはダーヴィンだ。

「私が誰かの背番号をコールしたからといって、それはそいつが得点するという意味ではない」ジョージは私たちに説明した。「そいつがチームのためにプレーメイクするという意味だ」

すべてのプレーにはいくつものオプションがあり、ディフェンスがローテーションする1、2秒のあいだに最善のオプションを選択する。それができなければ、そのポゼッションで得点するチャンスが大幅に減ってしまう。

ジョージは私に、試合を全体で捉えることを教えてくれた。ロッカールームでビデオを見ているときは、具体的に私が何を間違えたのか、次回はどうすべきなのかを説明した。当たり前のように聞こえるかもしれないが、選手たちに何時間もビデオを見せながらも、何が間違っていたのかを教えることすらしないコーチがどれだけいるかにびっくりすると思う。

さらにジョージは、ほかのエキスパートを連れてくることも躊躇しなかった。そのうちのひとりが、プロバスケットボールのマイナーリーグであるコンチネンタル・バスケットボール・アソシエーション（CBA）時代からの友人、ジェラルド・オリバーだった。

「G・O」の愛称で親しまれていたオリバーは、私の知っている誰よりもシューティングに関して詳しい典型的な田舎者《カントリーボーイ》だった。カリフォルニアのコーチや、UConnでカール・ホブスに学ぶのが大学の学部課程だとしたら、G・Oから学ぶのは修士課程。試合開始の2時間ほど前に私がコートでひとりシュート練習をしていると、G・Oは観客席の20列目、もしくはそれより上に座っていた。多くの場合、彼がどこに座っているのかも知らなかった。ボールが手から離れるときに、私が跳んでいる高さが毎回同じであることの重要性を教えてくれた。

私は毎年、すべての試合で同じレベルのパフォーマンスをしようと試みていた。脚が疲れてくることから、第1クォーターにできていたことが、第4クォーターになるとできなくなってくる。幸いなことに、私は多くの場合、重要な場面でその高さを維持するまでのレベルに達することができていた。スパーズ相手のあの第6戦のように。

「いいことを教えてやろう」とG・Oは何度も言ってきた。「ボールが入っていたかどうかは見ていなかったが、今日はいい試合ができるはずだ。きみの跳躍力を見ていたが、ずっと安定していた」

最も大切だったのは、自分の跳躍力が安定していないときに、それに気付けるようになり、どう対応すればいいかも知ることができた点だろう。

私に教えられることをすべて教えたと判断したG・Oは、いずれ来なくなり、その知識を周りに引き継ぐのが私の仕事となった。

短縮された1998－99シーズンは好スタートを切った。最初の6試合で5勝、そのうちの3つはアウェイでの勝利だった。

3月には、みんなが嫌がった3連戦でブルズ、ニックス、ソニックスに勝利し、チームは6連勝を飾った。当時23歳だった私は、ほかのベテラン選手に比べて3連戦にそこまで影響されず、テレルが戻ってきたことで私の得点力は上がっていた。

そして、労使交渉の場でも、私の得点力は上がっていた。

ナショナル・バスケットボール・プレーヤーズ・アソシエーション（NBA選手会）の執行委員会の一員として、私はロックアウト中のミーティングすべてに出席し、バスケットボールのビジネスの一面を多く学んだ。だから、延長契約についてオーナーのハーブ・コール上院議員と話し合うときに、私は代理人を連れていかなった。新しい協約によると、3年目の選手が得られる最大年俸は決められていたのだ。であれば、そのうちの4パーセントをわざわざ代理人に渡す必要はないだろう？

もちろん、契約をしっかりと把握できる弁護士が必要だったので、私は1995年にOJ・シンプソンのダブル殺人事件を弁護したことで有名なジョニー・コックランを雇った。ジョニーは本当に、部屋にいる人間や陪審員の心を奪ってしまうことに長けていた。延長契約は6年

7090万ドル。私は金のためにプレーするということは一度もなかったが、努力が報われるのはとても気持ちのいいものだった。

チームにも同じことが言えた。1996年にリーグ入りして以来初めて、得点力、リバウンド力、ディフェンス力がいい具合に混ざり合っていた。何も変える必要はないように感じていた。

しかし、3月11日に、チームはテレル・ブランドン、タイローン・ヒル、エリオット・ペリーを、ニュージャージー・ネッツ（現ブルックリン・ネッツ）とウルブズとの三角トレードで放出したのだった。

そのトレードでチームが得た最大の戦力は、ポイントガードのサム・キャセール。1997年に、スポーツ・イラストレイテッド誌の巻頭特集で「NBAのベストポイントガード」と評価されていたほど才能のあったテレルだったが、ジョージにとってはそれでも不十分だったようだ。ジョージは、もっと勝ち気で、試合を支配できるタイプを好んだ。彼自身のようなタイプを。

1990年代半ばに連覇を達成したヒューストン・ロケッツで重要な役割を担っていたサムは、まさにそれか、それ以上の存在だった。ジョージに何か言われても、躊躇せずに言い返せるような選手だった。当時は気付かなかったのだが、ジョージは自分の選手たちよりも、他チームの選手たちを好む傾向にあった。

ケガ明けだったサムは、万全な体調になるまで少し時間を要したが、それ以降は我々が28勝22敗の成績でイースタン・カンファレンスの7位シードを獲得することに貢献してくれた。

我々はプレーオフに行けた。ようやくね。

しかし、残念ながらインディアナ・ペイサーズ相手に3連敗し、長いこと戦い続けることはできなかった。そのうちのひとつは、延長戦残り1秒で相手のティップインで負けるというものだった。それでも、プレーオフという環境でプレーできたことで、我々は多くを学ぶことができた。ミルウォーキーのファンたちもチームの未来に興奮していた。

42勝40敗という成績を残した翌シーズンも、第1ラウンドでペイサーズと対戦。そして、またもや敗退。少なくともこのときは、第5戦までもつれ、最終戦は1点差という内容だった。ジョージは失望しており、それはもっともだった。あれだけの力を費やすと、想像以上に痛みが残る。しかし、ペイサーズに敗退するのは、結果的に何も恥ずかしいことではなかった。彼らはそのシーズン、ファイナルまで進み、レイカーズと6試合を戦った末に敗れた。ペイサーズはリック・スミッツ、ジェイレン・ローズ、デイル・デイヴィス、そしてバスケットボール界屈指のシューターであるレジー・ミラーを擁するタレント溢れるチームだった。

我々とのシリーズの第5戦、第4クォーターだけで18得点、試合を通して41得点を記録したレジーを守るのは悪夢のようだった。スクリーンをうまく使い、つかんでくるし、こっちを押しながら逆方向に走っていく。彼の前にしっかりつくということが、まったくできなかったのだ。

一度、ジャンプボールを待っているときに、彼のシューズを見てみると、私のものととても似ていたのだが、彼のものは自身の名前入りだった。なんてクールなんだって思ったよ。

「それどうやって手に入れたの?」と私は聞いた。

「10年間だ」

彼はリーグの通過儀礼を教えてくれた。

わかったよ、レジー。


2000年夏、私は新たな舞台に上がろうとしていた。オーストラリアのシドニーで開催されるオリンピックで、国のためにプレーすることだ。

誰もがそうだったように、私はマジック・ジョンソン、マイケル・ジョーダン、ラリー・バードがプレーした1992年の初代ドリームチームの大ファンだったが、当時はまさか自分がその立場になるとは思っていなかった。しかし、1996年のアトランタ五輪のときに、ストーズの施設でリーグ1年目に向けてワークアウトしていると、大学の誰かに「4年後、きみはオリンピックでプレーしているよ」と言われてから意識するようになった。

言葉を聞いた瞬間、私はその響きがとても好きだった。しかし、同時に「ちょっと先のことを考えすぎだ。まだNBAで1試合もプレーしていないんだから!」とも思った。

2000年がやって来て、代表チーム入りを果たしたときはとても興奮した。

素晴らしいチームだった。アロンゾ・モーニング、ティム・ハーダウェイ、ジェイソン・キッド、ヴィンス・カーター、アントニオ・マクダイス、ゲイリー・ペイトン、シャリーフ・アブドゥル＝ラヒーム、ヴィン・ベイカー、アラン・ヒューストン、スティーブ・スミス、そしてサウスカロライナ州時代の友人、ケビン・ガーネットだ。

１９９２年と96年の代表チーム同様、我々はすべての対戦相手を圧倒すると予想されていた。しかし、リトアニア代表チームはそうは思っていなかったようだ。

3戦目に対戦したリトアニアには、わずか9点差でしか勝てなかった。なぜ「9点〝しか〟」なのかというと、１９９２年にプロ選手がオリンピックに参加するようになってから、アメリカ代表はすべての試合を22点差以上で勝利していた。むしろ、我々は残り18分くらいで1点負けている状況にまで陥っていた。これまでアメリカ代表が後半に負けていることなんてなかったのだ。

しかし、リトアニアとの2度目の対戦となったセミファイナルに比べれば、大したことはなかった。そのプレッシャーは私がこれまで経験したことのないようなもので、コーチのルディ・トムジャノヴィッチも感じているようだった。試合終盤、我々は得点することよりもディフェンスを徹底することを必要としていたのだが、センターのモーニングがファールアウトしたあと、ルディ・Tは私に出るよう指示したのだ。

ティム・ハーダウェイは怒りを抑えることができなかった。「リバウンドが必要なのに、なんでレイ・アレン投入なんだ？」と彼は怒鳴った。幸い、間違いに気付いたルディ・Tは２０６センチのマクダイス投入に変更してくれた。

大陸全体が我々を敵対視していたことも、厳しい要因のひとつだった。オリンピック前の親善試合でオーストラリア代表と対戦した際、序盤にヴィンス・カーターが同国のヒーローのひとりであるアンドリュー・ゲイズと揉み合いになった。ゲイズは、倒れ込む際にヴィンスを一緒に引きずり倒した。怒ったヴィンスは立ち上がってゲイズを跨ごうとしたのだが、間違えて彼を踏んづけてしまった。でも、ファンは間違いだとは思っていなかったようだ。

それ以来、我々は汚いアメリカ人となった。ブーイングの嵐、そしてコート上にゴミが投げ込まれた。オーストラリアは同盟国のひとつなのにね！

なんにせよ、そのリトアニア戦の最後の数秒、我々は苦境に立たされていた。わずか2点リードしているなかで、その日27得点と大活躍していたサルーナス・ヤシケビシャスがスリーを投じたのだ。もし入れれば、我々の負けだ。もう一度言う。我々の負けだ。

もちろん、彼が外したことはわざわざ言わなくてもいいだろう。もし決めていれば、歴史的なシュートになっていたのだから。

2日後、我々はフランスに85－75で勝利し、金メダルを獲得。ヴィンスと私はそれぞれ13得点を記録した。この金メダルは、今でも私にとってとても大切なもので、もしあのスリーポイントショットが入っていたら、今の自分がどういう気持ちなのかは想像したくもない。

5年目となる2000－01シーズンに向けて、私の期待値はとても高くなっていた。サム・キャセール以上の司令塔はほかに考えられなかった。サムはエナジー溢れるプレーをし、口も同じくらい達者だった。彼の話にはいつも笑わせてもらった。そしてサムは、私の名前がまるでひとつの単語かのように「レイアレン」と呼ぶのだ。

サムみたいな選手は必要だ。ＮＢＡシーズンは長く厳しいもので、当然達成することにつねに集中している必要があるのだが、ゲームであることも忘れてはならない。

ほかの誰よりも長くリーグにいたサムは、冷静さを保つ方法を知っていた。開幕後、3勝9敗という成績だったことにジョージは激怒していた。メディアに対して、選手たちについて「甘やかされた億万長者の赤ん坊だ」と文句を垂れていた。

しかし、サムは我々が成績ほど悪いチームでないことを確信していた。単純に調子のいいチームと当たるタイミングが悪かっただけなのだ。

「ちょっと落ち着けよ」サムはジョージに伝えた。「パニックに陥っているだろ。シーズンはまだ始まったばかりだ」

ジョージは、我々を記者たちへのコメントで怖がらせたと思っていたのだが、実際はそんなことはなかった。むしろ我々の怒りを買っていた。選手がコーチに怒っているという状況は、絶対につくり出したくないものだ。その道を進んでしまうと、もう戻れる保証はない。

サムは正しかった。我々は成績ほど悪いチームではなかった。11月下旬から12月下旬にかけて、17試で13勝した。そのうちの1勝は、ロサンゼルスでシャキール・オニールとコービー・ブライアントを擁する前シーズン覇者のレイカーズに対するものだった。216センチあるルーキーセンターのジョエル・プリズビラは、シャックを恐れていなかった。周りの助けを必要とせず、彼はシャックのシュートを変えさせていた。何年もリーグでプレーしていながらもそれができないセンターは何人もいた。

まだ始まったばかりだった。

1月には8連勝を記録し、52勝30敗の成績で1986年以来となる（セントラル）ディビジョン制覇を成し遂げ、シクサーズに次いでイーストの2位シードとしてプレーオフに進出。第1ラウンドでオーランド・マジック相手に3勝1敗で勝ち進み、次のラウンドでシャーロット・ホーネッツ相手に最初の2試合を勝利した時点で、カンファレンス・ファイナル出場は確実だと感じられた。しかし、そこからホーネッツにシリーズタイまで持ち込まれ、第5戦も86－94で敗れ、2勝3敗と逆にリードされてしまう。シーズンが終わるかどうかはグレン・ロビンソン、サム、そして私の〝ビッグスリー〟次第だった。結果、シャーロットでの第6戦を104－97と勝利。サムは33得点、11アシスト、グレンは29得点、私は23得点と活躍した。そして、第7戦も104－95で勝利。次の相手はシクサーズだ。

私は興奮していた。アイバーソンとまた対戦できるからではない。UConn時代にエリートエイトより先に勝ち進めなかった私に、優勝のチャンスが訪れていたからだ。高校で優勝したことはあったが、それは50州のうちのたったひとつで頂点に立っただけ。このレベルでの優勝は、全米のトップに君臨することを意味していた。

でも、シクサーズはかなりの難敵だった。リーグMVPのアイバーソンに加えて、ディフェンシブ・プレーヤー・オブ・ザ・イヤー（最優秀守備選手）のディケンベ・ムトンボ、シックス・マン・オブ・ザ・イヤー（最優秀シックスマン）のアーロン・マキー、そして素晴らしいポイントガードのエリック・スノウがいた。

フィラデルフィアでの2試合は1勝1敗とし、ホームコートアドバンテージを奪うという目標を達成。しかし、第4戦で3勝1敗となるチャンスがあるなか、6点差で負けてしまい、再び勝利を献上してしまった。

そして第5戦では、残り13・9秒でマキーが2本のフリースローを外し、シクサーズに88－89とリードされるなか、我々にとって最後のポゼッションが回ってきた。

タイムアウト。

前回アイバーソンと似たような状況の試合をしていたときは、コーチ・キャルフーンが私のことを信頼してくれ、勝利していた。

このときジョージがデザインしたプレーは、グレンのためのものだった。彼は素晴らしいスコアラーだから当然のこと。

インバウンドでボールはサムに渡り、しばらくドリブルしてからグレンにパスを出した。マキーが守るなかで、グレンはベースラインでよいポジションを獲得し、約3メートルの距離からシュートを放った。グレンが絶対に外さないシュートだ。

しかし、そのシュートが外れた。

リバウンドに入れた私はリバウンド争いに勝ち、ティップインを試みたものの、まるで入る気配がなかった。試合終了。

幸い、シリーズはまだ終わっていなかった。

2日後、我々はホームでの第6戦を110－100で勝利。私は13本中9本のスリーを決め、前半ひとりで19連続得点をあげるなど、41得点の大活躍だった。3勝3敗で並び、最終戦をアウェイで勝利する自信はあった。すでに一度、敵地で勝っていたため、2度目があってもおかしくない。

しかし、土曜日にすべてが変わるニュースが飛び込んできた。

その前日の第6戦、我々のパワーフォワードであるスコット・ウィリアムズが、ドライブしているアイバーソンに対してあごにエルボーを食らわせていた。

アイバーソンは床に倒れ込んだ。もちろんハードファールだったが、決してダーティーなものではなかった。スコットは腰辺りを捕まえようとしていたのだが、アイバーソンがかなり低姿勢だったため、代わりにあごに直撃してしまったのだ。

我々は、スコットよくやった、と思った。無傷でうちのペイントに飛び込めるなんて思わせてはダメだ、とね。それに、審判もそのファールをとくに問題と感じておらず、スコットはその後、貴重な12得点を稼いでくれていた。彼がジャンプシュートを打つと、周りが「うわ、やめろ、や

めろ、やめろ、ナイスシュート！」となるタイプだった。

しかし、リーグの見解は異なり、土曜日にそのファールを「フレイグラント・ファール・ペナルティー2」へとアップグレードしてしまったのだ。マジックとホーネッツ相手にフレイグラントを取られていたスコットは、プレーオフ中の累計ペナルティーポイントが溜まってしまい、第7戦の出場停止が言い渡されてしまったのだ。

フィラデルフィアに到着してからこの事実を知った我々は、激怒した。別にあのファールが試合の結果に影響したわけではない。アイバーソンは立ち上がり、いつもどおりの厄介なプレーを続けていた。しかし、スコットを出場停止にしたことで、NBAはもしかしたらシリーズの結果を変えてしまったかもしれない。

しかも、その試合は、両チームに関わる人間の人生を変えられるほど、重要なものだったのだ。

では、なぜリーグはそんなことをするのか？

私の見解は、当時かなりの反感を買ってしまったが、今でも信じている。リーグは我々に負けてほしいから、スコットを出場停止にした。

逆に言うと、リーグはシクサーズに勝ってほしかったのだ。

考えてみてほしい。2001年6月に自分がNBAで働いていたとしよう。レイカーズとのファイナルでどちらのチームのほうが高視聴率と収益をたたき出すだろうか？　アレン・アイバーソンが率いるウィルト・チェンバレン（1試合最多得点記録など数々の記録を持つ超人スコアラー）やドクター・J（「芸術」と称されるダンクなどアクロバットなプレーで、他選手をも魅了したNBA史上屈指の名選手、ジュリアス・アービングの愛称）というレジェンドが在籍した歴史のあるシクサーズか？

それとも、チーズが有名なウィスコンシン州の名もなき選手たちか？

一応言っておくと、私は陰謀論などを信じるタイプではない。この件以外は。もっと証拠が必要かな？　シクサーズは我々より66本も多くフリースローを打っていた。1試合平均では約10本だ。そしてテクニカルファール数も我々より9個少なかった。

弁論終わり。

スコットはリバウンドが強かったが、それ以上に心理的なリーダーでもあった。出場停止になるとアリーナにも入れないので、彼がベンチにいないことは、コート上に出られないことと同じくらいの大打撃だった。

それでも、怒りはすぐに鎮《しず》めなければならなかった。第7戦はもうすぐそこで、こんなチャンスがいつまた訪れるかはわからない。NFLのマイアミ・ドルフィンズのスタークォーターバックだったダン・マリーノが、初めてスーパーボウルに出場したのは1985年、23歳のときだった。だが、彼はその後一度も出場していない。

前半は6点ビハインドと、なんとか接戦になっていた。ところが、第3クォーター残り5分あたりで、私はドライブを仕掛けた際にエリック・スノウと衝突し、左膝を打撲してしまった。それでベンチに下がることを強いられた。その時点で7点差だったが、第4クォーター残り10分ほどで私が試合に戻ると、点差は14点にまで開いていた。

最終スコア、シクサーズ108点、バックス91点。

アイバーソンは44得点と圧倒し、ムトンボは23得点、19リバウンド、7ブロック。スコット・ウィリアムズがいれば結果が違ったとは言いきれないが、やはり彼のいる状態でプレーしてみたかった。リバウンドでも、38本対47本でシクサーズにやられていた。

想像どおり、試合後のロッカールームには憂鬱な雰囲気が立ち込めていた。サムでさえ口数が少なかった。残念だったのは、レギュラーシーズンで我々はレイカーズとの2試合に両方勝利しており、とてもいいマッチアップだったことだ。第1戦を勝利したあと、4連敗したシクサーズよりもいいシリーズにできたことは間違いないだろう。ファイナルは1分でも見るのが耐えられなかった。あの舞台に立っているのは、我々であるべきだったのだ。

それから2週間ほどたち、痛みが弱まっていくなか、私は自分たちが成し遂げたことをより広い目で見るようになっていた。未来はとても明るい。

31歳のサムは少し年老いてきていたが、グレンと私はまだ20代で、24歳のティム・トーマスも頭角を現し始めていた。そして、3年連続で我々をプレーオフへと導き、NBA屈指の賢く革新的なコーチであるジョージ・カールもいた。彼のおかげで、私たちは自分たちを信じることができた。簡単に聞こえるが、それは本当に難しいことなのだ。

問題なんて起きるはずがないだろう?

9

バックスはここで終わり

MY JOURNEY THROUGH LIFE AND THE GAME I LOVE

52勝し、ファイナル進出の一歩手前まで行くと、どんな警告も気にならなくなる。

この時点までのキャリアで最も大きな警告に出くわしたのは、2001年2月にスポーツ・イラストレイテッド誌に掲載された記事だった。そのほかの私に関する記事は、地元の新聞にポジティブな内容で掲載されていた。

そのスポーツ・イラストレイテッド誌では、自分の立ち振る舞いが批判されていた。しかも自分のコーチから！ 信じられなかった。自分のキャリアで初めて疑問に思った。この人は本当に私の味方なのだろうかと。

「レイはいつもきれいでいたがっているから、私は彼をバービー人形と呼んでいる」とヘッドコーチのジョージは記者に話していた。「彼はすごい選手だけど、スタイリッシュであること、ハイライトに載ること、クールでいることを気にしすぎだ。バスケットボールはクールであるかどうかではない。タフで競争性の強い競技であり、勝つためには悪者になれるような、殺し屋になれるような人間じゃないといけない。レイはそうではない」

どうもジョージは、直近の2試合で私が守っていた相手が活躍したことに対して、私がもっと悔しがるべきだと感じていたようだ。まず、そのふたりの選手はどちらも素晴らしい選手で、誰を相手にしても活躍していた。それに、私だってプロフェッショナルだからプライドがある。当然、悔しかった。ただ、ほかの人が表現するように態度に表さなかっただけだ。

あろうことか、私が笑顔だったことでジョージは怒ったのだ。

「あいつを相手にふたり合わせて84得点だ」ジョージは言った。「それを見て私は、『ブチ切れた負けず嫌いはどこだろう?』と探す。レイを見てみると、彼は笑顔なんだよ。どういうことなんだ」

どういうことか説明しよう。私は、たとえそのときうまくいっていなかったとしても、愛することを仕事にできていたから笑顔だったのだ。ドラフトの夜、埠頭でシャノンに思いの丈を伝えたときに彼女が言った言葉は正しかった。私は恵まれていた。

ジョージは、私が練習中に笑顔だったことでも、一度怒ったことがあった。サムと私が笑っているのを見つけると、すぐに私を呼び出した。

「私のベストプレーヤーがサイドラインで遊んでいるのは困る。真剣にやろうとしているのに、ほかの連中がきみの真似をしてしまう」

正直、私はバスケを楽しむことになんの問題も感じなかった。マジック・ジョンソンが笑顔でプレーしていたことで全力が出せていなかったとは思えない。全力で練習しているのであれば、怒りながらプレーするかどうかは関係ないだろう? 怒っていることで、よいスクリーンをかけられたり、正確なパスを出せたり、ボックスアウトできるわけではない。むしろ、怒りはリズムを崩しかねない。

私が「クール」であることを気にしすぎている、というジョージの主張も意味がわからなかった。私がボールをふわっと打ち、柔らかくバックボードに当てながら決めると、周りからは「なんてスムーズなんだ」と言われたものだ。

なぜそうしたのかというと、アグレッシブなムーヴではなく、そうある必要がなかったからだ。必要以上にエネルギーを使う意味はないと私は考えていた。むしろ相手に使わせるべきだ。そうすれば、第4クォーターに足に力が残っているのは自分なのだから。

さらにジョージは、チームメイトの前でいつも私に厳しくしていた。少なくともそれは、来るのがわかっていたからまだいい。

「ほかの選手に見せるためにおまえを怒鳴りつけることもあるだろう」とジョージは説明した。「そうすれば、私が特定の選手を優遇していると思われない。そこは付き合ってくれ」

それは何度も付き合った。しかし、スポーツ・イラストレイテッド誌のインタビューのように、公に私を批判するのは全然話が違う。それには付き合うことはできない。

さらに警告となったのは、2001年の夏にアシスタントコーチのひとりであるテリー・ストッツに電話し、私が所属しているカントリークラブでゴルフを一緒にやらないかと声をかけたときだ。テリーと私は、よく一緒にゴルフをやっていた。

「ジョージに、きみとは一緒にゴルフをしてはいけないと言われた」と彼は言った。

なんだって？　私がテリーと一緒にゴルフをすることが、どうバックスの未来に影響するのか、理解すらできなかった。

テリーは言われたとおりにするしかなかった。ジョージに賛同するか、反対するかのいずれかしか選択肢がなく、ほかのコーチたちは反対するわけにはいかなかったからだ。

3年間かけて築き上げたものが崩れ始めたのはいつか？

それはアンソニー・メイソンと契約したときだ。

2001−02シーズンが開幕する1週間前に、フリーエージェントのアンソニーと契約したとき、私はとても喜んでいた。優勝間近まで行った1990年代半ばにニックス、そして2001年にヒートでオールスター選手にまでなったパワーフォワードのアンソニーなら、我々に欠けていたタフさを与えてくれるはずだ。今は亡きアンソニーは、決して悪い奴ではなかった。

その秋、彼が平均7・5リバウンドを記録しているなか、我々は最初の10試合で9勝した。

しかし、アウェイの連戦とともに破滅の道がやって来た。5連敗したうちの4試合は、ふた桁得点差での敗戦。1月に8連勝したことで好転したかのように思えたが、これがまた誤り《ミスリーディング》の元凶だった。団結心《チームケミストリー》は腐りきっていたので、次の40試合で27敗したことに驚きはなかった。欠陥は長く隠せないのだ。とくにこれほど大きな舞台では。

問題はアンソニー。新しい選手としてチームにフィットするのではなく、アンソニーは周りが彼に合わせることを求めた。

元ニックスの選手、ビル・ブラッドリーが、自身の著書『Life on the Run』の中で、優勝するためにすべての選手たちに必要な自己犠牲について説明している。

「チームの優勝は、選手の自立、利己心、無責任な行為の限界を表面化させる。ひとりの選手では成し遂げることはできない。むしろ逆が言える。ひとりの選手のせいで達成できないことがあり得る」

ブラッドリーがこれを書いたのは1976年のことで、そこからバスケットボールは大きく変わってはいるが、この真実だけは変わっていない。

アンソニーは、ほぼすべてのポゼッションでボールを欲しがり、渡さなかったときはずっと文句を言い続ける。私がトランジションでスリーを打つと、彼は腕をだらんと下げて、最悪のボディーランゲージでコートの逆側に向かっていた。まるで、私がボールをミシガン湖に投げ捨てでもしたかのようなリアクションだ。我々は速く、最初に来たよいシュートチャンスで打つというスタイルだった。これまで24秒のショットクロックがまだ16秒や18秒残っている段階で打っていたのが、彼がポストで永遠にボールを持つことで残り3、4秒になってからシュートを打たざるを得なくなってしまったのだ。アンソニーは我々の流れを断ち切ってしまった。

作戦会議《ハドル》が最悪だった。ジョージがアンソニーに指示をしていると、冗談抜きに彼は椅子を横に向けて観客のほうを見る。ジョージの言っていることに、ひと言も耳を傾けていなかった。中学でさえ、そんな選手を見たことがなかった。その行動は、コーチに対して礼儀がないだけでなく、バスケットボールとチームメイトに対する礼儀も損なっている。さらに、相手に得点されたあと、ベースラインまで戻ってボールを運ぶのがサムのポイントガードとしての仕事なのだが、アンソニーが彼より先にボールを奪うということもあった。そうなると、アンソニーの手からボールが離れることはほとんどない。

つねに主導権を握っていたいジョージなら、アンソニーを制御すると思うだろう。何度かしようとしていたが、アンソニーはすぐこう言い返す。「黙れ、このクソデブ」

通常、選手がコーチに対する敬意を欠く場合、その選手はベンチに下げられ、それでも変わらない場合は罰金となる。最終手段は、選手を解雇《ウェイブ》することで、彼の年俸がいくらであろうと、ロスターにどれだけの穴が開こうと関係ない。

しかし、ジョージはいずれの手段も取らなかった。彼はアンソニーを怖がっていた。何をやってもお咎《とが》めなし。

チームメイトや私も、決して自慢できたものではない。個人としてもチームとしても、アンソニーに立ち向かうことはなかった。アンソニーを怒らすのが嫌だったので、彼を喜ばせようとしていた。もしかしたら我々も、アンソニーを怖がっていたのかもしれない。

こうなることはわかっているべきだった。リーグのほかの選手たちは理解していた。ヒートと試合をしたあと、ある選手がわざわざこちらのロッカールームを訪れてきたときのことだ。

「なんで電話してくれなかったんだ？　教えてあげたのに」

数年間、アンソニーのチームメイトだったことから、彼の態度を知っていたその選手はそう言った。

「今さら教えてくれてありがとう」

実は、この選手が初めてではなかった。アンソニーと契約する前のトレーニングキャンプのある日、うちのセンターのアービン・ジョンソンが電話をくれた。

「レイ、なんであれ、欲しいものには気をつけたほうがいいぞ。彼はボールを欲しがる。それはすべてを破壊する可能性がある」

私はGMのアーニー・グランフェルドの所へ、この問題を解決できるか相談しに行った。アーニーはいくつかのチームと連絡を取り合ったのだが、どこもアンソニーを欲しがる所はなかった。

「残りのシーズン、この戦力で行くしかないと思ってくれ」と彼に伝えられた。

さらにチームには、どうやら論争を避ける方法を知らないジョージもいた。私は精神科医ではないが、まるでジョージは論争を求めているかのようだった。

そのシーズンの3月に発売されたエスクァイア誌でのインタビューもそうだ。記者がマジックでコーチをしているドック・リバースについて質問。簡単だ。いくつか褒め言葉を言って、次の質問に行けばいい。

しかし、ジョージがそんな簡単に答えるはずもない。彼は、テレビ解説者からそのままオーランドで職に就いたドックが、NBAでアシスタントとしての経験を積んでいないことを問題視し、「彼は〝選定〟されただけだ」と語った。「その結果、もう4、5人の若いアフリカ系アメリカ人のコーチが今後選定されるだろう」とまで言い放ったのだ。

ジョージの発言は差別であり、言い逃れしようのないものだ。ラリー・バードはどうだ？　1997年にペイサーズに雇われたとき、彼もアシスタントコーチ経験はなかった。ジョージが彼の名前を持ち出すことはなかった。ちなみに、ドックはリーグで13年もプレーしているのだ。それが充分ではないとは言わせない。

チームメイトも私も、アンソニーのとき同様、ジョージに立ち向かうことはなかった。彼に話すべきことはメディアに話してしまっていた。

アンソニーとジョージがいたことが、どれだけの雑念になり、敗戦という形で現れたかをわかってもらえたかと思う。

それでも、シーズン最終戦、デトロイトでピストンズに勝利すればプレーオフに出場できるという状況だった。そうなれば、何が起きるかはわからない。才能自体はあったのだから。

そのチャレンジに立ち向かおうという選手もいた。例えばダービン・ハムなんかは、軍服を着てロッカールームにやって来たくらいだ。

しかし、私を含めてそうでない選手もいた。シャノンには、プレーオフに出場したくないという気持ちを吐露した。

ひどい話に聞こえるかもしれないが、説明させてほしい。プレーオフに出場できてしまうと、今シーズンでダメだったことがすべてオッケーということになってしまう。決してオッケーではなく、むしろ忌むべきものであり、全米中継されているプレーオフで言い争いをすることになってしまう。そんなことに関わりたくなかった。

しかし、心配する必要などなかった。ピストンズに対して20点のビハインドでハーフタイムを迎え、そこから彼らの勢いが衰えることはなかった。最終スコア、89－123。私は23分間で6得点に終わった。

ファイナル出場目前から、ほかの敗者たちとともにドラフトロッタリーへ。みなさま、これがバックスです。でも、それがNBAというものなのだ。毎年何かが保証されているわけではない。さあどうする？　アンソニーを欲しがるチームがどこもないのであれば、誰がいなくなる？誰かしらを出す必要はある。これほどチームが崩壊して現状維持ということはあり得ない。職を失いたくないジョージとアーニーなら、なおさらだ。

8月、その答えが出た。グレン・ロビンソン。バックスはグレンをアトランタ・ホークスへトレードし、代わりにトニー・クーコッチ、レオン・スミス、そして2003年のドラフト1巡目指名権を手に入れた。

いい動きだ、と私は思った。ティム・トーマスなら彼の穴を埋められる。実は私は、彼がリーグのトップ選手になれるポテンシャルを持っていると感じていた。素晴らしいシューターであるうえに、ボールハンドリングもよく、身体能力もとても高かった。208センチという高身長で、ポイントガードを含むすべてのポジションをプレーすることができた。

私は自分の意見を胸にとどめておけばいいものの、秋のキャンプ中にグレンの足首のケガに対する対処を批判してしまった。グレンがそれを耳にしたとき、彼は私の友人を通してかなり辛辣《しんらつ》なメッセージを残した。しかし、責めることはできない。グレンと私は一緒に多くの試合に勝利し、私がこれまで一緒にプレーした選手の中でも指折りだった。記者にはそう話すべきだったのだ。のちに私が自分の足首のケガを抱えたときに、余計に悪いことをしたなと身に染みた。痛みというものを、これまで以上に理解した。

チームを去ったのはグレンだけではなかった。ジョージは何人かのアシスタントコーチを首にし、その中には何年も彼と一緒にやってきたテリー・ストッツも含まれていた。

テリーにとっては不当であり、チームが不調になったときにオーナーのコール上院議員がテリーを昇格させるかもしれない、そうジョージが恐れたのではないかと我々は疑った。ジョージがいないとき、テリーはいつもうまくやっていたからだ。サイドラインではとても落ち着いており、ジョージだとあり得ないような解放感を持ってプレーすることができた。

しかし、グレンやコーチを切っても、事態は好転しなかった。いくつか勝ったかと思えば、負けが続いたりと、2シーズン前にイースタン・カンファレンス・ファイナルまで勝ち進んだチームの片鱗を見せることはなかった。1月の終わりの時点で、かろうじて勝率5割を超える程度で、想像どおり私とジョージの関係性はこれまで以上に希薄になった。今度は私のタフさに文句をつけ始めたのだ。

膝に腱炎があることからトレーナーに練習を休むよう言われたことが、ジョージにとっては付け入る隙だと感じたようだ。「ジョージがきみにご立腹だったよ」と記者たちが言うのだ。「なんのことかわからない」と私は返答したけど、すぐにわかることとなった。

ジョージはいつもどおり、私にひと言も言わず、メディア陣にトレーナーの発言については一切触れないまま、私が練習を休んだことへの不満を語っていた。私にもいろいろと問題があるかもしれないが、痛みを我慢して練習や試合に挑むことはそのうちのひとつではない。NBA入りしたとき、私の目標は、メジャーリーグ（MLB）で16年間一度も試合を欠場しなかったボルティモア・オリオールズの殿堂入り内野手、カル・リプケンのようになることだった。どれだけうまくなれるかはわからないが、毎日しっかりとプレーしたい。

幸い、私は大きなケガを避け、まさにそのように選手生活を送ることができていた。400試合連続で出場し、6シーズン目まで一度も欠場することがなかったのだ。

2001年12月、ロケッツの試合前にトレーニングテーブルに腰をかけていたときに、腱炎が再発した。飛び跳ねてみたり、廊下でスプリントしたりと、痛みを和らげるためにあらゆる手を尽くしたが、うまくいかず、脚の痛みが取れることはなかった。初めて私を観戦しに来た人たちには、申し訳ない気持ちでいっぱいだった。

どちらにせよ、ジョージは私を批判する隙を見つけ、それも私の責任だった。それ以来、試合や練習で足首をひねってどれだけ痛くても、私はなんとしてでもコートに戻るようにした。ジョージの私に対する批判が正しいなんて、誰にも思わせたくなかったからだ。

しかし、私が何をしようと、ジョージは何か問題を見つけ出そうとしていた。2000年には、ポートランドにあるナイキの本部で数名の役員とともに最新のスニーカーをチェックしていたときに、彼に出くわした。

「やあジョージ、調子はどうだい?」と彼らは話しかけた。でも、挨拶や温かい返事などは一切なしだ。

「なんでこんな奴と一緒にいるんだ? 昨夜こいつが見せた、まるで高校生みたいなプレーを見せたかったよ」

ジョージはほかに何も言わず、そのまま立ち去った。ちなみに、そのロサンゼルス・クリッパーズとの試合で、私は19本中14本のシュートを決めて35得点をあげ、104－85で勝利していた。ジョージはそんなことひと言も言わず、ほかの人の前で私の評価を下げることに必死だった。

どれだけ連続得点を重ね、相手チームがタイムアウトを取らざるを得ない状況をつくったとしても、ジョージは一切感情を見せない。ほかのコーチなら、そういったことがあれば手をたたいたり、ガッツポーズを見せたりするものだ。彼は違う。会場が大盛り上がりのなかで、20点差で勝っているのではなく、まるで20点差で負けているかのような態度でいるのだ。

のちのキャリアで、ネイト・マクミラン、ボブ・ヒル、ドック・リバースなど、チームを鼓舞するタイプのコーチとプレーしていると不思議に感じるほどだった。そういった感情はコーチ・

キャルフーン以来経験していなかった。

ジョージには一度、「レイ、時にはただのバカなバスケットボール選手でいる必要もあるんだ」と言われたことがある。

要するに、俺の指示どおりにやればいい、いっぱい質問するのはやめろ！　そういうことだ。なぜジョージがそんなことを言うのかは、今でも理解ができない。むしろ、コーチはたくさん質問をする賢い選手を求めるものなのではないだろうか。質問をすることで、コート上での予想できない事態というのを減らすことができるのではないか。

数年後、ジョージがカーメロ・アンソニーに言い放った言葉をデンバー・ナゲッツの選手たちから聞いた。カーメロとも確執があったのだ。

「カーメロ、きみはバカなバスケットボール選手だ」

私はカーメロを知っているが、それは最も真実からかけ離れた発言だ。

なぜ、ジョージが私のことをそこまで嫌っていたのかはわからない。最初は違ったのだ。私の家の通りのすぐ先に住んでいて、裏庭で一緒にバレーボールをやったり食事したりもした。ボイジー市で彼が開催したゴルフトーナメントにも招待してくれた。

私とコール上院議員の関係性を妬んだり、私が彼よりも力を持っていると感じたのかもしれない。もうひとつの説は、彼がスター選手を好きじゃないというものだ。ソニックス、そしてのちにバックスで彼がコーチしたゲイリー・ペイトンのほかに、ジョージがうまく一緒にやれたスター選手を知らない。

ジョージは一度、1970年代に彼の現役時代のチームメイトであるジョージ・ガービン、改め「ザ・アイスマン」について愚痴をこぼしたことがあった。リーグ史上最も爆発力のあるスコアラーのひとりであるガービンは、ダブルチームを受けてジョージがガラ空きでも自らシュートを打つのだ。しかし、それも妥当。主にスパーズでプレーしたガービンのシュート成功率は50パーセント超え。しかし、ジョージはパスをもらえなかったことを許さず、その恨みをほかのスター選手に当てていたのだと私は思っている。

チームでほとんど使われることのなかったフォワード、マーク・ポープのような、スターではない選手に関しては逆に絶賛していた。なぜなら、ジョージもそういった選手だったからだ。「練習では彼がベストプレーヤーだ」とジョージは私たちに言う。「全員マークのようになれ」もしジョージがマークをそんなに気に入っているのなら、なぜ毎日先発で出場させないのだとみんな思っていた。

私の何が彼を焚きつけてしまったのかはわからなかったが、2002年にバックスのアシスタントコーチになったサム・ミッチェルと話すまで、事の深刻さを知ることはなかった。練習施設の1階でワークアウトしていると、それを見て2階のオフィスからサムが降りてきて、こう言った。

「上のクソ野郎共は誰も信頼するな。ミーティングで全員がきみをボロクソに言っていたぞ。きみが問題であると、私を説得しようとするんだ。『問題？　彼が問題とは思えない。彼は毎日練習しているんだぞ』と伝えたよ」

もしサムが私の献身性に気付いたのであれば、ほかのコーチもわかっていたはずだ。もしそうならば、なぜ彼らはジョージが間違っていると言わなかったのか？　やはり、ジョージとは賛同するか反対するかのどちらかしかなかったのだ。

ダービン・ハムからも同様の警告を受けた。

ある日、私がロッカールームに入ると、「ちょっときみと話す必要がある」と話しかけてきた。「きみがこれをやっていない、あれをやっていないと言う人間が多くいる。でも僕は、きみがどれだけ必死にやっているかを見ているってことを知ってほしい」

ロッカールームは、時に高校みたいな環境だ。派閥があり、ほとんどが信憑性《しんぴょうせい》のない陰口を誰かが広める。ダービンが勇気を出し、耳にしたことを私に話してくれたことには感謝している。

我慢の限界となり、私はコール上院議員に会いに行った。ジョージと私のあいだにある問題を解消できる人物がいるのだとすれば、彼しかいない。

コール上院議員のアドバイスはシンプル。話し合え。私の答えもシンプル。もう遅い。話し合おうとするたびに、ジョージは、私がサムやアンソニーやティムに怒っているのであって、悪いのは自分ではないと説得しようとするのだ。

とにかく、コール上院議員がジョージに指示をする気配はなかった。少なくとも、解雇するまでは、ほとんどのオーナーは全権をコーチに託す。その時点で、「最善の策は、自分が移籍することなのかもしれない」と彼に伝える以外の選択肢がなかったと感じた。私は、決してそういった最後警告を出すようなタイプではない。やったところで変わらなかったのだろうけれど。

もしやり直せるのであれば、私は最後にもう一度ジョージに手を差し出すだろう。「僕の仕事は、あなたが勝つのを手助けすることだ」と言う。もし文句があるのであれば、メディアではなく私に直接言ってほしい。人格非難されるのは嫌だし、私の家族だって不愉快だ。

ではなぜ、そうしなかったのか？　軍属の父の下で育った私は、権力者に反論してはいけないと教え込まれていた。命令は聞くもの。権力者も我々と同じように間違いを犯し、そういったときには反発し、権力者の上にいる人たちに自分の声が届くことを望むべきだと知ったのは何年も先のことだ。

そしてチームメイトからも、もっと支援を求めただろう。ダービンと同じ気持ちだった選手も多かっただろう。もし一致団結していれば、お互いを攻撃させようとするジョージを止めることができたはず。チームがひとつになれば、怖い存在になれることはＵＣｏｎｎ時代に身をもって知っていた。

コール上院議員との会話から数週間後、チームは遠征に出た。まだ30試合ほど残っており、何が起きてもおかしくない。

シアトルでのソニックス戦の前日、アリーナのコート上でストレッチをしていると、振り返るたびに通路にいたカメラマンたちが何度もフラッシュを焚いていた。練習でこんなにカメラマンがいるのは初めてのことだった。

「何かあるの？」

私は彼らに聞いた。

「トレードがあったんだ」

「誰がトレードされたの？」

彼らは私を指差した。

「えええ!?」

情報収拾するために出ると同時に、コートの逆側でまるで逃げるかのように立ち去るジョージの姿が見えた。彼はこのトレードのことを一日中知っていたのに、ホテルからのバスや、アリーナに着いてからも、ひと言も私に話していなかった。バックスはリーグ屈指のガードであるゲイリー・ペイトンと、スウィングマンのデズモンド・メイソンを獲得。ジョージはコール上院議員に、私の控えであるマイケル・レッドなら私の穴をしっかりと埋めてくれると伝えていた。議員はそれを信じた。

ショックだった。トレード期限に向けて立ち上がっていた噂はすべて、契約の終わりを迎えようとしているティム・トーマスが中心となるもので、私ではなかった。私は、ティムが今どういう気持ちだと思うかという質問を記者から受けてもいた。トレードされようがされまいが、彼にはまだ契約がある。別に投獄されるわけじゃないよ、と私は答えていた。

そこからはすべてが早かった。私は、同じくソニックス入りが決まったコネチカット大学時代の友人、ケビン・オリーと一緒にホテルへ戻った。

1時間もすると、ソニックスのコーチ、ネイト・マクミランがオリーと私を拾ってくれ、スターバックスの元CEOであり、ソニックスのオーナーでもあるハワード・シュルツの家まで車で送ってくれた。家？　どちらかという山のようだった。敷地がどこからどこまでなのかわからないほどだ。

ハワードは私たちにコーヒーを勧めてくれた。もちろんだ。彼は優勝までの5年計画があり、現在ソニックスは2年目にいることを教えてくれた。ハワードの話すことに、私はある意味満足していた。高望みするオーナーの下でプレーできるのは最高だ。逆に、滑稽だなとも感じていた。優勝することにスケジュールを立てることなんてできるものではない。不確定要素が多すぎる。

複雑な感情だった。ジョージがメディアに私のことで何か言っていないか、5秒ごとにいちいち確認しないといけないような環境を脱出したことに安堵していた面はあった。

その一方で、私はバックスがとても好きになっていた。チームのために私はすべてを出し、とても特別なものをつくり上げていた。翌シーズンにそれは崩れ去ってしまったのだが……。1度や2度、優勝できたかもしれない。

同様に、ジョージも優れた指導者、戦略家として結果を出せるはずだった。どこでコーチしても王朝を築ける実力の持ち主だ。自分で自分の邪魔さえしなければ。

そして何よりも、トレードのされ方に腹が立っていた。ジョージが私にひと言いう勇気がなかったのだとしたら、アーニーやコール上院議員がそれをすべきだ。選手がメディアから知らされるなんていう状況はあってはならない。

ちなみに、チームを去るときにジョージとは話しておらず、それ以来一度も話していない。トレードのあった午後、オリーと一緒にシュルツさんに会いに行く前に、私がホテルのエスカレーターで上がっているところ、降りてくるジョージとすれ違った。目を合わせてこなかった。私を追い出したのはジョージなのだと、そのときはっきりと理解した。

客観的に見ると、このトレードはバックスにとって最悪のものだった。バックスで28試合だけ出場したペイトンは、フリーエージェントとしてレイカーズに移籍。バックスはプレーオフ第1ラウンドでネッツに敗退。私が話した他チームの選手たちは全員、バックスが何をしているのか理解できていないようだった。

「そりゃひどいな」

ロサンゼルスで私がソニックスとしてデビューする試合の前に、シャックはそう言った。

翌日、キーアリーナでホームデビューを果たしたときに、ペイトンを崇拝していたファンたちがトレードをどう思っていたのかを綴ったサインを掲げていたのを見て、余計に惨めな気分になった。

あるサインにはこう書かれていた。

「2003年2月20日、ソニックスが死んだ日」

あいたたた。

1996年にトレードが発表されときにミルウォーキーでブーイングされ、そして今回も別の選手のほうがいいと感じている街にやって来た。

私にできることはひとつだけ。いつもどおり全力で努力することだ。なんなら、もっとハードにね。

ミルウォーキーでは、それが功を奏した。しかし、またそれができる保証はない。

10

シアトルで空にそびえる

MY JOURNEY THROUGH LIFE AND THE GAME I LOVE

最初のショックから立ち直ってからは、違う街で再始動できる機会を楽しみに考えるようになっていた。ご存じのとおり、引っ越しには慣れっこだった。そして今回は、新たにチームのリーダーという役割も担うことが期待されていた。ついに自分の出番がやって来た。

ミルウォーキーでは、そうではなかった。

考えてみてほしい。20代前半の若造からアドバイスを受けるベテラン選手なんているだろうと思う？　彼らの知らないことで、その若造が知っていることなどあるか？　だから、ほとんどの場合に私は口を閉ざしていた。どちらにしても、サム・キャセールがみんなの分も話すのだから。

正直、私がそういった役割を担っていなかったのは、若さ以上のものが影響していた。高校や大学で自分がチームのベストプレーヤーであったときも、あまり声を出すタイプではなかった。『He Got Game』に出演したあとも、それは変わらなかった。親しい友人や家族以外に対しては、ジーザス・シャトルワースになるために下げた心のガードが、レイ・アレンに戻るとともに再び上がっていたのだ。コートやロッカールームでよいお手本になれるようにはしていたものの、選手たちが自分の仕事をしっかりやるように見渡すといったことはしていなかった。

シアトルに着いたとき、自分がどうすべきかを誰かに言われる必要性はなかった。ゲイリーがいなくなったことで、チームにリーダーが必要だったのは明確。殿堂入り確実な選手をトレードしたのだ。代わりにリーダーを獲得することは必須。

私がどういうタイプのリーダーになるのか、残りの選手たちが気にしている様子がうかがえた。

2000年のオリンピックで、私自身はゲイリーと意見の相違がいくつかあったので、彼らが何を感じているのかはよくわかった。私もゲイリーほど要求することになるのだろうか？　どのフランチャイズプレーヤーもそういう立ち振る舞いになるのだろうか？

勝つことが最終目標なのであれば、そうなのだ。

ゲイリーは、私が対戦した相手の中でも最もタフな選手のひとりだ。NBAにいた18年間で、彼ほど積極的なディフェンスをする選手には会ったことがないし、オフェンスでも活躍できた。平均20得点、10アシストは期待できる。毎試合、気迫あふれるプレーを見せ、リスクを負うことに恐れはなかった。だからこそゲイリーは、ジョージとうまくやれたのだろう。

シーズン序盤のビデオを見ていたときに、ゲイリーについてもっと深く知ることができた。ソニックスの対戦チームの選手がうまくオープンになると、突如ゲイリーがコートの反対側からダブルチームをしに全速力で走ってくる。あんなふうにディフェンスでスイッチをする選手を今まで見たことがない。

「こういうディフェンスのことは、なんて呼んでいるんだ？」

私はほかの選手に確認した。

「いや、これに名前はないよ」と彼は笑いながら説明した。「ゲイリーはいつも試合をしながら新しいことをやり続けていたんだ」

私はそこまで冒険することはない。よくも悪くも、規則どおり育てられた私は、システムを信じていた。とくにディフェンスでは、奇策を嫌った。どんなセットに対しても、どういったローテーションになるのかチームメイトはある程度わかっている必要がある。むしろ、ゲイリーは柔軟すぎたのかもしれない。彼のプレースタイルと性格の影響もあって、周りの選手たちが成長できる振り幅が狭まる。

「我々が成功するためには」と私はチームに語り始めた。「攻守ともに全員が貢献しなければならない。試合に勝つために、リバウンドを奪い、セカンドチャンスの機会を増やすといった細かいことをやってもらう必要がある」

新しい役割に慣れるにあたって、頭の中で鳴り響く声があった。その声の主は、ジョージ・カールだった。

まるで私が呪われているかのような話に聞こえるかもしれないが、そういうわけではない。不思議にも、それは理性の声だった。関係性に問題があったものの、ジョージは私にバスケットボールについて本当に多くを教えてくれた。私が選手として成長していたのは、彼のおかげでもあった。だから、ソニックスでは、ジョージの嫌な面を封印しつつ、彼のよい面を持ち出す方法を見いだした。

例えば、私が練習中にサムとジョークを飛ばしていたことで怒られたときのこと。当時は過剰反応だと感じていたが、時がたつとともに、ジョージの言いたいことも理解ができた。もし私がふざけている時間があまりにも多いと、選手たちは間違った印象を抱くかもしれない。リーダーとして練習でも一挙一動見られる立場になるからこそ、私が真面目にやっていないという印象を周囲に与えたくない。

楽しむ方法も、もちろんあった。

タイムゾーンが違うだけでなく、まるで別の惑星にあるかのように感じるシアトルからの飛行時間はとても長く、私は5人でよく「ブーレ（Bourré）」というゲームで遊んだ。スペードに似ていて、より多くトリックを獲得できた者が勝つ。ポット（全プレーヤーの賭け金）は大体100ドルから始まり、気付くとかなりの額になっていた。1度のフライトで何千ドルも勝つ、もしくは負けることも珍しくはなかった。

何年もあとに、セルティックスにいた頃、鞄の中に間違えてローションを入れてしまっていたため、トロントの空港の警備がそれを取り出そうとしたことがあった。しかし、そのとき私は、バッグの中にキャッシュで3万5千ドルが入っていることを思い出したのだ！　当時、選手たちは私も含め遠征中に多くのキャッシュを持ち歩くことが通例だったのだが、いずれクレジットカードを使ったほうがいいという流れになっていった。警備にその札束を発見されたことで、申告されていなかったという理由から取り上げられるところだった。近くのオフィスに1時間ほど拘束されてしまい、飛行機で待っているチームメイトたちは、いったい何が起きているのかと心配していた。こんなふうに拘束されたのは、エドワーズでリコリス菓子を盗んで以来だった。ちなみに、お金は返ってきた。

ジョージ・カールの下で、自分でゲームの流れをつくるのではなく、たぐり寄せることを学んだ。これには大きな差がある。コーチ・フォードの下でプレーしていた最初の2年間、5、6ポゼッションでボールを触れないと、ようやくボールを持ったときにあまり落ち着いてプレーできていなかった。そういうときにはミスが起きる。

ジョージは、そこを正してくれた。第1クォーター、第2クォーターには難しいシュートは絶対に打たない。周りの選手たちをオフェンスに取り込むようにする。

第3クォーターから、とくに第4クォーターでは試合をコントロールすることに躊躇しない。ソニックスのチームメイトは、私がやろうとしていることに気付いてくれた。私がダブルチームをされ、それぞれの選手が欲しがる場所へボールを出すと、みな自分たちや周りのチームメイトのために動ける準備ができていた。

当初から、彼らにはもっと自分たち、そして周りに対する責任を感じるよう促した。もちろん、それはコーチの仕事であり、ヘッドコーチのネイト・マクミランからその役割を奪おうとしていたわけではない。ネイトはとても理解を示してくれた。ただ、選手としては、同じ声が何度も指示を出していると聞き飽きてくるのだ。その声が、つねに失敗を指摘してくるものだとなおさらだ。声の主がグレッグ・ポポヴィッチであろうと、フィル・ジャクソンであろうと、スティーブ・カーであろうと関係ない。どんな声も聞き飽きる。そこで、リーダーが指摘をステップアップさせる。選手たちには違う声も必要なのだ。

例えば、ある選手がディフェンスでの努力が足りなかったとしよう。その選手には、「コーチに迷惑をかけていると思うかもしれないが、実際はチームメイトにも迷惑をかけているんだぞ」と伝える。

コート上でもコート外でも、着実な改善が見られるようになるまでに時間はかからなかった。才能のある216センチのセンター、ジェローム・ジェームズがいい例だろう。ジェロームは練習や試合に遅れてくることが多く、いつも何かしら言い訳を持っていた。おばあさんが道を渡るのを手伝っていたと言ったこともあった。本当だ。

私はすぐに言い返した。

「もしもっと早く来ていれば、そもそもその道を渡るおばあさんに会うこともなかったんだぞ」

さらにジェロームは、試合前にロッカールーム入りするとき、いつもスウェットスーツを着ていた。あまりくどい感じにならぬよう、私は彼にこうアドバイスをした。

「きみがその格好で来ると、周りはどう感じていると思う？　これからベストのプレーを見せてくれると思うだろうか？　もし周囲に、自分がこの仕事に真剣に取り組んでいるのだと見せることができれば、彼らの見方、そして自分のプレーも変えることができる」

彼はそういった間違いからしっかりと学ぶことができた。

もうひとり、同じく学んだのがラシャード・ルイスだ。私がソニックスに加入した時点で、ラシャードはすでに5シーズン目を迎えていたのだが、まだ23歳と若く、潜在能力を発揮するところまで至っていなかった。しかし、ラシャードにはできるはずであることを私はわかっていた。なぜなら、彼は教えることのできないものを持ち合わせていた。「欲」だ。コネチカット大学でコーチ・ディッケンマンが私の名前の横に「P」と書き込んだように、ポテンシャルを持ち合わせながらも、欲がないために最大限の力を引き出すことのできなかった選手を多く見てきた。

「あなたくらい稼ぎたい」

ラシャードは一度、私にそう言ってきたことがあった。それはいいね、と私は彼に伝えた。目標があるのならば、頭の中にとどめるのではなく世に知らしめることが大切である、と私は常々思っている。

壁に貼ったり、電話やノートにメモをする。目に見える所に置き、周りに、そしてとくに自分にたたき込む。目標を達成できなかったときに自分が失敗したと認めることを恐れ、隠してしまうことが多いからだ。

世に知らしめないほうがいいと言う人もいるが、自分にプレッシャーを与えることができる。私はやるべきだと思う。

ちなみに、できる限り稼ぎたいという目標を持つのは、決して悪いことではない。アスリートにとって成功できる間口は本当に狭く、そしてすぐに閉じてしまう。だからこそ、実質減俸となる延長契約を拒否した理由として、「養う家族がいる」と説明したことで非難された1990年代、2000年代にプレーし、その評価が分かれたオールスターガードのラトレル・スプリーウェルには共感した。

もらえるだけもらう、それが私の信念だ。それが欲張りだと感じる人にはこう言いたい。給料を払っているオーナーたちは、選手よりも多く稼いでいる。だいぶ多くね。

ラシャードは、毎日シュート練習をするようになり、彼はすぐさまリーグ屈指の若手へと成長した。ポストでは好きなシュートを打つことができ、スリーも決めることができる。ラシャードの望んでいた高額な契約はすぐに手に入れられる。

チーム全体が同じように全力を尽くすようになっていった。毎日、選手たちが成長するのを見られるのがうれしく、さらに準備を深めるために、私は練習後にできるシューティングゲームをいくつも用意した。シューティングゲームはかなり競争心をあおるもので、コーチ・キャルフーンが見たら喜んだだろう。

「アラウンド・ザ・ワールド」というゲームでは、選手たちがコーナーに並び、5本連続でシュートを決めると次の位置であるエルボーからのスリーに移動。最終地点である逆コーナーに最初に到達した人がベストシューターの称号を手にし、そのあとのランニングをやらなくていい特権が与えられるのだ。

ビリで終わった選手はかわいそうだ。UConnでやっていた両ベースラインのあいだでスーサイドラン。ビリから2番目はベースラインからハーフコート。なるべく高い順位で終わりたいというプレッシャーは、試合で感じるものと同様で、それがこのゲームの趣旨でもあった。生き残るためにシュートを決めるという状況に慣れることで、試合中に似た状況が来てもパニックに陥らなくなる。

何よりも大切だったのは、あの長い遠征中に生まれた、お互いとの信頼関係だ。カードゲームだけをずっとやっていたわけではない。何時間も人生について語り合った。

みんなから私の意見も求められ、私は提供するようにしていた。そして、何か知らないことがあれば、追って連絡すると伝えていた。選手たちとネイトをつなぎ合わせる連絡係のようになっていたのだ。私はその役割を喜んで受け入れた。

ミネソタで勝利したある試合のあと、選手たちから、ネイトにオフの日を設けるようお願いできないか頼まれたことがあった。それは確実に必要なものだった。朝4時、5時に到着し、12時半から練習が始まるというケースが多かったからだ。それでも、ネイトを説得するにはかなりの労力が必要だった。ネイトはそれが問題であると感じていなかった。1980年代、90年代に彼がソニックスでプレーしていた時代は、当たり前のように2部練習が行われていたのだ。

「休みなんていらないだろう」とネイトは私に言った。「彼らはまだ22歳とかだぞ」

練習スケジュールを構築するのはネイトの権利だった。彼がコーチで、私は選手だ。選手はそこに口を挟むべきではなかった。

「ネイトはまるで選手時代のことを忘れちゃったみたいだな」と、私はチームメイトに冗談めいたのだが、近くに記者がいたため、新聞での報道はそんな優しいものではなかった。

翌日、ネイトはその新聞を持ってきて私を呼び出した。

「こんなことで、きみは私を批判するのか？」

すぐに謝ったよ。申し訳ない気持ちでいっぱいだった。

記者が近くにいるときは、発言に気をつけなければならないことを思い知る、いい目覚ましになった。その後も何度かあったのだが……。チームの顔となった今、何を言ってもニュースになってしまうのだ。

別に、彼らがスクープをつかみたいと思っていることに対しては何も思っていない。ただし、そのスクープをつかむ手助けはしたくない。


私が来た時点で22勝30敗だったソニックスは、ウエストの強豪（マーベリックス、スパーズ、サクラメント・キングス、ポートランド・トレイルブレイザーズ、ウルブズ、ユタ・ジャズ）に大きく差をつけられている状態だった。しかし、レイカーズへの101－106の敗戦で私がデビューしたあと、我々は5連勝。プレーオフ戦線も見えてきた。

しかし、そこからは3連勝以上することができず、40勝42敗でシーズン終了。8位シードのフェニックス・サンズとは4ゲーム差だった。それでも、未来は明るい。ラシャードとジェロームのほかに、セルビア出身のフォワード、ウラジミール・ラドマノヴィッチも高いポテンシャルを見せていた。ヴラッド（ラドマノヴィッチの愛称）のジャンプシュートは美しい弧を描く。

しかし、コート外の状況はあまり好感触ではなかった。まずはロッカールーム内の食料だ。お願いしない限り、提供されない。一方、マーベリックスでは、オーナーのマーク・キューバンがチームのロッカールームに十分な量の食料を備え、アウェイチームの面倒までも見ていた。そういったオーナーのためにこそプレーしたいと思える。

さらに感じていたのは、荷物の問題だ。すべてのチームは選手たちに、チームのロゴと名前が入ったバッグをふたつ提供していた。我々以外のすべてのチームだ。オーナーたちは、バッグくらい選手が自分で買えるだろうと感じていたようだ。いずれバッグは提供されることとなったが、盗まれてしまうからという理由で名前や背番号はつけてくれなかった。ナンセンスだ。チームがバッグを盗まれたなんて話、一度だって聞いたことがない。

食料やバッグに関するこういった不満は、些細なことに感じるかもしれないが、そんなことはない。我々の仕事は、試合で最大限の能力を発揮することだ。チームが面倒を見てくれればくれるほど、プレー面以外で心配しないといけない要素が減る。

こういったことで選手が全力を尽くさなかったと言っているわけではない。逆に、チームによく面倒を見てもらった選手は、絶対に恩返しをしていた。オーナー同士がするように、選手たちもお互いと情報共有をするのだ。どのチームが選手たちの面倒をしっかり見て、どのチームがしないかはみんなわかっていた。

当初は、バックスでそうだったように、私は静かにしていたのだが、リーダーとしてずっと黙っているというのは無理な話だった。

2004年の春、バックスに比べてソニックスの環境面はどうか記者に聞かれ、私は「もしよいフリーエージェントを呼びたいと考えているのであれば、もう少し環境をよくしてもいいのかもしれない」と答えた。シアトルの新聞に掲載された記事を一字一句覚えているわけではないが、見出しは絶対に忘れない。

『もっとよいアメニティーを望むアレン』

真剣にチームの状況を考えている選手というよりも、ただの甘やかされたワガママ野郎という印象になってしまったのだ。ハワードも、これには怒った。私の発言は「誠意に欠けており」、NBAチームを運営するために必要なチュートリアルを開こうかと電話で言われた。

丁重にお断りします。スターバックスを運営するようにチームを運営できないなんてことは聞きたくない。ここは実業界ではない。ほとんどのオーナーは、チームを売却しない限り収益を出すことはできない。しかし、それまではロスターやコーチングスタッフをアップグレードするために必要な経費を払い続けるのだ。それにはロッカールームの食料や遠征用のバッグも含まれる。私は1秒たりとも自分の発言を後悔していなかった。

しかし、6カ月後にコービー・ブライアントについて発したコメントに関しては、同じことが言えない。かなりのあいだ、あの発言には後悔した。この前の目覚ましはなんのためだったのだ。

ブレイザーズとのプレシーズンマッチの前にロッカールームにいたとき、記者たちが質問をしてきた。前日に対戦した、オフシーズン中にシャックをヒートにトレードしたレイカーズについてだ。私は「なぜコービーが彼を追い出したのか理解できない。リーグの残りのシューティングガードは、誰もがシャックのような圧倒的なセンターとプレーしたがるだろう」と発言した。

それだけではなかった。あと1、2年もすればコービーはこのトレードを後悔し、チームが全然勝てないことから、オーナーにもっと選手を獲得するか、自らトレードされることを望むだろうと付け足したのだ。

そこまでひどい発言ではないが、私は決してレイカーズの当事者ではなかったため、裏で何があるのかなどは知らず、コービーの状況についてコメントできるような立場ではなかった。自分のチームのことだけを考えているべきだった。もしほかのチームの選手が私のチームについてとやかく言っていたら、私も怒っただろう。

間もなくして、サンディエゴで開催されたレイカーズとのプレシーズンマッチ前に、知り合いが私をロッカールームから呼び出した。

「先に伝えておきたいことがある」と彼は警告した。「コービーは今日の試合中に、きみにハードファールをするようビッグマンに指示していたぞ。ダチだから伝えておきたかった。気をつけろよ」

ショックだったか？　ちっとも。怒りもなかったが、コービーにしては臆病な行動だなとは少し感じた。誰かにそういった汚い仕事をさせるのではなく、私と直接話すということもできたはずだ。そうしていれば、すぐに終わった話だったのかもしれない。ちなみにその試合、私は足首の痛みで欠場となっていた。メディアはできるだけこの確執の報道を長続きさせようとしていたが、いずれ別の話題に取って代わられ、鎮火していった。

どちらにせよ、私は二度と同じ過ちはしないと誓い、それは遂行された。

3年後、奇しくもロサンゼルスでゴルフ大会に参加したときに、私が予想したとおりコービーがトレードを望んでいるというニュースが飛び出た。クラブハウスの近くを歩くたびに、記者からこれについてコメントを求められたが、私は断った。

そして2011年、ロサンゼルスで開催されたオールスターウィークエンド中に、私はコービーに謝罪した。彼がそれをありがたく思っていたのがわかった。

2004年秋、その前のシーズンを37勝45敗でプレーオフ進出から大きく外れた我々は、早くそれを見返したいという気持ちで溢れていた。前シーズンは、私がプレシーズン中に足首を負傷し、最初の25試合欠場したことも響いていた。

今年は違うぞ、と我々は胸に誓った。

ラシャード、ヴラッド、ジェローム、私に加え、アントニオ・ダニエルズ、ヴィタリー・ポタペンコ、ダニー・フォートソンといった優れたベテラン選手がそろっていた。そして、オレゴン大学出身の2年目のポイントガードであるルーク・リドナー、カンザス大学出身のルーキーフォワードのニック・コリソンら若手のステップアップも期待されていた。

ロサンゼルスでの開幕戦で何が起きたと思う？　30点差で大敗……しかもクリッパーズ相手に！　ボビー・シモンズという選手が15本中13本ものシュートを決めた。しかし、幸いにも、その敗戦は今後を占うものとはならなかった。逆にそこから9連勝し、19試合で17勝したのだ。

我々は速いテンポでプレーし、私がいた時代のバックスと似たように、最初に打てるよいシュートを打つというスタイル。それでも、我々の試合が全国放送される回数が少なかったことから、シアトル以外の人が我々の強さを真剣に受け止めることは少なかった。しかし、12月にアウェイで強豪スパーズを倒したことで、それは徐々に変わり始める。サンアントニオほど勝つのが難しい場所はなかった。全国区の著名記者が「ソニックスは本物だ」と書いたのだ。それは間違いなかった。

シーズン残り3週間半という時点で、チームの成績は48勝20敗。しかし、私はそこで浮かれることはなかった。つねにもっと上達することに集中しなければならない。開幕前、契約最終年を迎える選手が9人もいた我々に対して、オーナー陣はしっかりと仕事をしてくれれば面倒は見ると述べていたのだが、それを本当に信頼していいのか判断できない要素があった。

デイミエン・ウィルキンズの一件だ。

殿堂入り選手のドミニク・ウィルキンズの甥であるデイミエンは、うちの2004年のルーキーガードだった。彼はドラフトされたわけではなく、トレーニングキャンプの猛アピールでロスター入りを果たし、我々の成功に大きく貢献していた。それだけに、チームが自分を首にすることを考えていると代理人に伝えられたというデイミエンの話を聞いたとき、我々は不意を突かれた。

「意味がわからない。フロントと話をしてくるよ」と私は彼に伝えた。

GMのリック・サンドも同意してくれた。デイミエンはどこにもやらない。

代理人は、明らかにオーナー陣と近しい人物から情報を得ていたのだ。しかし、今回はリックの思いどおりとなった。

こういったこともあり、選手たちはシーズンが終わったら自分たちがどうなるのか懸念していた。リーダーとして私は、再び声を上げる必要があった。

「みんな、とにかくやれることをやれば、報われるはずだ。もし彼らが払いたくないようであれば、ほかに欲しがる人がいる」

そのメッセージはしっかりと伝わってくれた。お互いに対する信頼関係があったため、全員でそういった心配事を横に置くことができたのだ。私自身もシーズンが終わればフリーエージェントとなり、ほかの選手たちと同じ境遇であったこともよかった。しかし、チームは最後の14試合で4勝しかできず、52勝30敗に終わった。プレーオフを迎えるチーム状態としては、望ましいものではない。

幸い、第1ラウンドまでには立ち直り、キングスを5試合で倒すことができた。次の相手は、ここ7年で3度目のタイトルを狙うスパーズだ。才能あふれるティム・ダンカン、トニー・パーカー、マヌ・ジノビリはもちろんだが、私はブルース・ボウエンに集中していた。ボウエンのように私を守る選手はほかにいなかった。これは決して褒め言葉ではない。

私が床にいれば蹴りを入れ、シュートをしていれば足元に入り、腹を肘打ちしてくる。あからさまにタックルする以外はなんでもやってきた。私のチームメイトがフリーでレイアップに行ったとしても、ボウエンはそれを止めるために1ミリも動かない。ボウエンにとって、試合中コート上にいるのは彼と私のふたりだけで、彼はまるで私の腰にのり付けされているかのようだった。サウスカロライナのストリートコートのとき同様、私は試されていた。もしボウエンの汚いやり口に反応してしまったら、我々の勝つチャンスはなくなってしまう。

ボウエンよりも気がかりだったのは、若い選手たちに見え隠れした恐怖心だ。彼らはスパーズのような常勝チームと同じステージに自分たちがいていいのだろうかという恐怖心を持っていたのだ。だから私は、彼らにこう説明した。

「プレッシャーはスパーズのほうにある。全員が彼らの勝利を予想しているんだ。我々は勝てると思われていない」

サンアントニオでの最初の2戦、それぞれ22点差、17点差で敗れた。スパーズがいつもの高いレベルでプレーしていたということもあるが、我々も29ターンオーバーという数字で相手を助けてしまった。とくに、プレーオフのようにすべてのポゼッションが重要な場で、こんなふうにボールを失っていてはならない。

観客も味方するホームでの第3戦、平静を取り戻した我々はターンオーバーをわずか10本に抑え、試合終了のブザー直前にダンカンが1メートルほど離れたシュートを外したことで、なんとか92－91で逃げきった。ふぅ。

外したといえば、私はこの試合23本中6本しか決めることができなかった。これはボウエンの戦術と同じくらい、自分の責任でもあった。幸い、ジェロームが自身の放った7本すべてのシュートを決め、アントニオが18得点、7リバウンドと活躍。そして、最後の4分半でスパーズにフィールドゴールを1本も決めさせない素晴らしいディフェンスを展開。ほらみんな、言っただろう。我々は彼らと同じステージに立つに値するのだ。

第4戦はルーク・リドナーの出番。

第3クォーターだけで15得点したルークは、20得点、6アシスト、3スティールの活躍で、左足親指の捻挫でラシャードが欠場していたチームを101－89の勝利へと導いた。デイミエンが15得点、アントニオは19得点、7アシスト。2勝2敗のタイで、シリーズの場は再びサンアントニオへ。

引き続き欠場したラシャードに加え、ヴラッドも欠場した第5戦では、ハーフタイムを50－50のスコアで迎え、なんとかスパーズと渡り合っていた。しかし、そのふたりが欠場したことで、我々はかなりベンチに頼る必要があり、とくにアウェイでこういったプレッシャーを経験したことのない選手たちにとって、それは厳しいものだった。

第3クォーター開始から、ジノビリに2本のスリーを決められ、ボウエンはいつも以上に私にべったりとくっつき、3－17のランを展開された。私はこのクォーターで1本もシュートを決められず、プレーオフで59本中55本決めていたフリースローを3本も外してしまった。

それでも、私たちのチームはこの1週間で大きく成長していた。ホームに戻ってしっかりと勝利し、ここでまた第7戦を戦おう、と自分たちに言い聞かせた。もしかしたら、そのときはスパーズにプレッシャーをかけることができるかもしれない。

でも、その答えは得られなかった。

シアトルにて、試合時間残り1秒を切った局面でジノビリからパスを受けたダンカンがレイアップを決め、我々は2点差で負けてしまったのだ。私は最後にコーナーからジャンプショットを打つことができたが、ダンカンにべったり守られていたことから、ほとんどバスケットが見えず。ボールはリムに当たったが、まったく入る気配がなかった。

試合終了。

シーズン終了。

すべて終わった。

ロッカーの前に座りながら、私はそう感じていた。夏のキャンプが終わり、それぞれとお別れするようなあの気持ちだ。敗戦よりも、それがつらかった。次の試合があるさ、と言えるのは本当に終わりを迎えるまで。しかし、チームメイトと生まれる結束こそが最も大切なものなのだ。そのときも、これからも。

最初にチームを去ったのは、7月にニックスと契約したジェロームだった。彼は自分の悪い癖をなくすためにかなり頑張っていたからこそ、その契約を勝ち取ったのだ。

次に、アントニオがウィザーズへ移籍。あっという間にふたりの主力がいなくなった。優勝したいのであれば、主力を失うわけにはいかない。誰かを加えたり、ほかの選手を中心に組み立てたりするのはいいが、失うのはダメだ。

ジェロームとアンソニーに加え、もうひとり重要な人物を我々は失った。ネイト・マクミランだ。ブレイザーズのオーナーであるポール・アレンから、断れないようなよいオファーを受けたのだ。ネイトと私はとくに親しいわけではなく――おそらくどの選手とも大して親しくはなかったと思うが――とてもいい仕事をしていた。

私自身は、5年間で8千万ドルの延長契約と500万ドルの出来高払いで、チームに残留することを選んだ。

ホークスとクリッパーズを筆頭に、ほかのチームも興味を示してくれたが、シャノンと私のあいだには第1子のレイレイも生まれており、シアトルにすでに落ち着いていた。街とその人々をとても気に入り、家族を育むのにこれ以上の場所はないと感じていた。チームも1970年代に1度優勝、1990年代にファイナル進出など歴史があり、ミルウォーキーでもそうしたように、ファンのサポートも勝ち取っていた。残りのキャリアをここで全《まっと》うすることは容易に想像できた。

GMのリック・サンドは、30歳という年齢の選手に5年契約は長すぎると感じていた。しかし、私は平均的な選手は33、34歳くらいになると生産性が落ちるというスタッツを見せてくれた。平均的な選手ではない。

「あなたの言っていることはよくわかります。でも、私の習慣を知っているはず。私は飲まないし、夜遊びもしない。だから、あなたの言う平均的な選手よりも私が長いキャリアを送れることはわかるはずだ」

それ以降、リックがスタッツを見せることはなく、私は5年契約を手に入れた。

その月に30歳になった私だが、だいたい30歳になると選手は自分のキャリアを振り返る。私も例外ではない。

ある年、私は優勝したチームのロスターをひとりずつチェックしていた。うらやましかったことを認めるよ。「こいつまで優勝リングを持っているのか?」と。でも、考えれば考えるほど、もし優勝リングを手にすることができなくても、恥ずかしいことではないことに気付かされた。優勝することのできなかったカール・マローン、チャールズ・バークリー、ジョン・ストックトン、パトリック・ユーイングの偉大さは何も変わらない。

それに、まだ時間はあった。

11

ボストンへ

MY JOURNEY THROUGH LIFE AND THE GAME I LOVE

アシスタントコーチのひとり、ボブ・ワイスがネイト・マクミランの代わりを務めることになった。ボブの落ち着いたアプローチは、若手選手たちが必要としているものだった。

クリス・フォードがしていたように、コーチに怒鳴られるのは嫌なものだ。わかってほしいのは、何かミスをしたとき、それをいちばんよくわかっているのは選手本人。だから、悪いパスを出してしまったり、守っている相手に簡単に得点を許してしまったりしたときに、ベンチのほうを見ることを私はやめた。コーチ、助けてくれないのなら、それは傷つけているだけだから。

しかし、2005－06シーズンが進むにつれ、チームのミスが積み重なっていくなかで、ボブはちょっと落ち着きすぎていた。試合に負けても、彼は「みんな大丈夫だ、明日また修正しよう」と優しく言う。

時にはそれでもいいかもしれないが、しっかりと叱ってもらう必要があることのほうがほとんど。しかし、それはボブの性格にない要素。ジョージにはあった。だからこそ、状況によってそれを使い分けてくれるようなコーチを求めるのだ。ドック・リバースはそうだった。ジム・キャルフーンもだ。

一方、オーナー陣は明日まで待つつもりはなかった。

1月上旬、30試合ほど消化した時点で、我々は13勝17敗という成績だったのだが、チームはボブ・ワイスを解任。2シーズンしか与えられなかったクリスの解任が早いと思っていたのに……。しかし、ボブが自分のできることをやりきったと信じているという感触を得た。

どちらにせよ、私は自分を責めた。コーチが解任されるときは、いつだって選手たちの責任だ。もし我々がしっかりと仕事をしていれば、コーチも首がつながる。クリスのとき同様、ボブにはさようならを言うチャンスがなかった。ＮＢＡはそういう世界。首にされたら、日が暮れる前にいなくなる。

確かチームがシカゴにいるときに、ボブ・ワイスの後任としてアシスタントコーチのボブ・ヒルが就任し、我々に初めて語りかけた。こき下ろしたという表現のほうが正しいかもしれない。「マザーファッカー、この野郎」と。ヒルの切れ具合からすると、チームが0勝30敗だったのではないかと思ってしまうくらいだ。

「明日、シュート練習がある」と彼は言い放った。「それは、おまえらがこれまで経験してきたなかで最もつらいシュート練習になる」

次から次へとドリルをこなし、まるでＵＣｏｎｎ1年生の頃に戻ったかのようだった。コーチ・ワイスやネイトの下でここまでハードに練習したことはなかった。文句を言っているわけではない。実際に、それは必要だったのだ。

コーチ・ヒルは私に厳しくすることもあったが、クリスのように怒鳴ることはなかった。むしろ、わざわざ褒めてくれるときもあった。試合の帰りに車を運転していると、ヒルから電話がかかってくるのだ。

「聞いてくれ、とにかく今日のきみは素晴らしかったと伝えたい」

これは、私にとってとても響いた。これほど敬意を見せてくれたコーチの下でプレーしたことはなかったから。

彼のためにもっと勝利をプレゼントすることができなかったのが残念だ。最終的に、このリーグはどれだけの戦力を持ち合わせているかであって、我々にはそこが足りていなかった。もう少し柔らかい表現で言うと、まだ未熟だったのだ。若手のインサイドふたり、フランスのヨハン・ペトロと、2004年のドラフトで高校から直接指名されたカリフォルニア州ベイカーズフィールド出身のロバート・スウィフトには、成長するためにジェローム・ジェームズのようなベテラン選手が必要だった。そう、ニックスに行ってしまったジェローム・ジェームズだ。

敗戦が積み重なり、最終成績は35勝47敗。これだけ負けたのは、バックスでのルーキーシーズン以来。スパーズとのプレーオフシリーズは、もう遠い昔のことのように感じた。

負けるのは気にならなかったと言ったら嘘になるが、おそらくみんなが思うほどではない。一緒にプレーしていた連中のことは好きだったし、頑張ればいずれ2005年の頃のような状態まで戻れると強く感じていた。若く、影響を受けやすく、自分たちのことを高く評価していないということを、逆に利点にしている連中だ。

ヒルにはいつもこう言われた。「きみがどうやっているのかわからないよ。我々には勝つチャンスがあまりないのに、きみは毎日全力を尽くし、ハードにプレーをする」

正直、そういうふうに考えたことは一度もなかった。勝つというのは、相手チームよりも多く得点することだけではない。誰が相手であろうと、誰がチームメイトであろうと、自分の持っている力を出し尽くすことでもある。自分がコントロールできないことではなく、できることに集中するというのをはるか昔に学んだ。

コントロールできないこととは、例えばチームのシアトルでの未来というのがある。

2006年7月、ハワードはソニックスをオクラホマシティーにあるグループに売却し、チームは「サンダー」に改名され、2008年に移転することが決まった。キーアリーナの熱心なファンサポートを見てきただけに、ソニックスがシアトルからいなくなる日が来るとは思ってもいなかった。どうやらそのファン層は地域の中では小さなものであって、チームは地元コミュニティーにしっかりと根付く活動が足りていなかったのかもしれない。

もうひとつ、私がコントロールできなかったのが、足首の状態だ。これに関しては自分以外に落ち度はない。ジョージ・カールがメディアに対して発言したことなど気にせず、2001年や02年にもう少し欠場したほうがよかったのかもしれない。しかし、出場し続けたことで、足首の瘢痕《はんこん》組織が増え、痛みは耐えられないものになっていた。2007年4月、チームが再びNBAロッタリーに向かうなか、私は両足首の骨棘《こつきょく》を取り除くための手術を受け、最後の16試合を欠場した。

ケガの回復中、私は翌シーズンを楽しみにしていた。6月にダウンタウンで新しいGMのサム・プレスティとランチしてからはとくにだ。

サムは、チームについてすべてを知りたがり、かつてコール上院議員のためにそうしたように、私は喜んで彼と情報を共有した。サムなら次のドラフトでよい選択をしてくれるという自信が私にはあった。例年とは違い、ピンポン球が我々の味方をしてくれたことで、全体2位指名を持っていたので、急な変更がない限りは、テキサス大学出身で活躍間違いなしのフォワード、ケビン・デュラントを指名するはず。ようやく未来が明るくなり始めた。

コミッショナーのデイヴィッド・スターンが正式にデュラントの指名を発表したとき、私はシャノン、ティエラ、レイレイ、そして1年前に生まれたばかりの新たな家族の一員、ウォーカーと一緒に自宅にいた。ハレルヤ！　KD、ラシャード、私がいれば、我々のチームは強豪ぞろいのウエスタン・カンファレンスを勝ち抜くオフェンスを擁することができる。

しかし、問題がひとつあった。もう〝我々〟のチームではなく、〝彼ら〟のチームになっていたのだ。

その夜（ドラフトの夜と私は何か縁があるのだろうか？）、ソニックスは私をセルティックスにトレード。代わりに獲得したのは、デロンテ・ウエスト、ウォリー・ザービアック、セルティックスの5位指名であるジョージタウン大学出身のジェフ・グリーンとの交渉権。なんの前触れもなく、再び移籍することが決まった。

だからどうしたって？　むしろ大喜びするべき？　確かに、移籍先はそんじょそこらのチームではない。ボストン・セルティックス、NBAにおける王室に最も近い球団だ。それに、コネチカット州に住んでいる家族や友人からも、わずか1時間という距離になる。

では、この複雑な気持ちはなんなのだろう？

まず、トレードの起き方に不満があった。またしても、チームではなくメディアを通して知ることとなったのだ。

そして、GMのサムとのランチでは、彼の見据えている未来の中で私が重要な役割を担っているように感じていた。

なんという演技力。サムはシアトルではなくハリウッドにいるべき人材だ。彼が「レイ、このトレードを交渉中だ。まだ起きるかわからないが、心の準備ができるように、先に伝えておきたかった」とでも言ってくれれば、私は彼のその敬意に感謝していただろう。ルーキーではないのだから、バスケットボールがビジネスであることは充分に理解している。

それに、トレードされるときに気にしなければならないのは、自分がこれからプレーするチームだけではない。シャノンと私は、多くの友人を置いていかなければならなかったのだ。子供の頃からやっていたことではあるが、今回は父ではなく、自分が新たな指令を受けている立場。

シアトルを去るのは、ミルウォーキーを去るのと同じ気持ちだった。優勝という目標を成し遂げられないまま立ち去る。どのチームでも、目標達成に近づくための動きが行われず、このリーグではもともと狭い優勝への窓口が閉まってしまったのだ。完全に。

それでも、悲しみは続かない。気付けばボストン行きの飛行機。

家族と私が、永遠に大切にすることとなる街と時間に向けて飛び立った。

ボストン・ガーデンに足を踏み入れ、ラリー・バード、ケビン・マクヘイル、ロバート・パリッシュ、ジョン・ハヴリチェック、ビル・ラッセル、ボブ・クージーといった、過去のヒーローが着用したジャージーを見たとき、ようやく実感した。本当に私はセルティックスの一員になったのだ！

1996年にレッド・アワーバックから電話をもらったときに、ドラフトされるかもと思ったりもしたが、まだそのときではなかった。まだね。

セルティックスのダニー・エインジGMは、最初から私をとても歓迎してくれた。ダニーは、私の獲得はまだ最初の動きにすぎないことを説明した。つねにチームを強くする方法を探し求めており、いろいろな選手について私の意見を求めた。チームをつくろうとしている段階で、選手からあれほど情報を求めてくるGMをほかに知らない。

ダニーの次の動きは、私がよく知っている選手の獲得だった。私同様、初めての優勝リングを求めていながらも、時間が徐々になくなってきている選手。サウスカロライナ時代に、まだ子供だった頃に出会い、コロンビアまでの車の中で州トップの選手たちと自分たちがどこまで渡り合えるかだったり、マイケル・ジョーダンだったり、女の子についてだったり、夢見る少年が話しそうなことをすべて語り合った仲。

そう、ケビン・ガーネット。

あれから何年もたち、私とケビンはそこまで連絡を取り合うことはなかったが、お互いに対するリスペクトはとても大きかった。ケビンは高校から直接ウルブズに指名され、私より1年先にリーグ入りしていたことから、自分のほうがベテランであることを明確にしたかったのだろうという印象を受けた。ケビンは、いつも周囲に、私が彼をパシリに使っていたと話す。店にゲータレードを取りに行かせたとかね。しかし、それは嘘だ。

「あの頃は、ゲータレードを買うお金なんかなかっただろ」と私はケビンに伝えた。

私がセルティックス入りしてから間もなく、ケビンから電話がかかってきた。セルティックスとウルブズによるトレードの噂が過熱しており、ケビンはいろいろと気がかりな様子だった。ボストンでプレーするというのは、ミネソタでプレーするのとは大違い。大きな舞台でプレーすることを切望していたケビンにとって、ここで失敗するわけにはいかない。

「どうやればいいのかわからないよ。かなりステップアップしないといけないな」

ケビンはそう言ったが、彼のプレーに問題など何もない。2006–07シーズンには平均22・4得点、リーグ最多の12・8リバウンドを記録。しかし、NBA選手はロボットではない。時には心配事もできたりする。

「自分のやれることをやれば、何も問題はないよ」と私はケビンに断言した。

そして、ケビンのセルティックス入りが正式に決まった。ダニーが、1980年代のセルティックスのチームメイトでもあるウルブズの副社長、ケビン・マクヘイルとトレードを成立させたのだ。

私は、ケビン、セルティックスで長いあいだスター選手を務めてきたポール・ピアースとともに、新たな〝ビッグスリー〟を結成した。バックス時代の〝ビッグスリー〟よりも強力なやつだ。ファンも興奮し、20年以上ぶりとなる17個目の優勝バナーを手にすることができるのでは、という期待感に溢れていた。そんな期待感を下げるつもりはないが、私はまだ、ボイルストン通りのパレードを予約する準備はできていなかった。経験上、期待値が高すぎると、その多くがすぐになくなってしまう。

いちばんよい例が、2003－04シーズンのレイカーズだろう。すでにシャックとコービーがいたチームに、殿堂入りが約束されていたカール・マローンとゲイリー・ペイトンが加わった。真面目な話、あれだけのタレントがそろったチームが、なぜ優勝できなかったのだろう？ 答えは簡単だ。ファイナルでラリー・ブラウンがコーチする手強いピストンズと対戦した。結果は、ピストンズが5戦で優勝。

だから、ケビンの言うことにも一理あった。実際、どうやればいいのだろうか？ それは、ケビン、ポール、私の3人が、どう新しい役割にフィットするかにかかっている。3つのエゴ、ひとつのボール。計算してみてほしい。

解決策はひとつしかない。

「これはポールのチームだ」

ケビンと私は、真っ先にコーチのドック・リバースにそう伝えた。

「我々はどんなことをしてでも、このチームの助けになりたい。彼がキャプテンであり、彼の権利を侵すようなことはしたくない」

しかし、ケビンと私の関係は、まったく別の話。もうティーンエイジャーではなく、異なる習慣や性格を持った大人同士だった。10月上旬にプレシーズン戦を何試合かやりにローマを訪れた際、それが顕著となった。私はまだ足首のケガから復帰しようとしている段階であったことから、医者からはもう少し休むように言われていたのだが、新しいチームメイトとの相性が早く知りたかった。どうフィットするかを。

あまりよくなかった。ケビンとは。

始まりは、初めての試合を前にロッカーの前で私がドリブルをしていたという、些細なことからだった。試合前にドリブルすることは、私がずっとやり続けてきたこと。これまで、誰かに文句を言われたことは一度もなかった。そのときまでは。

「いつまでそれやるんだ?」とケビンが聞いてきた。

「それって?」

「ドリブルだよ。それ、ずっとやるつもりなのか?」

「そうだよ、こうやって準備するんだ。これからバスケの試合なんだから」

どちらも、一切折れるつもりはなかった。同じ部屋にボス猿《アルファドッグ》がふたりいるとそうなる。フランチャイズプレーヤーとしてキャリアを送ってきた我々は、自分のやり方を貫くことに慣れていた。

「いや、それはもうやらないでくれ」とケビンは言い放った。

「僕に指図することはできないよ。きみはきみのことをやればいい。僕は僕のことをやる」

ふたりの大人がここまで幼稚な争いをするなんて考えられる？　一方、ほかの選手たちはひと言も発さなかったが、確実にこう思っていただろう。これはよくない、と。どちらのボス猿《アルファドッグ》が先に折れるかを気にしている様子だった。

そして、それは私となった。チームのために、時には折れる必要があることに気付いたのだ。しかし、このシーズンは我々にとってとてもチャレンジングなものになるという感覚も生まれていた。

それ以降、ほかの選手が試合に向けてどう準備するのかを、なるべく気配りしながらも、自分のルーティンを守るようにした。試合開始前の数分間は、本当に気をつけなければならなかった。作戦会議《ハドル》に入って、ドックやアシスタントコーチのひとりから指示をもらい、コートに向かって歩くときに、ケビンは私が近すぎると腕を広げて私を押しのけてくるのだ。

「そこをどけ！　ここは俺のスペースだ！」

ケビンは全員に対してこれをやり、そのメッセージは明白だった。

相手チームの選手が、ケビンのしゃくに障るようなことを言えば、それどころじゃ済まない。

２００７−08シーズンのブルズとの試合がよい例だろう。ケビンが得意のステップバックからのジャンプショットを決めると、相手のルーキーセンターのジョアキム・ノアは、「今の、いいムーヴだね。今度教えてよ」と発言。

ノアの言ったことは何もおかしくない。とくにリーグに入ったばかりの選手は、自分たちが成長するためにつねに助言を求めている。ノアはケビンを尊敬していた。しかし、ケビンはノアに助言をするつもりなど微塵もなかった。二度と褒めるなということを教える以外は。

「なれなれしくするな、失せろ！」とノアに伝えたのだ。

笑っちゃったよ。これぞＫＧ（ケビン・ガーネット）だ。チームメイトなら、ケビンは身を投じてでも助けてくれる。そうでなければ、一緒にいて楽しいことなど一切ない。

だからこそ、大学とＮＢＡで多くのチームメイトと一緒にプレーしてきたが、もしひとりしか選べないのであれば、私はケビン・ガーネットを選ぶ。ほかと圧倒的大差でね。

得点、リバウンド、ブロック、アシスト、スティール、あらゆる項目でスタッツシートを埋めるからではなく、３つ、４つのポジションをプレーできるからでもない。ケビンが1試合も手を抜くことがないからだ。もっと言えば、どのポゼッションでも手を抜くことはない。これまで多くの優れた選手とプレーしてきたが、そう言いきれる選手はほかにいない。

一応言っておくと、私もケビンと同じくらいの熱情を持っている。違いは、私はわざわざそれを見せようとしないことだ。なぜする必要がある？　誰かを押しのけたり、叫んだり、つねにしかめ面をしていなくても、その熱情は証明できる。毎日、自分の技術を磨くことで証明するのだ。ほかの人がそれに気付かないからってなんだ？　自分はわかっているのだから、それで充分だ。

振り返ってみると、その後ふたりのあいだで起きる問題のことを考えると、KGも私も最初に話し合っておくべきだったと思う。チャンスがなかったわけではない。

ローマに行く前のある夜、ボストンにあるステーキハウスで夕食を共にした。お互いキャリアの大半を負けの多いチームで過ごしたことがどれだけつらく、どれだけ優勝リングを熱望しているかを話し合った。そのときに、もっと深く、もっとパーソナルなレベルで話し合えばよかったなと思う。どんな状況になろうと、お互いをサポートすることは変わらないと。

「僕たちは兄弟であり、古くからの友人であることを忘れないでいよう」と彼に言うべきだった。

しかし、その夜も、KGは私と競い合う要素をまた見つけていた。

「会計をお願いします」と、私がウェイトレスに声をかけると、ケビンが口を挟んだ。

「いや、俺のほうがあいつよりもしっかりとチップするから、会計は俺に渡したほうがいいぞ」

ケビンと口論する意味はなかった。そのときわかったのは、ケビンはどんなことでも私よりも上なのだと感じたがっているということだ。これまで、ふたりで夕食など行ったことがなかったので、ケビンは私がどれくらいティップするかなど知るはずもない。

もし、あのときお互いに「みろ、もう俺たち争ってるじゃないか！」と指摘していれば、笑い話で済み、割り勘できていたのかもしれない。そうすれば、ロッカーでのドリブル問題なんかも、そのときに解決できていたのかもしれない。

ひとつ、ケビンと共通点があったとすれば、自らを犠牲にしようという精神だろう。私にとってそれは、1999年から2007年まで毎シーズン記録してきた、平均20得点を期待されないことを意味していた。問題ない。あれだけ得点した結果、何を得た？ 少なくともファイナルに行けなかったのは確かだ。

それでも、ナンバーワンオプションではなくなることは、慣れるのに少し時間を要した。ソニックスでは平均19本近くシュートを打っていた。それに比べて、セルティックスでの最初の5試合では平均13本ほど。たくさんシュートを打ってよいリズムをつかむのではなく、よりよいシュートを選択していく必要があった。私の目標は、いつもシュート成功率50パーセントを守ることだったからだ。マイケル・ジョーダンもそれくらい効率的だった。マイケルはシュートをたくさん打っていたと言う人は多く、確かにそうなのだが、彼はキャリアを通して50パーセント近くの成功率を維持していた。正確に言うと、49・7パーセント。

どちらかというと、私は少し利他的になりすぎていた。最初はそうじゃなかった。よいスリーが打てそうなときは、打つようにしていた。しかし、次のタイムアウトでドックに怒られる。

「ケビン・ガーネットがブロックにいたら、彼にボールを入れろ」と彼は指示してきた。

KGは、確かにあの位置からならいくらでもシュートを入れられるから、ドックに他意はないのだが、私はそれまで、同じ状況ではほかのコーチから打つように言われていた。誰がブロックにいようと、私は打ってきていた。スリーの成功率が40パーセントを超えた年は何度もある。それに、もしKGにボールを入れたとしても、彼はすぐ投げ返し、私にスクリーンをかけに来る。逆に、彼にもっと打てと言わなければならないときがあったくらいだ。

シーズンが進むにつれ、私が毎試合どれだけ準備しているのかを理解し始めたドックは、私がシュートを打つことに抵抗がなくなり始めていた。むしろ、打つことを奨励してくれた。スリーは我々にとって武器のひとつになったのだ。

「このチームにはNBAのナンバーワンシューターがいる」とドックはチームメイトに伝えた。

「彼にボールを回せ。レイ・アレンがシュートを打つことに不満は何もない」

それでも、やはりタッチ数は足りなく、とくに不調なときは苛立ちがあった。通常、そういうときには、コーチは不調な選手がよいシュートを打てるようなプレーコールをしてくれる。ボールが一度でもネットを通るのを見れば、自信はみるみる戻ってくるものだからだ。しかし、ドックはつねにポール・ピアースのためのプレーコールをしていた。「ポールを調子づけないと」と、彼はいつも言っていた。

たまには「レイの調子を上げよう」と言ってほしかったものだ。私は一応、それでも相手チームを片付けるために、スリーやフリースローを決めてくれることが期待されていた選手だったのだから。

「マリアノ、きみが必要だ」MLBのニューヨーク・ヤンキースのスタークローザーであるマリアノ・リベラに例えて、チームメイトはそう私に言ってくる。「シュートを決めてきてくれ」と。

もちろん、私はその準備をしていたわけだが、リベラがしていたように少しでもウォームアップできれば、より楽だったはず。ボールを触ることすらできない時間帯も多かった。シアトル時代、私が第4クォーターにフリースローを外すことは稀だった。終盤のほとんどのポゼッションでボールを持っていたことから、リズムに乗れていたのだ。

いま思えば、もっと早くからそういった懸念をドックと話し合うべきだった。ジョージのときも話すのを待ちすぎただけに。自分が言い出さない限り、誰も自分の思っていることを代弁してくれない。私が躊躇していたことが、どれだけ優勝したがっていたのかを表している。頑張って築き上げてきた調和を乱した人物にはなりたくなかった。アンソニー・メイソンにはなりたくなかった。

同様に、ポールとの付き合い方にもとても慎重になっていた。

とくに試合に関するアプローチで、ポールとはKGよりも共通点が少なかった。彼はレブロンやデュラントなどのトップ選手とマッチアップするときはとても集中していたのだが、それ以外の選手のときは違った。

「今日は楽をするよ」

ポールはそう言ってくるのだ。もちろん、冗談を言っているのだが、単純にそんなことを口に出しているだけでも私は気になっていた。そういった思考が彼のパフォーマンスに影響し、さらには試合の結果に影響する可能性もある。我々は、プレーオフを通したホームコートアドバンテージを獲得するために頑張っていた。1試合がその分かれ目になる可能性は十分にある。

一度、同じ考え方をするように促してきたこともあった。

「おいレイ、今日は楽できそうだな」

私が守る相手があまり評価の高くない選手であることに気付いたポールは、こう言ってきた。

「そんなことはない」と私は強く返答した。ポールはその後、何も言わなかった。

どんな選手も、楽ができる試合なんてない。NBAでいちばん弱いとされる選手でさえも、うまくなければそもそもNBAにはいない。だから、どんな試合でも、その選手にやられてしまう可能性はある。もし、トップ選手相手にはもっと頑張らないといけないと感じているのであれば、それはほかの選手と対戦するときに頑張っていないことを意味する。

シーズンが進むにつれ、KGと私の存在がポールに影響を及ぼしているのが見られたことは、とてもよかった。私たちが毎日シュート練習をし、ウエイトルームでトレーニングするのを見ていたことで、ポールも試合に向けて準備することにより力を入れるようになっていった。楽をするといった冗談も言わなくなっていた。第4クォーターに得点が必要なとき、ドックが最も信頼していたのはポール。なぜなら、彼ほど勝負強い選手はいなかったからだ。

ポイントガードはラジョン・ロンド。彼との仲は、これ以上ないほどよかった。ロンドは弟のような存在となり、うちの家で何時間も契約やバスケットボールのビジネス面について語り合った。私はロンドの師となり、その役割を喜んで受けた。ロンドが成功すればするほど、チームも成功するということがわかっていた。

ロンドはいいシューターではなかったが、試合には大きな影響を及ぼした。空いている選手を見つけ出して簡単な得点を生み出したり、ペイントにスルッと入り込んで自分より20センチ近く高い相手からリバウンドを奪ったりすることができる特別な選手。リーグ入りして2年目のシーズン、ロンドがどれほどの選手になれるのか、上限はないくらいだった。

ロンドが自信に溢れていたことは間違いない。新しいチームメイトについてはできるだけ調べるようにしていたのだが、ロンドについて調べていると、ポール、KG、私と同じチームでやれることに興奮しているかを聞かれているインタビューに出くわした。ロンドの返答はこうだ。

「彼らは僕とプレーすることに慣れなければならない」

すごいな。いま思えば、それはもっと注意深く見ておくべき要素だったのかもしれない。その後、私たちの関係が崩れていったことを考えれば。しかし、当時ポイントガードというチームの雰囲気をつくる若い選手には、それくらいの気概があったほうがいいと思うにとどまった。

センターはケンドリック・パーキンズ。パークは誰とでもケンカすることを恐れなかった。私が相手に抜かれても、彼がペイントで守ってくれる。KGと同様に。

そして、ベンチ陣だ。リーグのどのベンチ陣と比べても遜色ないだろう。エディー・ハウスのように得点できる選手もいれば、相手チームが得点するのを防いでくれるジェームズ・ポージーとトニー・アレンもいた。ジェームズが相手を圧倒するディフェンスをしているのを見たとき、本当にディフェンスをするというのはこれだけのスキルがいることなのだと、初めて気付かされたものだ。

私はオフェンス能力に長けていたため、何年ものあいだ、ディフェンスで私に多くを要求してくるコーチはいなかった。してくれればよかったのに、とは思うが。自分のキャリアで最も後悔していることのひとつが、ディフェンスの技術をより磨けなかったことだ。努力はしていたと思うが、自分の身体がつねにどこにあるべきなのかなどは理解できていなかった。足を動かして角度を殺すことはできたが、腕や上半身をどうすればいいのかはわからなかった。

それでも、決してディフェンスが穴だったわけではない。さすがにそのレベルとは程遠い。

2001年のプレーオフでシクサーズと対戦したときは、アイバーソンを相手にかなりタフなディフェンスをした。アイバーソンのムーヴを知っていたこともあり、つねに彼の前をキープしていた。アイバーソンは平均30得点と点は取っていたが、シュート成功率はわずか34パーセントだった。それに、彼だけのせいでシクサーズはシリーズを落としたわけではなかった。

私はようやく、ドックというディフェンスを最優先するコーチ、そしてKGというリーグ屈指のディフェンダーと一緒にプレーする機会を手に入れたのだ。彼らが練習で指導してくれることで、私はこれまでやったことがないほどディフェンスに力を入れ、それが功を奏した。

「NBAで守備がいちばんいいチームにならなければならない。そうすることで優勝できる」

ドックはいつもそう言っていた。

実は、当初KGと私は、シーズン開幕に向けてドックがいちばんの不確定要素であると思っていた。彼がよい人間であることはわかっていたが、どういうコーチなのかはまるでわからなかった。元選手があまりよいコーチになれないケースはたくさんある。KGはトレーニングキャンプでどれだけ走らされるかを最も懸念していた。私もKGも、ボロボロになるまで走らせるコーチを経験してきていた。当時は身体もまだ若かった。

しかし、その点において、ドックはすぐに安心させてくれた。

「きみたちはベテランだ。これまでどれだけ練習してきたかはわかっている。ランニングはそこまで力を入れなくていい」

開幕してからも選手たちの気持ちを理解し、体力を温存することを優先してくれた。もし月曜日と火曜日に試合をやり、次の試合が木曜日だった場合、水曜日には練習をせず、木曜日のシュート練習もない。ほとんどの試合の勝敗が決まる第4クォーターで、エネルギー不足になる気持ちをドックはわかっていたのだ。

休むことは本当に大事で、ドックは睡眠専門医を連れてくるほどだった。装置を頭につけて、睡眠が充分足りているかを検査される。ほかのチームとは違い、我々のチームの選手が体育館であくびをしていることはまずなかった。多くのコーチは、選手がとても身体能力が高く、才能があるので、なんでもできると考えていることが多い。そうだったらいいが、実際私たちの身体はどんな人とも同じように、ガタがくる。練習から帰ってくれれば、昼寝が必要だ。ドックは我々を大人として扱ってくれた。例えば、練習のスケジュール。ドックは私たちに何時に練習したいかを聞いてくる。指定ではない。

普通のコーチは指定してくる。何時に練習、何時にシュート練習、何時にバスといったことを指定してくる。指定してこないことは少なく、そういう扱いを受けるのは決して楽しいものではない。リーグ経験が長いと、とくにだ。まるで中学生かのような気分になる。意見を聞いてくれることで、私たちもオーナーのための雇用者という気分にならなくて済み、自分たちのチームでもあるんだという感情が芽生える。自分たちのチームだと感じれば、より成功するために努力しようという気持ちも強まる。

ドックは、スポーツにおけるトップコーチの多くがやるように、精神面でも我々に影響を与えようとした。一体感を生み出すために。

チームがローマへ行く前日、KG、ポール、そして私は、ボストンにあるドックのマンションに朝8時きっかりに来るように指示されていた。ドック、せめて次の日とか、もう少し遅い集合時間にできないの？

できないようだ。3人とも8時にドックのマンションの下に到着すると、水陸両用車《ダックボート》がやって来た。NFLのニューイングランド・ペイトリオッツや、MLBのボストン・レッドソックスが優勝パレードで乗るやつだ。

「乗り込め」とドックは言ってきた。冗談を言っている様子ではなかった。私たちだけが乗ったそのボートは、ゆっくりと近所を周り、堤防を越え、水の中へと入っていった。彼はすぐに何をしようとしているのかを話した。いつも結論は早く言うタイプなのだ。

「シーズンが終わったら、これをやるんだ。それがどういうものなのか、おまえたちが知っておくのは重要なことだ」

KGとポールが、この予想外の観光をどう感じていたのかはわからないが、私は素晴らしいアイデアだと思った。

バスケットボールがビジネスであることは間違いないが、たまにはあか抜けない子供のような気持ちになることも大切だ。ドックは遊びと仕事のよいバランスを理解していた。少し連敗が続けば、彼は練習をキャンセルし、試合から少し遠ざかるために、チームを映画や遊びに連れていってくれた。

私が見てきたほとんどのコーチは、そういったことを試そうとすることはまずない。トレーニングキャンプ初日からシーズン最終戦まで、定石どおりにやっていくのだ。

休み？　おまえは休みなんて必要ないだろう。もっと努力しなければ。明日は1時間前に練習場で会おう。もっと走る準備をしておけ。どれだけ練習をやっても構わない、なんとか好転させるぞ！

そういった厳格なアプローチは1、2日は有効なのかもしれないが、シーズンを通してやるのは厳しい。我々はロボットではないのだから。

水陸両用車《ダックボート》に乗っているとき、私は自分より大きい存在の一部なのだと感じることができた。別にバックスやソニックスでそうじゃなかったと言っているわけではない。ただ、セルティックスでは、このコーチ、この選手たち、このファンたちと一緒にいることで、これまで以上に熱烈に感じていた。目の前にあるものだけでなく、先を見る手助けをしてくれるコーチの下、優勝するというミッションに乗り出したのだ。

達成することはできるだろうか？　それはわからない。運がいい可能性もあれば、そうではない可能性もある。誰かがケガをするかもしれない。誰かの集中力が切れるかもしれない。自分がコントロールできる部分は本当に少ないのだ。

しかし、水陸両用車《ダックボート》に我々を乗せる資産《リソース》があるチームなら、ファイナルまで行き、6月にまた乗車する資産《リソース》も持ち得ているはずだ。

まずは一からやっていかなければ。ローマに行った私たちは、ボストン郊外のウォルサムにある練習施設に残っていたら、ここまで親密になれなかっただろうというほどの経験をした。家族や友人から離れることで、お互いと触れ合うしかない。そもそもチームメイトとは多くの時間を共にするため、なんでも知っていると思い込みがちだ。しかし、実際はわかっていない。家から遠く離れた場所にいると、相手がどういう人間で、何を欲しているのかわかってきた。

私たちは、かの有名なスペイン広場の階段に座り、人々が歩いているのを何時間も眺めたりした。興味があった私は、2日目にはスクーターをレンタルし、ホテルの横に駐車。毎日練習後、観光スポットだけでなく、ローマの人々が働いたり住んだりしている場所を、それに乗って見て回った。

ローマの次は、別のプレシーズンマッチのためにロンドンへ移動。そして、アメリカに帰国。2週間という遠征は、いい意味でより長く感じるものだった。それほどチームとしても成長していたのだ。

2007－08シーズンがいよいよ開幕する。私のキャリアで初めて、周囲から何か特別なことをやるチームとして期待されていた。

これ以上のことはなかった。

12

新しい一年を迎える

ボストンでの開幕戦は、絶対に忘れない。ファンは、これまで経験したことのないような大歓声を送ってくれ、それはシーズン中ずっと続いた。毎試合、明らかにチームの調子が悪いときでさえ、最後まで声援を送り続け、勝つに値しないような内容の試合をも勝たせてくれた。「いつもこうなの？」と、ロケッツのトレイシー・マグレディに聞かれたことがある。「まるでプレーオフにいるかのようだ」

そのサポートが感じられるのは、試合だけではない。街を歩いていたり、車の給油をしていたり、家族とディナーしているときにも感じる。

「応援しています、とだけ言いたかったんです、やってやりましょう！」

ボストン・ガーデンのファンは本当に熱心で、試合開始30分前には席が埋まっている。我々と相手チームがウォームアップしているのを見るのが大好きで、彼らのためにも、試合開始をもっと早めないといけないのではないかと思ってしまうくらいだ。試合が始まれば、ホームチームを応援するだけではなく、相手チームをも圧倒することが使命かのように声援を送った。「おまえらは歓迎されていないぞ。それを忘れさせない夜にしてやる」

セルティックスファンが、「自分が試合に行っても変わらないだろう」と言うのが想像できない。いちばん上の席にいようと、コートサイドにいようと、彼らは選手同様、全試合で最大限の頑張りを見せなければいけないと感じていた。そうでなければ、選手たちをがっかりさせてしまうとね。

そして、本当にバスケットボールに詳しい。彼らをごまかすことは絶対にできない。試合終盤に少しでも疑問に残るプレーをすれば、コート上、もしくは街中にいるときに、ファンから真相を聞かれることになる。チームのトップフリースローシューターは私だったものの、ポールをリズムに乗せるために、相手チームがテクニカルファールを取られたときは彼にフリースローを打たせるようにしていた。すると、「なんでアレンが打たないんだ?」とファンは知りたがる。

会場の雰囲気も、これまで経験したものとはまったく違った。歓声の音量はどんどん上昇し、会場が揺れ始め、崩れてしまうのではないかと錯覚してしまうくらいだ。

長いあいだ、ボストンは差別的な街で、黒人のアスリートはあまり歓迎されていないだろうと聞いていただけに、驚きだった。アメリカで多くの街を訪れたが、そこの人たちがそう思っていないとしても、差別は存在する。白人が住む場所と黒人が住む場所が分けられている。おそらく、ボストンのこの評判は、NBAがほとんど白人のリーグだった1950年代、60年代にビル・ラッセルやほかの黒人選手が受けたつらい時期の影響だろう。

今でも、実はあまり変わっていない。2017年の春、フェンウェイ・パークで、ファンがMLBのボルティモア・オリオールズのアダム・ジョーンズ外野手に向けて、Nワードを連呼していたのがその証拠。レッドソックスは何がなんでも、こういったことが二度と起こらないようにしなければならない。

開幕戦で、私たちはウィザーズに103―83で勝利。ポールがチームトップの28得点を獲得。KGは22得点、20リバウンド、5アシスト、3ブロック、3スティールと大暴れ。私は2本のスリーポイントショットを含む17得点と貢献した。

1試合で何かを判断することはできないが、このショーは大ヒットするかのような感覚を得た。もちろん、我々の仕事は観客を楽しませるだけではないのだが。

トラッシュトークも我々のスタイルではなかった。ウィザーズの若きポイントガード、ギルバート・アリーナスが、自身とキャロン・バトラーとアントワン・ジェイミソンのほうがよい〝ビッグスリー〟だと豪語したときがあった。我々はそれに応える必要はなかった。コート上で証明すればいい。

次の試合では、ラプターズに98―95で勝利。私は残り2・6秒で同点スリーを決めて延長戦に持ち込むという、セルティックスの一員として最初のビッグゴールを決めた。その日決めた7本のスリーのうちのひとつだ。

KGと私がボストンに来る前、相手チームは試合終盤にはポールに集中していればよかった。しかし、今は最後にシュートを打つのがポールなのか、KGなのか、私なのかがわからないまま挑まなければならない。誰かをダブルチームしてくれれば、我々は空いている選手にボールを回せる。

シーズン開幕前に、ボストンの記者と3人で会話したときのことを思い出す。「最後のシュートを打つのは誰？」

「ちょっと全員一斉にこの質問に答えてほしいの」と彼女は言った。「最後のシュートを打つのは誰？」

私は「空いている奴」

ポールは「レイ」

KGは「誰か」

その1年前、もしくはそれより前なら答えは絶対に違っただろう。3人とも1秒たりとも躊躇せずに「俺」と言っていたはずだ。そして、その当時は、全員が「俺」と言うのが正しかったということ。

そこからさらに6連勝で成績を8勝0敗とし、アウェイでのマジック戦で102－104で敗れた。

それから約1週間後、クリーブランドでキャバリアーズと対戦。最終クォーター残り23・1秒、試合は92－92の同点という状況で、私は2本フリースローを打つことになった。問題ない。1本目は入って……リムから飛び出し外れた！　ええ？　なぜこんな状況で外す？

しかし、1本目を外したのが問題ではない。2本目を打つときに1本目を外したことを考えていたのが問題だった。

まだ自分に怒っていたこともあり、私はルーティンに集中することができなかった。もうわかっていると思うが、私にとってこの競技ではルーティンがすべて。コート上のネイル（フリースローラインの真ん中）を右足で探し、ボールを持たない状態でフォロースルーを一度やり、審判からボールを受け取り、手の中で転がし、3回ドリブルを突き、もう一度転がし、打つ。毎回。どこでも。感じる不安を紛らわす手法なのだ。

シュートは、また外れた。

レブロンが38得点、13アシストと活躍し、我々は延長戦の末に104－109で試合を落とした。想像どおり、私はとても悔しかった。しかし、これは学ぶ機会でもあることに気付き、その学びは絶対に逃さないと誓った。フリースローを外したり、スリーを外したり、空いているチームメイトを逃したりしたことを悔しがる暇はない。試合の展開はとても速い。同じスピードで動かなければ置き去りにされる。次のフリースロー、次のスリー、次のパスに集中すること。

その夜、もうひとつ学んだことがある。自分はフリースローを外さない、そう思っていたことが慢心だったと。私のフリースロー成功率は、100パーセントではなく90パーセント。ということは、10本中1本は外すということで、たまたまその1本が回ってきたのだ。

教訓を学び、私は次に進んだ。

しかし翌朝、元チームメイトで、クリッパーズでプレーしていたサム・キャセールからメールが来た。

「俺ならあのフリースローを外さなかったぞ、レイアレン、レイアレン」

サムをよく知っていただけに、まったく気にならなかった。彼は正しかった。彼なら絶対に外さない。

2日後、ニックスをフィールドゴール成功率30パーセントに抑え104－59で勝利した我々は、再び連勝街道に乗った。どのクォーターでも18失点以上を許さない内容。そしてヒートを85得点、キャブズを70得点に抑えた。12月中は1度しか負けることはなく、その1敗もガーデンでピストンズに2点差というものだった。1月上旬時点で、我々の成績は29勝3敗。1996年にブルズが当時のリーグ記録である72勝したときと同じペースだ。

しかし、決して勝つのが当たり前になっていたわけではない。すべての試合が、まるでスーパーボウルかのような感覚で、すべての対戦相手は番狂わせを起こそうと必死。82試合、つねに優位を保つのは不可能に近い。

幸い、我々にはドックがいた。彼は私たちのモチベーションを上げる方法を熟知しており、歴史上の有名な言葉や演説を、壁やロッカーによく貼りつけてくれた。マーティン・ルーサー・キング・デーには、キング牧師が我々のために何をしてくれたかを話し合った。ドックは私にとって、バスケットボールだけでなく人間として選手たちと接してくれる、初めてのコーチだった。

私のお気に入りは、テディ・ルーズベルトによる1910年の『The Man in the Arena（舞台に立つ男）』の引用句だ。

批判はどうでもいい。強者がどれだけつまずいたか、行動力のある実践家ならもっとうまくできたかを指摘してくる者もどうでもいい。名誉はすべて、実際に舞台に立ち、顔が埃と汗と血にまみれた男のものだ。勇敢に戦い、最善のときは最後に勝利をつかみ取る味を知り、最悪失敗したとしても、最大限の努力を費やした結果であることを知る者。勝利も敗北も知らない臆病な魂とは決して同じに語ってはいけない。

選択肢は自分にある。中学のときに私がチームに入れないだろうと言ってきたケニーや、ヒルクレスト高校で私がアル中になると言いふらしていたチームメイトのようになるのも自分の選択。人生で何をやるにも、思いきる勇気を持って行動するのも自分の選択。誰かが世間から大きく批判されているのを見るたびに私はこう思う。少なくとも、その人は自分の名声を危険にさらしてまで行動している。批判している自分はそんな勇気を見せていることがあるのか？

私がこの『舞台に立つ男』の引用句を誰かに紹介しない日はほとんどないくらい、私にとっては重要なものだ。さらに印象に残っているのは、ある年のプレーオフ中にドックが見せてくれた『Battle at Kruger（クルーガーでの戦い）』というビデオだ。その戦いはライオンの群れ、バッファローの群れ、そしてクロコダイルによるもの。要約すると、別々になってしまうと太刀打ちできないが、ひとつになれば誰にだって勝てる。

早い段階で、ドックは我々にネルソン・マンデラが実践している「ウブントゥ」という哲学を紹介してくれた。

最高の自分になるためには、周囲もそれぞれの最高になる必要があるという考えだ。我々にとって「ウブントゥ」は、そのシーズンのスローガンとなった。コートに立つ前、我々は円陣を組み、腕を高く上げ、個人の栄光のためではなく、お互いのためにプレーすることを再確認する。「ウブントゥ、兄弟の番人になろう」と叫ぶ。

ドックは、南アフリカにあるバスケットボール組織のリーダーを連れてきたことがあり、彼のコミュニティーでは、人々はつねに何かを必要としている人に手を差し伸べていることを教えてくれた。

1999年からリーグにいたジェームズ・ポージーも、周囲を焚きつける術を持っていた。我々が持っていないものを見せるだけでいい。優勝リングだ。練習中、ドックはコート上で先発組とベンチ組で我々を分ける。ジェームズはベンチ組なのだが、いつも同じことを言う。「大丈夫だ、おまえらは優勝リングを持ってないからな」と。彼は、2006年にヒートで優勝を経験していた。

もちろん冗談なのだが、彼がそれを何度も言っているのを聞くのは効果があった。我々が何を追い求めているのか、忘れることはなかったからだ。

そして3月、チームは1週間前にクリッパーズを解雇《ウェイブ》されていたサム・キャセールと契約した。38歳だったサムは、すでに全盛期を過ぎていたが、まだシュート力とオフェンスを指揮する能力は健在で、それは控え陣《セカンドユニット》が必要としているものだった。そして、サムは私たちが現場に満足してしまわないようにもしてくれた。いま思い返せば、彼が来るまでに、5試合ほど勝てる試合を落としていた。

それから2週間後、サムはサンアントニオでのスパーズへの勝利で17得点を記録。次の夜はヒューストンでロケッツに勝利、そしてその2日後にダラスでマーベリックスに勝利。これは俗に言う「テキサス・スリーステップ」（テキサス州に本拠地を置くチームにアウェイで3連勝すること）だ。最後の12試合で11勝した我々は66勝16敗の成績で、イースタン・カンファレンスの1位シード、そしてプレーオフ全体でのホームコート・アドバンテージを手に入れていた。

もちろん、お祝いする理由にはならない。優勝して、あの水陸両用車《ダックボート》に乗るという結果以外、受け入れられない。

ドックは、前に進むために何が必要かをチームに明確に伝えた。

「余計なことをすべて排除する必要がある」と彼は言った。「自分たちに必要なことをやってくれ。それがセックスを禁止することを意味しているのか、もっとセックスをすることを意味しているのかはどうでもいい。なんでもいいからプレーオフに向けて準備するための犠牲を払ってほしい」

もっとセックスすることが「犠牲」だと思ったことは今まで一度もなかったが、私は何もわかってなかったようだ。

第1ラウンドの対戦相手はホークス。シーズンでは、ホークスは我々よりも29勝も少ない37勝しかしていなかった。相手をスウィープするのはかなり現実的で、ガーデンでは23点差、19点差で連勝。必要以上にこのシリーズを長引かせる必要などなかった。

しかし、アトランタで2連敗してしまう。レギュラーシーズン中に対戦したホークスではないのか、自分たちが思ったほど簡単に勝たせてくれる相手ではないのかのどちらかだ。

しかし、ボストンに戻った第5戦で、私は5本のスリーを決めて110－85と再び圧勝。試合後、私はチームメイトに語りかけた。

「みんな、次のアトランタでの試合、絶対に勝たなくてはダメだ」

どんなプレーオフシリーズでも、第6戦はとても重要だ。3勝2敗でリードしているなかで負けたとしよう。それは第7戦までもつれることを意味しており、第7戦というのは何が起きてもおかしくないもの。誰もがホームチームが勝つと予想しているだけに、アウェイチームのほうが有利であると主張してもおかしくないくらいだ。

どちらにせよ、それはこれからわかることだった。なぜなら、第6戦はアトランタでの前の2戦と似ていたからだ。我々は、6選手がふた桁得点したホークスに100－103で敗北。誰なんだ、こいつら？

第7戦となり、私は少しそわそわしていた。通常、試合前日はあまり試合について考えない。

プレッシャーにやられてしまう可能性があるからだ。代わりに、子供たちと遊んだり、テレビを少し見たり、本を読んだり、バスケットボール以外のことをやる。

しかし、このときばかりは考えることをやめられなかった。真夜中、私はチームメイトひとりひとりに同じメッセージを送った。

「明日やってやろう。この機会を逃してはいけない」

思っていたとおり、ほとんどの選手たちはまだ起きていた。ここに来るまでとてつもない労力をかけていただけに、こんなに早く自分たちの夢が終わってしまうのは耐えられなかったのだ。

第7戦は、どんな試合とも変わらないアプローチで挑むべき。ハードにプレーする。自分がどこにいるべきか忘れない。ほかの誰かがもっとよいシュートを打てるときに、自分がヒーローになろうとしない。いつもどおりだ。しかし、やはりいつもどおりの状況ではないのに、そう思うのは厳しい。であれば、その緊張感を、逆に自分のベストゲームを引き出すために使えばいい。

ミッション達成。序盤から大きくリードを奪い、ハーフタイムを18点差で迎え、楽勝。KGは18得点、11リバウンドと活躍し、ケンドリック・パーキンスが10リバウンド、5ブロック。最終スコア：99－65。

次の相手は、レブロンがまだ22歳だった前シーズンに、イースタン・カンファレンスを制したキャバリアーズ。レギュラーシーズン中、私はキャブズ相手に平均約24得点を記録していたこともあり、このシリーズを楽しみにしていた。

それだけに、ガーデンでの第1戦で起きたことは信じられなかった。私は無得点に終わったのだ。37分間の出場で4本しかシュートを打たず、フリースローも0本。最後に私が完封されたのは……思い出せないな。ピックを使っても、つねに2人に囲まれていた。最終的に76－72で勝利はしたものの、決して美しいものではなかった。レブロンが18本中2本しかシュートが決まらず、ターンオーバーも10本と不調だったことに助けられた。

2日後、我々は再びキャブズのシュート成功率を40パーセント以下に抑えて勝利。シリーズを2勝0敗とリードした。しかし、ホークスとのシリーズ同様、アウェイで勝利がつかめない。第3戦を24点差、第4戦を11点差で落としてしまう。4試合を戦って、まだ一度も90得点以上あげることができていなかった。レギュラーシーズン中に90得点を下回ったのはわずか11回だけなのに。

記者たちは、答えを探し求めていた。ボストンの記者たちはつねに答えを求めている。それは、あれだけの優勝バナーや永久欠番がぶら下がっているチームでプレーをする代償。彼らは全員と話し終えるまで休むことがない。選手、コーチ、トレーナー、代理人、家族までも含む全員だ。それだけ聞き回れば誰かしら話すことになる。私は実際のところ、ここまで監視されるのもよいことだなと思った。責任を負うことになるのだから。

今回の質問は、私を中心としたものだった。この4試合で36本中12本しかシュートを決めておらず、平均得点もわずか10を超えるのが精いっぱい。彼らはドックに聞いた。

「レイをスランプから脱出させるために何をしますか？」

数字が落ちていたのは間違いないが、それはダブルチームで抑えられていたからだ。練習でもすべてのプレーに対してあらゆる動きの可能性を試し、ダブルチームで来られてもどこにボールを投げればいいかを私は理解していた。スランプと呼ぶには、そもそもシュート本数が少なすぎる。

しかし、ドックの発言に私は怒りを感じた。彼は「レイはいずれなんとかする。レイの心配はしていない」と記者に伝えたのだ。

ドックは彼らに同意していたことになる。むしろ、彼にはこう言ってほしかった。

「クリーブランドはレイをオフェンスから排除しようとしているが、我々は彼をオフェンスに組み込むために最大限を尽くしている。彼はこのシリーズで得点する必要はない」

同じ質問をされた私は、あまりシュートを打てていないことを指摘した。尊敬する元ＮＢＡコーチと話したドックは、このコメントをよく思っていなかった。

「彼（コーチ）が、きみのコメントを読んだ」とドックは私に伝えた。「新聞を読むのはやめてチームが前に進むことに集中しなさい、ときみに伝えるよう言われたよ」

その２日後、ドックは私をオフィスに呼び出した。

「もし優勝するために必要なことが、自分がもう得点しないことなのであれば、それを受け入れるという気概を持つ必要がある」

私は理解したことを伝えたが、本当にそれがよい考えなのかは確信を持てていなかった。私の得点は必要になるはずだ。このシリーズでなければ、次のシリーズ、さらに先に進むのであればその次。

1シリーズずつ取り組むのだ。

ボストンでの第5戦に勝利するも、またしても第6戦を落とし、再び第7戦を迎えた。第5戦と第6戦では、合わせて19本中7本のシュートを決めた。決して立派なものではないが、スランプではない。またもや1度負ければすべて終了というこの状況。ただ、ホークスとの第7戦ほどそわそわした気持ちにはならなかった。真夜中にチームメイトにメールを送ることもなかった。最初の第7戦で圧勝したのが自信になっていたのかもしれない。

しかし、残念ながら、キャブズも試合のほとんどで自信に溢れたプレーを見せていた。

残り2分、88－89とわずか1点を追う状況。キャブズボールだ。すでに44得点していたレブロンがスリーを外す。2月に契約した控えフォワードのPJ・ブラウンがジャンプショットを決め、我々はリードを3点差に広げる。キャブズのガード、デロンテ・ウエストがスリーを外し、レブロンが近くからのシュートを外す。そこでほとんど試合は決まった。最終スコア：97－92。レブロンに対抗して41得点したポールが素晴らしかった。KGと私が言っていたように、これは彼のチームなのだ。

第7戦で、私は4得点しかあげられなかった。スランプであろうとなかろうと、軌道修正をする必要がある。次は59勝していたピストンズがやって来る。

それは、同じUConn出身のリチャード・ハミルトンとの対戦を意味していた。スクリーンを使ってフリーになって打つというスタイルから、私たちはよく比較されていた。リチャードのことは嫌いではなかったが、彼のニックネーム「リップ（破る）」はだてじゃなかった。リチャードは爪をわざと5センチほどに伸ばしていて、ディフェンスで彼に守られていると腕に引っかき傷ができる。彼がフリースローを打つと、爪とボールが擦れるのが聞こえるくらいだった。

しかし、リップは本当にいい選手で、2004年にレイカーズを倒したときの主力メンバー。2005年にもファイナルに進出し、スパーズ相手に7戦で敗れたあのときからまだチームに残っていたのは、ラシード・ウォレス、チャウンシー・ビラップス、テイショーン・プリンス。

ピストンズは、ビッグゲームを勝つ術をすでに知っていた。一方我々は、まだ学んでいる途中。そして、私はまだ必要なレベルに達していなかった。

第1戦では、10本中3本しかシュートが決まらず、9得点に終わった。しかし、26得点、9リバウンド、2ブロックのKG、22得点、6アシストのポールの活躍のおかげで、88－79で勝利はした。第2戦、ようやく私は16本中9本のシュートを決める活躍を見せたが、ハミルトン、ビラップス、ウォレス、そしてパワーフォワードのアントニオ・マクダイスの調子がよく、97－103で敗戦。

次の2試合がデトロイトで行われるだけに、プレッシャーは確実にあった。1勝3敗から勝ち上がれるチームはほとんどいない。

しかし、我々にとって、第2戦を落としたことが最良の薬となった。

それまで、ボストンを離れると緊迫感を持ったプレーができていなかった。アトランタでもクリーブランドでも、一度もアウェイで勝利することはなかったが、カンファレンス・ファイナルまで進むことができていた。もしかしたら、脳裏の片隅で「アウェイで負けても大丈夫。ホームで勝ちさえすればシリーズに勝てる」とみんな思っていたのかもしれない。しかし、もう状況は違う。

時間を無駄にすることは一切なく、第3戦を94－80で快勝。KGは22得点、13リバウンド、6アシストと、またもや素晴らしい仕上がりだった。

運もあった。ウォームアップ中、何かがおかしいと私は感じていた。普段はリーグ屈指のうるささを誇るピストンズのホームアリーナであるザ・パレスが、いつものようにうるさくなかったのだ。同じ夜、デトロイトが愛するホッケーチームのレッドウィングスが、ジョー・ルイス・アリーナでスタンリー・カップのファイナル第1戦を戦っていたことから、ファンの注目が分断されていたのだ。どんなアドバンテージだって利用する。

2日後、ピストンズはしっかりと立て直してきて、75－94で敗れ、シリーズタイの状態でボストンへ戻った。いつも以上にうるさいガーデンでの第5戦、私は6本中5本のスリーを決めて29得点し、106－102で勝利。パークも18得点、16リバウンドと活躍した。そしてデトロイトでの第6戦、我々は10点ビハインドから追い上げ、最終クォーターで相手をわずか13得点に抑え、89－81で勝利したのだ。

ここまでの道のりは、決して期待していたほどスムーズなものではなかったが、当初から目指していたファイナルに到達した。最後に立ちはだかるのは、1960年代からセルティックス最大のライバルであるレイカーズのみ。セルティックスとレイカーズは、何度もファイナルで顔を合わせていた。再び顔を合わせるのにふさわしい組み合わせだ。

周囲からは期待されていなかったが、我々は自分たちを信じていた。メディアはレイカーズの勝利というのがメディアの大方の予想。ホークスとキャバリアーズにそれぞれ3敗していた我々に対して、レイカーズはナゲッツ、ジャズ、スパーズ、すべて合わせても3敗しかしていなかったのだ。しかし、批評家が何を言っているかなどどうでもいい。むしろ、それがよいモチベーションになった。

何カ月か前に、私は友人にこう言われていた。

「おまえらは、理論上はとてもいいチームだ。優勝できないとすれば、それはケガだろう」

ファイナル第1戦の第3クォーター途中に、ポールがゴール下でパークと衝突し床に倒れ込んだ瞬間、私はその言葉を思い出した。彼は長いあいだ、右脚を抱えながら倒れ込んだままだった。そこからロッカールームに、車椅子に乗って下がっていった。決していいサインではない。それでも、今ポールを失ったことをくよくよと考えても仕方ない。今ではない。まだ試合に勝たなければならない。試合はレイカーズに4点リードされていた。

チームを集中させるなら、ドックだ。ウブントゥ。当然だ。

「南アフリカの男は逆境についてなんと言っていた？」ドックは作戦会議《ハドル》の中で私たちに問いかける。「自分を落とせるものはない……逆境は乗り越える……止められるものはない。だから我々は12人の選手がいるんだ」

それから間もなくして、スコアは同点となり、ファンは総立ちとなった。ポールがトンネルをくぐり戻ってきて、まるでスーパーマンかのように試合に復帰する準備を始めたのだ。そして、私たちは98－88で勝利。膝を捻挫していたポールは22得点。パークと衝突し復帰してからは11得点を獲得した。第4クォーターはレイカーズを15得点に抑えた。コービーは24得点したものの、26本中わずか9本しかシュートを決めさせなかった。

ドックは正しかった。ディフェンスが優勝をもたらしてくれる。

第2戦は今までベンチウォーマーだったレオン・ポウの独壇場。カリフォルニア大学出身で、203センチの控えフォワードであるレオンは、わずか14分の出場で21得点を記録した。これまでも、彼はこのチームで最も過小評価されている選手だと感じていた。膝のケガでキャリアを通して活躍できなかったことが残念だ。最終スコア：108－102。予定どおりだ。さあ、カリフォルニアに乗り込むぞ！

ステイプルズ・センターでの第3戦を目前に、我々には懸念があった。レイカーズにはコービーのほかにもラマー・オドム、パウ・ガソル、デレック・フィッシャーとタレントがそろっている。

そして、ポールの件もある。

ロサンゼルス出身であることから、ホテルではなく自宅に泊まるため、チームから少し離れてしまう可能性があった。今はそんなときではない。ドックが言うように、犠牲を払う必要がある。これまで以上に、チームはひとつにならなければならない。

結果、ポールはコート上で苦しむこととなった。14本中わずか2本しかシュートが決まらず6得点に終わり、81－87で敗北。3勝0敗とはいかなかった。

それでも、我々が負けたのはポールのせいではない。コービーが36得点、そして控えガードのサーシャ・ブヤチッチが20得点したから負けたのだ。ある試合はレオン、次の試合はサーシャ。先発のことは忘れよう。もしかしたらこのシリーズは、どちらのほうがよいベンチ陣をそろえているかにかかっているのかもしれない。それでも、まだ私たちの状況は悪くなかった。次の試合に勝てば、レイカーズはかなり苦しくなる。

第4戦が行われたのは6月12日。私はプロ選手としてプレーオフを合わせると1471試合に出場し、大学では101試合に出場しているが、この試合ほど私にとって重要なものはない。パープル&ゴールドを応援していない限り、この試合の出だしはあまりいいものではなかった。

レイカーズに第1クォーターで21点のリードを許し、ハーフタイムには18点差、第3クォーター残り6分という時点でも50－70と大きくリードされていた。

こんな点差をひっくり返すことはできない。アウェイでのプレーオフ戦ではとくにだ。我々が20点差近くつけられる試合で、ドックはいつも「とにかく10点未満にしよう。そうすればしっかりとした試合になる」と言っていた。そうすれば、相手チームはプレッシャーを感じ始め、ミスが出始める。

なんと、わずか4分で相手のリードを10点未満に削った。ポールがスリーポイントプレーを決めた時点で、得点は64－73。6本中5本のシュートを決めた我々に対して、レイカーズは6本中わずか1本。クォーター終わりに10連続得点を重ねた我々は、第4クォーターをわずか2点差で迎えたのだ。さあ、勝負だ！

ひとつだけ確信していたことがあった。私はベンチに下がらない。通常、ドックは第1クォーター残り5分で私をベンチに下げ、第2クォーター序盤まで休ませるようにしている。しかし、今夜は休んでいる場合ではなかった。これ以上点差を広げられるわけにはいかない。

もちろん、疲弊していた。自分のシュートを打つためにスクリーンの周りを走り回っていたことに加え、コービーを守っていたのだ。タイムアウトはすべて、ヘビー級タイトルマッチのラウンド間の60秒の休憩かのように感じた。水をくれ。頭にタオルをかけて。マウスガードを忘れないで。よし、もう1ラウンドだ。カーン！

「もしベンチに下がる必要があるなら教えてくれ」

ドックは、第4クォーター途中のタイムアウトでそう言っていた。

「大丈夫だよ、任せてくれ」

「よかった、下げるわけにはいかなかった」

私の多くのエネルギーは、ベンチの裏から応援してくれていたシャノン、母、ほかの選手の妻や家族から来ていた。

「行け、行け、勝てるよ！」と彼らは声援を送ってくれた。

試合時間残り5分、我々は8－0のランを展開し、5点のリードを奪った。残り40秒でも、まだリードは3点、自分たちのポゼッション。あと1本シュートを決めれば勝てるかもしれない。

サーシャに守られているなか、ハーフコート近辺で私にボールが回ってきた。このシリーズ中、私たちはつねにやり合っていた。ブルース・ボウエンのようなダーティーなプレーや、リップ・ハミルトンのように引っかいてくることはない。しかし、サーシャはフロップ（大げさに倒れるなどの演技でファールを誘うこと）するのだ。私はそれに、まったくもって敬意を持っていない。

「泣き言はやめろ」

サーシャが審判に文句を言うたびに、私はそう言った。しかし、彼はやめない。

ショットクロックが終わりに近づいており、多くの人は私がぎりぎりまで待ってスリーを打つと予想していただろう。しかし、私の作戦はそうではなかった。ほかの誰にも負けないくらいドライブできることを周りに見せつけるのだ。

トップ・オブ・ザ・キーに向かってドリブルすると、仕掛けるには充分なスペースが空いていた。ヘルプも来ない。ピック&ロールのためのスクリーンもない。サーシャと自分だけ。

素早く右にドライブを仕掛けると、頭の中で描いていたとおりにサーシャを抜き去った。ガソルが止めに来るも、時すでに遅し。左手のレイアップをボードに当てながら決め、リードは5点。試合終了だ。

信じられなかった。本当にやったのだ。24点差をひっくり返した！　会場がショックを受けるなか、我々は大興奮。

しかし、ロッカールームに戻ると、私はお祝いする気分ではなく、ただただ倒れ込みたいという思いだった。18シーズン、すべての試合をハードにプレーしてきたが、試合終了のブザーが鳴ったときにもう体力が何も残っていなかったのは、これが初めてだった。48分間すべてをプレーしたからではない。確かにそれは初めての経験だったが、この瞬間まで導いてくれたこれまでのキャリア、人生を通して積み上げてきたものをすべて出しきったからだ。

しかしその時点で、もっとつらい試練がこれからやって来ることを、私は知る由《よし》もなかった。

しかも、バスケットボールとは何も関係のないことだ。

その1週間、17カ月の息子のウォーカーは、ずっと彼らしくない感じだった。吐いたり疲れたりしているという症状から、インフルエンザかなと私たちは考えていた。第4戦の夜は、友人に彼と一緒にホテルに残ってもらうようお願いしていた。

しかし、ウォーカーの体調は改善しない。2日後の真夜中、シャノンはホテルに待機していた医者の所に連れていくと、ウィルス、もしくは食中毒のようだと診断された。念のために病院に行って血液検査を受けたほうがいいと助言してくれた。

病院では、血液検査の必要はないと言われたようだが、シャノンほど決意が固い人はいない。ありがたや。

20分後、真っ青な顔をした担当医から、彼女はこう伝えられた。

「息子さんは1型糖尿病を患っています。今すぐインスリンを摂取しなければ死んでしまいます」

彼女から電話があったとき、私は自分の部屋にいた。選手と妻は別のホテルに宿泊するようになっていたのだ。糖尿病は聞いたことはあったが、日中のテレビのCMで見るような知識しか持っていなかった。それが人にどういう影響を与えるのか、小さい子供だとどうなるのかはまったく理解していなかった。

「今すぐそっちに行ったほうがいいか?」と私は確認した。

「ううん。試合に出場して。でも、終わったらすぐにこっちに来て。あなたが必要なの」

電話を切ってから、試合前にいつも行うウォークスルーをやるためにホールへと向かった。

チームが試合で使うことになるであろうセットやプレーを復習するのだ。いつもなら試合のあるアリーナでやるのだが、ビバリーヒルズにある我々のホテルはステイプルズから遠すぎた。行ったり来たりする意味はない。いつもウォークスルーは注意深く観察し、試合で決定的な差となるスペーシングがないかを探すようにする。

しかし、このときはできなかった。息子と糖尿病という、シャノンと私が想像することのできなかった未来で頭がいっぱいだったのだ。どんな状況にも準備万端であることを誇りに思っていたが、こんな状況に準備なんてどうすればいいのだろう？

ステイプルズでドックに話すまで、誰にもこのことについて話はしていなかった。自分がいつも通りでないことを彼に伝える必要があった。いつもどおりにはいられないだろう？

「それはとても残念だ。きみたちの助けになれる人を探すよ。息子は大丈夫だ」とドックは言ってくれた。

私は試合に出場した。しかし、想像どおり、あまりよいプレーはできず、98－103で敗戦。13本中4本しかシュートを決めることができなかった。あの試合はほとんど覚えていない。唯一覚えているのは、何度も母や友人のほうを見ていたことだ。ウォーカーは大丈夫だよ、と彼女たちは言ってくれる。しかし本当だろうか？　試合後にあれほどさっさと会場をあとにしたのは初めてだった。記者たちに、負けたから私が逃げ出したと思われたって構わない。息子に会いたくて仕方なかった。大切なのはウォーカーだけだった。

病気について学ぶことはとても多かった。ウォーカーにインスリンを与える方法、彼の血糖値を計測する方法、彼の食事の準備方法。彼を生かし続ける方法。

ひとつ、すぐに決断しないといけなかったのが、周囲になんと伝えるか、もしくはそもそも伝えるかどうかだった。家族、友人、代理人、全員がこの事態をプライベートにとどめるべきだと考えていた。しかし、シャノンと私はそれに同意できなかった。世間に公表することで、ほかにも糖尿病で苦しんでいる子供を持った家族の助けになるのではないかと感じていたからだ。誤診によって亡くなる人数は信じられないほど多い。だから、どんなにインフルエンザのような症状だとしても、血液検査はためらってはいけない。

私のキャリア最大のステージで、息子が診断されたのは決して偶然ではない。このステージを使ってこそ、多くの命を助けることができる。

チームは、信じられないほど私たちを援助してくれた。翌日にはボストンに帰るためのプライベートジェットを準備し、糖尿病のトップ研究施設であるジョスリン・センターの医者に診せることができるよう手配してくれた。セルティックスが見せてくれたその思いやりを、シャノンと私は一生忘れることはないだろう。

ああ、それに、まだNBAファイナル第6戦が残っていたね。私の人生最大のゲームだ。

情報が出たことで、私がそもそも出場するのか迷っている人たちもいた。私は、当然出場するのだが、それがかなったのはウォーカーに対する絶大なるサポートと治療のおかげだった。試合中ずっとシャノンの膝に座っていられるほど回復していたのだ。ウォーカーのほうを見るたびに、我々から彼が奪われなかったことに感謝した。

さあ、試合だ。

第1クォーターから第2クォーター最初の5分くらいまでは、点の取り合いとなった。そして、そこから我々の快進撃が始まった。

ジェームズ・ポージーのスリー。エディー・ハウスのスリー。エディーがフリースロー2本。ジェームズがまたスリー。いつの間にか14点差とし、ハーフタイムには23点差にまで広げていた。

それでも、まだ先走りすることはなかった。相手のホームで我々は20点差をひっくり返していたのだから、相手にとって同じことが起きてもおかしくはない。いつもどおり、そういったリードを保つのにいちばんいいのは、スコアが同点であると自分に言い聞かせること。ただ、人間の摂理としてそれは簡単なことではない。

「シュートミスは、相手にとって速攻を仕掛ける1本目のパスになるんだ」

よく私たちはそう言っていた。何をどう言い聞かせたにせよ、それは成功した。第3クォーターを終えた時点で、リードは29点となっていた。あとは試合終了のブザーが鳴るのを待つだけだ。

最終スコア：セルティックス131点、レイカーズ92点。17個目の優勝バナーが、ほかのバナーの仲間入りを果たすのだ。

その夜、そして続く何日間、私の感情はおかしなことになっていた。この1年、いや、この1週間でいろいろありすぎた。

ようやく報われたという気持ちでいっぱいだった。これまでは、シーズンが終わるたびに、ほかのチームが優勝に向けてプレーし続けるのを見ながら、自分が無価値であると感じていた。オーナーを、街を、私は裏切ってしまったと。あり得ないほどの金額をもらっているのに、私はいったい何をお返しできていたのだろうか？　優勝できない。ファイナルにすら行けない。

優勝を手にした今、ようやく家で座りながらオーナーたちのことを考え、頭の中でこう言うことができるのだ。「やるべきことをやりましたよ」と。第6戦で、私は9本中7本のスリーを決め、26得点をあげた。

ファンにもようやく答えることができる。いつも夏になるとこう聞かれていた。

「今年はなんでああなっちゃったんだ?」

「来年まで待ってくれ」といつも言っていたが、正直そのやりとりにはうんざりしていた。

優勝した日、ガーデンをあとにしたのは朝の4時くらい。ポール、KG、私の3人だけでロッカールームで座っている瞬間があった。何を話したかは覚えていないが、何を感じていたかは覚えている。何年も負けを経験した結果、今のこれだ。

しかし、日にちがたつにつれ、どこか虚しさを感じている自分がいた。決してそれは、ウォーカーが病気になったことで、バスケットボールが人生に比べればそれほど重要なものでないことが証明されたからではない。それはすでに知っていたことだ。優勝すれば、新たな高みへと行けるものだとずっと思い込んでいた。しかし、実際は優勝してもいつもどおりの自分であり、そもそも自分のことが好きでなければ、優勝しようが何を成し遂げようが、それを変えることはできないとわかった。

チームメイトとハグすること、ファンからの祝福を受けることが、優勝していちばんよかったと思えるものではなかった。ウォーカーを抱えて表彰台に立っていたことである。彼の目は赤く、もう疲れきっていた。幼くして、大変な経験をしていた。しかし、息子は大丈夫。私たちはこれからもしっかりと彼の面倒を見られることもわかっていた。

数日後、今度は優勝チームとしてあの水陸両用車《ダックボート》に乗り込んだ。あの瞬間を味わうために集まった大勢の人に圧倒された。高い階層や路地から覗き込む人を含めて、どこに行っても人で溢れかえっていた。

10月に、ドック、ポール、KGと乗ったことを思い出した。

あのときも、こうやって街中をゆっくりと進んだ。あのときはまだ、夢物語にすぎなかった。

13

近いようで遠い

MY JOURNEY THROUGH LIFE AND THE GAME I LOVE

キャプテンのポール・ピアスを先頭に、我々はロープを引き、今後永遠に掲げられる場所に優勝バナーを吊るし上げた。

再び、ボストン・ガーデンでの開幕戦。再び、祝う機会。

ファンは、次のバナーが掲げられるのを1986年以来ずっと待ちわびていた。それがかない、新たなシーズンを迎えた今、彼らが次に聞くのは「もう一度できるか？」だった。

これはどのスポーツでも言えることだが、それは1度目よりも困難なこと。成功の青写真をほかのチームも研究し、真似しようとする。そして、個人としてもチームとしても、自らへの期待感をどう扱うかという試練もある。以前とは比べものにならない。夏にマイケル・ジョーダンに会ったとき、彼がそれをうまく表現していた。

「運がよかったな」とマイケルは言ってきた。「1度優勝するのは運だ。2度優勝、これは何かした証拠だ」

MJとこの話をするのは、なんだか落ち着かなかった。彼とはレベルが違うからだ。彼は6度優勝している。私は1度。それでも私は耳を傾けた。当然だろう？

「これから心配しなければならないいちばんの問題は、ロールプレーヤーたちがそれぞれの役割《ロール》以上のことをやりたがることだ」とマイケルは続けた。「シーズンが終わって家に帰ると、周囲からどれだけ素晴らしかったかを伝えられる。それが頭に残るんだ。すると戻ってきてから、出場時間、シュート本数をもっと欲しがるようになる」

我々もそうなってしまうのかは、時がたたなければわからない。

役割といえば、私もその夏、新たな役割を持つこととなった。夫という役割だ。

7月4日、シャノンと一緒にマーサズ・ヴィニヤードを旅行していたとき、結婚しようということになった。1カ月後、家族と友人、40人ほどの前で私たちは誓いの言葉を交わした。あの夜、ニューヨークのオールスターカフェで恋に落ち、その恋はかつてないほど深まっていたのだ。


開幕戦で、私たちはダイヤモンドとエメラルドが散りばめられた優勝リングを手に入れ、キャバリアーズへの90−85の勝利でバスケットボールを再開。ニューオーリンズ・ホーネッツ（現ペリカンズ）に4年2500万ドルの契約で移籍したジェームズ・ポージー抜きでの戦いとなった。これからは、ジェームズはチームメイトにふたつのリングを見せびらかすことができる。

スリーも打てて素晴らしいディフェンスができるジェームズを失うのは痛手だったが、それでもまだ、主力と強力なベンチ陣は残っていた。開幕戦でも、レオン・パウが13得点、トニー・アレンが11得点し、それを証明してくれた。

11月中旬、ナゲッツに稀なホーム敗戦を喫したあと、チームはそこからクリスマスにロサンゼルスでレイカーズに負けるまで、チーム記録となる19連勝を遂げた。この時点で、2007年と同じ27勝3敗という成績だ。もしかしたらマイケルは間違っていたのかもしれない。

しかし、そんなことはなかった。

ロンド、パーク、控えフォワードのグレン・〝ビッグベイビー〟・デイヴィスがより大きな役割を求め始めたのだ。個人的に、それはまったく問題ない。むしろ、野心を持った選手たちがいるのはいいことだ。KG、ポール、私の3人は、もうマックス契約を手に入れ、オールスターゲームにも出場している。私たちが彼らに、同じような功績を目指すなというのもおかしな話だ。

しかし、大きな役割というのはオフェンスの流れのなかで自然に身につけるものであり、それと同時にタイトル獲得につながった犠牲心を持たなければならない。それが、マッチアップや試合によって少ないシュート数や出場時間を意味するのであれば、それはそれだ。

まずは、もっとタッチ数が欲しかったビッグベイビー。彼はボールを持つと、まだ我々がリズムをつくり出す前にシュートを打ってしまうことが多く、ドックは彼をベンチに下げざるを得なくなる。パークもタッチ数を増やしたく、私もそれを手伝おうとしていた。しかし、やりすぎだったようで、ドックには「パークにボールを投げるのをやめろ」と言われた。ロンドは、ポイントガードとしてかなり成長していたが、彼ももっと大きな役割を求め、2008年に機能していた原動力が変わり始めていた。

そんなこともあって、2月に12連勝をして41勝9敗という成績でありながらも、昨シーズンほどチームがいい方向に向かっているという感覚はなかった。このグループには「ウブントゥ」がない。自分のプレーに集中するのではなく、もっとボールを回すように言わなければならないことが多すぎた。

シュートにつながる最後のパス、スパーズ以上にこれをうまくできるチームはいない。だいたいこのパスが、いちばんよいシュートを生み出す。我々が出せていなかったパスだ。

そして2週間後、2008年に私が最も恐れていたことが起きた。

ジャズとの試合中、アリウープに行こうとしたKGが脚を負傷。数週間の欠場が決まった。プレーオフまでには復帰することを期待していたが、会うたびにKGが見せる険しい表情は、決してよい兆候ではなかった。KG抜きでタイトルを守らなければならない。

タイトル防衛は、プレーオフ第1ラウンドのブルズとの激戦で始まった。これ以上のサスペンスは求められないだろう。4試合が延長までもつれ、シカゴでの第6戦は信じられないような展開となった。3勝2敗でリードしていた我々は、この試合でシリーズを終わらせようとしていた。

私はその日、絶好調で、29得点……前半だけでだ！　残りの選手の合計点よりも上回っていた。

それでも、我々は57－59とリードされていた。私は第3クォーターこそ少し調子を落としたが、第4クォーターには9得点をあげ、21－2の猛攻。相手の12点リードをかき消した。残り2分で、5メートルほどの距離からシュートを決めて5点リード。しかし、今度はブルズが反撃を見せ、スコアは101－101のタイとなった。

我々のタイムアウト。残り29秒。

ドックはポールのためのプレーを指示した。ほかの状況であれば、それに対して私はなんの問題も感じなかっただろう。ポールは素晴らしい1オン1プレーヤーだからだ。

しかし、今回は問題があった。最終的に51得点を記録した私は絶好調だったのだ。最後のシュートは私が打つのが最も合理的だった。一方のポールは苦戦していて、最終的に13本中5本のシュート成功に終わる。彼を乗せようと何度も試みたが、単純にこの日は彼の日ではなかった。私は何を考えていようと、口は閉ざしたままにした。1994年のプレーオフ、最後の2秒でフィル・ジャクソンがトニー・クーコッチに最後のシュートを打つように指示したあと、スコッティ・ピッペンが出場を拒んでベンチに残ったのを覚えているかい？　当時、マイケルは野球をしていた。ベンチに下がった事実は、スコッティがこれからもずっと背負わなければならないこと。ちなみに、クーコッチはそのシュートを決め、ブルズがニックスに勝利している。

残念ながら、ここで我々にハッピーエンドは訪れなかった。

ポールはシュートを外し、我々はトリプルオーバータイムで127－128と敗戦。私だったらシュートを決めていた、と言っているわけではない。それは絶対に言えることではない。ただ、決められるチャンスがあると感じていたのだ。

この敗戦は痛かった。そして、あと1敗してしまえばすべて終わり。しかし、以前にも2度、このような状況に陥りながらも生き残ってきたことから、我々は自信を持ち、第7戦でブルズを109－99で倒すことに成功。エディー・ハウスは、4本のスリーを含む5本すべてのシュートを決めた。

続いてマジックとのカンファレンス・セミファイナルだ。

ここで、KG不在がいちばんの痛手となった。ビッグベイビーはベストを尽くしていた。第4戦にはブザービーターを決め、シリーズをタイにする勝利を呼び込んでもくれた。しかし、やはり彼はKGではなかった。ヒド・ターコルーや、ソニックスの元チームメイトであるラシャード・ルイスに対してカバーのローテーションを素早くこなせない。ラシャードとターコルーはまるでシュートを外さず、加えて次のシュートを誰が打つかまったく読めなかったのだ。

ちなみにこのシリーズ、相手の選手たちはこれまで見たことのないようなことをやっていた。ティップオフ前のレイアップラインで、彼らは踊りながらダンクコンテストを開いていたんだ。プレーオフでだ！

「相手は遊びだと思っている」と私はチームメイトに伝えた。

遊んでいようといまいと、マジックはガーデンでの第7戦で我々に圧勝。タイトル防衛もこれまで。

言い訳をするのは好きではないが、もしKGがケガをしていなければ、我々は再びイースタンを制して、最終的にこの年に優勝したレイカーズとファイナルで再戦できたはずだと感じずにはいられない。実現していたら楽しかっただろう。

そして、忘れられない2009—10シーズンがやって来た。そして、忘れたい結末。

またもや開幕ダッシュに成功。6連勝。24戦20勝。37戦27勝。元のKGに戻り、ロンドはほかのポイントガードにできないようなプレーを攻守で見せていた。それでも、1月上旬から中旬にかけて不振に陥る。8試合やって6敗という時期があった。

しかし、いつもどおり、ドックは私たちを鼓舞する方法を見つけていた。レイカーズに87－86で勝利したあとに、ステイプルズ・センターのロッカールームにいたときのことだ。勝利はしたものの、決して大喜びできるような内容ではなかった。コービーが欠場していたのだ。

「いいか、おまえら、我々はここに戻ってくる」ドックはファイナル進出を示唆した。「みんな俺に100ドルずつ渡してくれ。6月にここで返す」

選手、コーチ、チームマネジャーなど全員が参加し、総額は数千ドルに上った。ドックはそれを封筒に入れ、椅子の上に立ち、天井のタイルの裏に隠した。

「当然だけど、誰にも言うなよ」とドックは釘を刺した。

なんて賢いんだと思った。コーチングは、単純にプレーを編み出し、正しい選手交代をするだけではない。コーチングは特定の考えを持ち、屈さぬ心を持ち、選手たちの賛同を得る必要がある。そして、今や我々も投資したことで、結果を出す必要があった。

数週間後、クリーブランドのホテルの宴会場で、ドックはより語気を強めて、シーズンの残りのスケジュールを見せながら語った。

「できないことではない。このカンファレンスで我々に勝てるチームはあるか？　この中で怖いと感じるチームはあるか？」

誰も何も言わなかった。

彼はこう続けた。「ホームコートアドバンテージは取れないから、優勝するためには相手のホームで勝つ必要がある。この中でできないと思っている奴がいれば声を上げろ」

またもや、誰も口を開かない。ドックが話し終わった頃には、選手たちはバスティーユ牢獄にだって攻め込めただろう。

第1ラウンドでは、ヒートを5試合で仕留めた。ここまではいい流れ。次はイースタンの1位シード、レブロン率いるキャバリアーズだ。下馬評はキャブズ有利というものがほとんど。キャブズはこのシーズン、我々よりも11勝も多い、61勝をあげていた。

第1戦は93－101で敗戦。しかし、第2戦はロンドの19アシストに助けられ、我々が勝利するも、次のガーデンでの試合を29点差で負けてしまい、ホームコートアドバンテージをすぐに返してしまった。しかし、それで火がついたのか、我々はそこから3連勝し、6試合で次のステージへと進んだ。

カンファレンス・ファイナルは、マジックが相手だ。このシリーズも6試合で勝利し、2009年のリベンジを果たした。

ドックは正しかった。これはいける。残りはあと1チーム。レイカーズだ。

かなりのシリーズになることが約束されていた。

ステイプルズに着くと、練習が始まる前にまずやるべきことがあった。もちろん、天井裏に隠したお金だ。ドックはドアを閉めた。

「全員集まれ」と彼は言った。「言ったとおり、我々はここに戻ってきた」

椅子の上に立ち、封筒を回収し、全員に返金した。さあ、本当の賞品を狙いに行く時間だ。

私にとって、第2戦と第3戦はそれぞれ異なる理由で、いつまでも記憶に残るものとなった。

第2戦は是が非でも勝たなければならなかった。第1戦ではコービーが30得点、7リバウンド、6アシストと活躍し、レイカーズに89－102で敗戦。次の試合に勝たなければ0勝2敗となり、わずかなミスも許されなくなる。

レイカーズをはじめとしたウエスタン・カンファレンスのチーム相手に、私はいつもいい試合をしていたため、割と前向きだった。西のビッグマンは東のビッグマンのようにピック&ロールを守らない。ペイントにとどまるのだ。ピックを使えば、だいたいフリーで打つことができた。シューターにとってこれ以上のことはない。もちろん、シュートが入ればの話だ。

第2戦はまさにそうなった。私は11本中8本のスリーを決め、32得点し、103－94で勝利。ボストンに戻ってから3戦すべてに勝利すれば、数カ月前は誰もが予想できなかった優勝バナーを再び掲げることができる。

まずは第3戦を物にしなければならない。しかし、結果はそうならず、その責任は私にあった。数字を見ただけでもひどさがわかる。13本すべてのシュートを外し、そのうちの8本はスリー。

しかし、いちばんの要因は相手の試合に対するアプローチだった。レイカーズの私に対する守り方が第2戦と同じだろうと予想していたのだが、まったく違った。スクリーンを使っても、誰かしらが私の目の前にいたのだ。再び32得点も取らせてなるものかという気持ちが伝わってきた。「アレンについていけ」フィル・ジャクソンは選手たちに声をかけ続けた。「オープンにするな」

私は、ジョージ・カールに学んだ、ゲームの流れに身を任せるということをここでやるべきだった。焦って打ってはいけない。ミッドレンジで打ってみたり、ポンプフェイクからドライブを仕掛けたり、ほかの誰かに打たせたり。スリーをやみくもに打つ以外ならなんでも。とにかくレイカーズのゲームプランを崩し、新たに対応させなければならなかった。我々は84－91で試合を落とし、レイカーズが再び主導権を奪った。

それでも、私は自分を責め立てるということはしなかった。この競技では、好不調に左右されすぎると、ただの木偶《でく》の坊になってしまう。

我々はすぐさま立て直し、第4戦はビッグベイビーがベンチから18点を記録して96－89で勝利。第5戦もコービーに38得点を許しながらも92－86で勝った。

ロサンゼルスに戻り、第6戦を勝利し、再び優勝するチャンスは高いと私は感じていた。

ポールの姿を見るまでは。

ホテルでのウォークスルー中、彼は壁に寄りかかるなど、明らかに集中力が欠けていた。それに気付いたのは私だけではない。

「ポール、集中しろ」とドックが言った。「いてもらわなければ困る」

その夜、ポールは13得点に終わり、ターンオーバーを5回も犯した。公平を期すと、必要なほど集中できていなかったのはポールだけではなかった。結果：レイカーズ89点、セルティックス67点。さらに、第1クォーターにパークが膝を負傷し、その後試合に戻ってこなかった。第7戦の欠場も確定してしまう。

そして、運命の時がやって来た。この試合ですべてが決まる。

試合開始までの数時間、私はいつもどおりのウォームアップをした。シュートを打ち、しっかりと休憩し、雑念を遮った。ドックはいつもと違って、我々のモチベーションを上げるための行動は取らなかった。する必要がなかったのだ。シリーズで、いや、シーズンで最も重要な試合に対してモチベーションが上がっていないのであれば、それは当人の問題だ。

試合の出だしは好調で、第1クォーターを23－14のスコアで終えたが、ハーフタイムでのリードは6点。そして、第3クォーター開始早々に9－2のランを展開し、リードを49－36へと広げた。全ポゼッションが苦闘となるロースコアの試合で、13点差はかなりのアドバンテージだ。

しかし、同クォーターの終わりまでに、そのリードは「4」に削られていた。コービーは決して調子がいいわけではなかったのだが（この日はシュートは24本中6本成功）、レイカーズのスモールフォワード、ロン・アーテストが得点にスティールと攻防両面で活躍し、チームメイトとファンを鼓舞していた。

試合時間残り6分半、私は2本のフリースローを決めて64－61とリード。これが最後のリードとなる。

試合終了。レイカーズ83点、セルティックス79点。

レイカーズにおめでとうと述べたあと、私はすぐさまロッカールームへと下がった。彼らが祝うのを見るつもりはまったくなかった。

全員がそろうと、ドックが我々に呼びかけた。

「きみたちは立派な1年を送った。下を向く必要はない」

最後に、もう一度だけ円陣を組むように促した。

ほかのチームを見ていてもわかると思うが、バスケットボールにおいて円陣を組むのはとても重要なことなのだ。私たちの場合、ドックはいつも「全員誰かに触れろ」と言っていた。だいたいKGが真ん中に立ち、チームを奮い立たせる言葉をかける。メッセージはひとつ。私たちはチームであり、特定の選手がほかの選手よりも大切ということはない。

この円陣は忘れられないものとなった。シーズン開幕前に契約した元ピストンズのフォワードであり、リーグ屈指のタフさを誇るラシード・ウォレスが涙を流していたのだ。

「おまえら最高だったよ」とラシードは言った。「すべてに感謝している。この旅路を共にできたことをとてもうれしく思う」

ラシードは、まだ契約が1年残っていたのだが、引退するということをそのとき私たちに伝えた。ラシャードには、もう何も残っていなかったのだ。その気持ちはわかった。

次の1週間、私は姿をくらました。2週間だったかもしれない。数えてはいなかった。ボストンの自宅にひとりで座り、テレビを見る以外に何もしなかった。どこかに行ったり、第7戦やどの試合についても誰かと話したりする気分になれなかったのだ。

ウォーカーの一件で私とシャノンが経験したことや、優勝したことで自分は何も変わらないと気付いたことから、もっと広い視野を持っていると思っていた。

しかし、やはりなかなかの偉業なのだ。そして、つかみかけていたものを、手離してしまったのだ。

レブロンがその才能をサウスビーチへ持ち込み、ドウェイン・ウェイドとクリス・ボッシュとともに自身の〝ビッグスリー〟を結成したこともあり、我々の優勝への窓口はさらに狭まっていた。彼がリーグの話題の中心となっていた。

しかし、窓はまだ閉じきってはいない。

2010―11シーズンは、クリスマスにマジック相手に78―87で負けるまで、最初の27試合で14連勝を含む23勝をあげた。2008年の主力選手はまだ健在で、ラシードの代わりに、こちらも優勝経験のあるベテラン選手、シャキール・オニールを獲得していた。

2月上旬、シャーロットでのボブキャッツ（現ホーネッツ）戦で、私はレジー・ミラーが持つ通算最多スリーポイント成功数の2560本まであと3本と迫っており、記録を更新するチャンスがあった。正直、メディアから注目を浴びることに気を咎めていた。バスケットボールはチームスポーツ。この記録も含めて、何か記録を破ろうという気持ちはいつも持っていなかったからだ。

しかし、もう遅い。記録はもう目前だ。であれば、私はシャーロットではなくボストンで記録を更新したかった。だからその夜、決して誇らしいことではないのだが、記録を達成しないようにしたのだ。いくつかのポゼッションで、私はスリーを打てる状況ながらも、時間をかけて数歩中に入り、2ポイントショットを打つようにしていた。試合を通して2本しかスリーを打たず、どちらも決めたことでレジーの持つ記録まであと1本。

数日後のホームでのレイカーズ戦、私は第1クォーター終盤にスリーを決め、記録を更新。レジーはその夜、TNTで解説を務めていたので、記録を更新したあと、私は彼にハグをしに行った。

2週間後、デンバーで、フリースローライン近辺にいるバードマンの横に私は立っていた。バードマンとはクリス・アンダーセン、カラフルなタトゥーを全身にまとった背の高い白人選手だ。「このあいだの試合見ていたよ。とてもクールだった」と、彼は私がレジーの記録を破ったことに触れた。

クリスの発言には感銘を受けた。選手として自分の世界に入り込んでしまうため、リーグのほかの選手たちも同じように他選手の一ファンであることを忘れがちなのだ。

ひとつ見失わなかったことがある。それは、私とラジョン・ロンドの関係性だ。しばらく悪化した状態が続いていた。

2009年、私とロンドが、もしかしたらサンズにトレードされるかもしれないという話が出たことがあった。私はロンドに電話し、ダニー・エインジと彼の不仲が噂されており、それがこのトレードの噂につながっていることを伝えた。

「何か問題があるなら、しっかりとダニーと話し合ったほうがいいぞ」

実際に、ロンドがダニーと話し合ったのかは知らないが、結局トレードは実現せず。しかし、しばらくすると、ロンドがこの一件をチームミーティングで持ち出したのだ。ほかにも多くを持ち出した。

「2008年に、俺は全員を優勝に導いた」

チームメイトは、一斉に「おまえが何をしたって？」と返事した。

「全員、俺と問題があると感じているだろう」とロンドは主張した。

「誰もそんなこと思っていないよ」と私が返答。

「あんたもじゃないか」ロンドは私を直視しながら話した。「あんたは、俺たちがトレードされそうなのは俺のせいだと言っていた」

「ロンド、そんなことは言っていない。聞いたことをきみに伝えただけだ」

こんなやりとりが行ったり来たり。私やほかの選手が何を言おうと、ロンドは聞く耳を持たなかった。彼は自分の思っていることのみを信じていた。ロンドの才能は文句なしだ。しかし、リーダーになれるかどうかは別の話だった。

リーダーは毎日努力をする。1万5千人に見られているときだけではない。リーダーは、チームよりも自分のスタッツを優先することはない。ロンドは確実にレイアップを決められるシーンでも、アシストを稼ぐためにパスを出すことが何度かあった。それが彼の目指している記録だったのだ。

「レイアップしろよ」と私はロンドに言う。「それ、アシストの数を増やそうとしているだけだろ」

ドックも私たちの状況に気付き、なんとか解決策を探そうとしていた。2010年か11年のある日、ドックは、KG、ポール、そして私をオフィスに呼び出し、単刀直入にこう言った。

「ロンドを仲間に入れてやってくれ。彼にも発言させてあげる必要がある」

KGと私は猛反対だった。

「彼をただリーダーにしてあげることはできない」と私はドックに伝えた。「それは勝ち取るものだ」

ロンドの師である日々は、もう昔のことだった。何かをきっかけに私はロンドの敵となり、私がボストンにいるあいだは、ずっと敵視され続けることとなった。

ジョージ・カールのときもそうだったが、それは決して私の意図していたことではない。それに、たとえチームメイトが親友でなかったとしても、それでもチームメイトなのだから、何をしてでもその選手を助けたいという思いがある。

もちろん、ロンドも含まれる。ロンドはフリースローを苦手とし、成功率は60パーセントを切っていた。試合の点差はほとんどの場合8点以内で、チームはだいたい1試合に10本ほどフリースローを外す。もしロンドが成功率を70パーセント、65パーセントでもいい、そこまで上げることができれば、それはチームにとってかなりのプラスになる。

ある日の練習前に、その機会を見いだした。

「一緒にフリースローを打たないか」

私はそう提案した。ロンドはひと言も言わなかったが、彼の表情からすべてが読み取れた。おまえの助けはいらない。

私はその場を立ち去り、2度と手伝おうと提案することはなかった。自分を上達させる気のない選手を助けることはできない。正直、理解ができなかった。リーグでもフリースローがうまい選手からアドバイスをもらうチャンスなのに、なぜそれを有効に使わないのか?

2011年、ヒートとのプレーオフシリーズ中、これまで見たことないほどロンドが怒りを爆発させた。マイアミでの第2戦を落として0勝2敗とされてからの練習のことだ。驚くなかれ、ドックはいつも以上に楽観的だった。

「このフィルムを見てほしい。やるべきことからそう遠くはない。いくつか自滅してしまったプレーがあるだけだ」

そう言って、ドックはどんなプレーかを見せ始めた。外したレイアップ。ボックスアウトしなかったディフェンダー。スイッチしなかったケース。その中に、ロンドがディフェンスに戻らないシーンがあった。

「ロンド、自分のボディーランゲージを見てみろ」

ドックはそう言ったが、ロンドは何も言わず、スクリーンを見るのをやめた。頭を下げ、椅子をロッカーのほうに向けた。

「おい、動画を見るんだ」とドックは彼に指示した。

「そんな動画、ファックだ」とロンドは言い放ち、立ち上がって水のペットボトルを投げつけ、画面を割った。ロンドがドックに飛びかかるのではないかと感じた我々は一斉に立ち上がった。

それほど、彼は怒り狂っていたのだ。

「そいつをつまみ出せ」とドックの怒号が飛んだ。

ロンドが飛び出し、KGが追いかけた。練習終了だ。ナンセンスを嫌い、チームファーストを地で行くようなKGであっただけに、ロンドを叱責《しっせき》するのだろうと誰もが思った。誰かがベンチやロッカー内でふざけすぎていると、いつも正していたのがKG。ロンドが、シュート練習に靴紐がほどけた状態で、ポケットに手を突っ込んで登場したときもそうだった。

「若造、しっかり自分を整えろ」

しかし、今回はロンドを叱らなかったのだ。その正反対。

「若いの、おまえなら大丈夫だ」

もしKGがロンドを正してくれないのであれば、それは問題だった。なぜなら、ポールは絶対にそういうことに首を突っ込まないからだ。ポールはつねに「俺は自分の時間を過ごすだけだ」と言っていた。

この練習以外にも、ドックとロンドが殴り合いになるのではないかというシーンが何度かあったが、ドックもとくに問題を解決しようとはしなかった。ある日、ホテルの部屋にいた私の元にドックから連絡が入った。「一緒に夕飯に行こう」と誘われた。最終的には、ドック、KG、私というメンバーに。ポールも招待されていたようだが、何かしらの理由で来ることはなかった。

「ロンドと一緒では勝てない。彼はいい奴ではない」とドックが発言した。「オーナーと話し、彼をトレードすることに賛同している」

KGが庇《かば》うことはなかった。KGもロンドを出さなければならないことを理解していたのだ。

しかし、出されることはなかった。

ロンドをホーネッツにトレードし、代わりに並外れたポイントガードのクリス・ポールを獲得するというトレードが持ち上がっていたのだが、最終的にドックは、相手コーチのモンティ・ウィリアムズにそんな仕打ちはできないと判断した。ドックはモンティをマジック時代にコーチしたことがあり、モンティの師匠的存在だったのだ。

それだけに、2011年の秋に、ドックがロンド中心にオフェンスを組み立てることを知ったときの私のリアクションが想像できるだろうか？　トレードできないのであれば、なんとかして機能するものにしてやれという考えだ。

そのシーズンは、私の契約最終年でもあり、これまでで最もストレスを感じるシーズンとなった。もはや、ロンドが私にボールを回さないという状況にまでなっていたのだ。スクリーンを使ってガラ空きの状態でも、ロンドは違う方向に行ってしまう。

「あいつ、なんなんだ？」と友人たちに聞かれた。変な噂を立てたくない私は、「ああ、ほかに何かいいアイデアがあったんだろう」と返答していた。

しかし、舞台裏では、さすがに私もドックに文句を言っていた。

「ああ、コーチたちとその件については話している」とドックは返答した。「何か解決策を見つけなければな」

そんな彼の解決策は、私をベンチに下げることでロンドが違うガード、2年目のエイブリー・ブラッドリーとプレーするというものだった。

「おまえもタッチ数が増えるはずだ」とドックは言った。

なぜ、単純にロンドにどうすべきかを言わないのだろう？　それが彼の仕事ではないのだろうか？

「信じてくれ」ドックはいつもこう言った。「自分が何をしているかはわかっている。もう25年以上もNBAで働いているんだ」

「ドック、僕も人生の半分をNBAで過ごしている」と、ある日私は彼に伝えた。「あんたがこうあるべきだと言っても、それが唯一の方法というわけではない」

これで、なぜセルティックスが私を追い出そうとしているかがわかっただろう。そして、実際にそうなりかけたのだ。3月上旬のトレード期限直前に、ダニーから電話でこう伝えられた。

「レイ、きみはメンフィスにトレードされた」

トレード要員は、若きシューティングガードのOJ・メイヨだ。

私はすぐに自宅に連絡を入れた。シャノンは、いつもどおり冷静にニュースを受け入れた。もし私のトレード先が〝月〟だったとしても、彼女は「わかったわ」と言って宇宙服を探しに行っていただろう。知ってのとおり、私はトレードをあまりいいものとして受け入れられない。ただ、今回はニュースを最初に知ったのがメディアを通してではなかった。

しかし、そんなことは関係なかった。ダニーから再び連絡があり、トレードがなくなったと伝えられたのだ。どのような理由だったのかは今も知らない。とにかく、セルティックスにいる以上は、そこで全力を尽くすまでだ。

またもやロックアウトの影響で、シーズンはクリスマスまで開幕せず、66試合に短縮されていた。最初の3カ月は苦難だった。8試合で7敗という時期も経験した。3月になってようやく好転し、レブロン率いるヒート相手への勝利を含む8試合で7勝を記録し、成績を30勝22敗とした。

約1週間後、アウェイでペイサーズに勝利。いちばんいい時期にチームとしてまとまり始めていると思うだろう。しかし、残念ながら、それには程遠かった。

インディアナでは、試合中、ポールともうひとりの先発フォワード、ブランドン・バスがずっと言い合いをしていた。何がきっかけだったかは記憶にないが、ポールはブランドンをひとりの大人ではなく、まるで子供を相手にしているかのように話していたのだ。

「もっと敬意を持って話してくれ」とブランドンは主張し続けた。

試合後、ロッカールームに戻ると、ふたりはまだ言い合っていて、殴り合いになりそうな雰囲気をかもし出していた。

「ウブントゥはどうした？」とドックが言う。

「ウブントゥなんて、今年ずっとやってないだろ」ロンドは言い放った。

「何を言っているんだ？」

そこでなんの前ぶれもなく、ロンドは私の名前を出した。私は、関わらないように足をアイシングしながら座っていただけだったのだが、無駄だったようだ。

「何言ってるんだ、おまえ？」私は立ち上がりざまにそう聞いた。

「あんたは俺を妬んでいるだけだろ」

「妬む？　何を？　チームに戯言を吹き込むのはいい加減やめろ。プレーしたいときだけでなく、毎試合ちゃんとプレーしろよ」

今度は、私とロンドが怒鳴り合っていた。ロンドは、まるで自分がポイントガードだけではなく、GMかのように振舞っていた。

「この夏、あんたをここから追い出してやる」

「おまえが何か言える前にいなくなってやるよ。出ていってやる」

そうして、終わった。しかし、ボストンへの帰りの飛行機で、ドックと話していたロンドにもう一度話しかけてみた。まだロンドと私は、ふたりの大人として解決できるのではないかと感じていたのだ。それに、プレーオフまであと3週間。解決する必要があった。

「なぜ、私がきみを妬んでいると思っているんだ？」

「もう大丈夫だ」

「大丈夫ってどういうこと？」

「あんたとはあと11試合、それで終わりだ」

もうそれ以上、話す意味はなかった。私とロンドのあいだに何があるかはわからないが、解決することはできない。

どうやってか、我々は最後の11試合で8勝をあげ、39勝27敗でシーズンを終えた。プレーオフ第1ラウンドの相手はホークスだ。

アトランタで開催された第1戦では、ジョシュ・スミスが22得点、18リバウンドと活躍し、我々は74－83で敗戦。しかし、最も気になったのは負けたことではなかった。試合時間残り41秒、審判がブランドンのファールを取ったあと、ロンドがテクニカルファールを取られた。大した問題じゃない。すでに4点差で負けていたので、相当な反撃を見せなければ勝つことはなかった。

しかし、ロンドが審判のマーク・デイヴィスに胸からぶつかっていったのだ。大問題だ。NBAはロンドを出場停止にすべきか調査することになった。

私はケガで欠場していたこともあり、試合後にコート上でインタビューを受け、ロッカールームへと向かった。チームは、ぶつかったことについて話し合っていた。

「とにかく、メディアに何も言わなくていい。さっさと着替えてバスに乗れ」

ポールはロンドにそう言い、KGもポールに同意していた。

「何か言わないとダメだろう」と私は反論した。「自分のやったことの責任を取らなければ」

ポールとKGはその意見をまったく受け入れなかった。チームの実用的な理由からも、私はロンドに訴えかけた。

「アドレナリンが高ぶっていて、ぶつかるつもりはなかったと言うんだ。すでに出場停止は決まりだ。問題は、どれだけ続くかだ。もしこのまま歩き去れば、敬意を欠いている、反省していないと思われる」

ロンドも受け入れなかった。驚きはない。彼は絶対に謝らないんだ。あの大切な練習でテレビのスクリーンを割ったことすら謝罪していないのだから。

次に、私はドックにアプローチした。

「メディアに話すようにさせないと、出場停止は2試合以上になってしまう」

ドックは賛成し、最終的にロンドが折れる形となった。

幸い、ロンドは第2戦しか出場停止処分にならず、その試合も彼抜きで勝利し、シリーズをタイに戻した。ボストンでの次の2試合も勝利し、6試合でホークスに勝利した。

次の対戦相手はシクサーズで、このシリーズは第7戦までもつれることとなった。その第7戦では、ロンドが18得点、10アシスト、10リバウンドの活躍でヒーローとなった。ロンドがこういったプレーをしているとき、我々は誰にも負けなかった。そしてカンファレンス・ファイナルではレブロン・ジェームズのヒートと対戦するだけに、彼にはこういったプレーを続けてもらう必要があった。決しておじけづいてはいない、それだけは確かだ。

マイアミで最初の2戦を落としても、我々の自信は揺らがなかった。第2戦では第3クォーターに11点をリードしていたのだが、そこからレブロンとドウェイン・ウェイドが爆発。それでも、延長戦までもつれるほどの反撃を我々も見せた。ロンドのスタッツを見てほしい。44得点、10アシスト、8リバウンド。しかも全53分に出場したのだ！

そこから、我々は3連勝。第5戦はマイアミで94－90で勝利し、3勝2敗とシリーズのリードを奪った。あと1勝で、再びファイナルに出場できる。

しかし、ガーデンで行われた第6戦では、レブロンの45得点の大活躍に屈して19点差で大敗。

この試合で最も記憶に残っているのが、試合が終わりを告げるなかでも、会場から「レッツゴー、セルティックス！」のチャントが沸き起こっていたことだ。なんとしてでも、マイアミで行われる第7戦に向けて、我々を勢いづけようとしてくれていたのだ。前にも言ったが、ここ以上に素晴らしいファンはいない。

勢いは、もちろん全開。第7戦は73－73の同点で第4クォーターを迎えた。しかし、そこから88－101とされて我々は敗れた。

悔しさはあったものの、決して恥ずかしい内容ではなかった。

恥ずかしさは、試合後にやって来た。

試合時間残り数秒、私はチームメイトにマイアミをお祝いし、オクラホマシティー・サンダーとのファイナルを頑張るよう伝えようと話した。何度も見たことがあるだろう。戦ったあとのボクサーたちのように、選手たちが対戦相手と抱擁を交わす。

しかし、今回は見られなかった。うちのチームメイトからは。

「あんな奴ら、クソ食らえだ」と、ある選手が言い放った。そして、そう感じていたのは彼だけではなかった。「あいつらと握手なんてしない」

私は説得しようと試みたが、立ち去られてしまった。

これでは、1991年のプレーオフの第4戦で、ブルズにスウィープされたピストンズがまっすぐにロッカールームへ向かったのと変わらない。優勝したことと同様に、あのイメージも彼らにずっと付いて回る。今度は、我々がヒートにねぎらいの言葉をかけなかったことがそうなろうとしていたのだ。勝利のあと、個人やチームの素顔を知ることができるが、敗北のあとはもっとだ。

ヒートはその後、サンダーを5試合で下し、レブロンが初タイトルを獲得。彼らの未来は、俄然輝いていた。我々は、まったくだった。これまでずっと、チームの崩壊を延期してきたが、もうこれ以上延ばすことはできない。時計が0時を指し、7月1日の日曜日になった瞬間、私はキャリア2度目のフリーエージェントとなった。

0時21分に電話が鳴り響く。メンフィス・グリズリーズだ。

興味深い2週間となりそうだ。

14

最後の一手

MY JOURNEY THROUGH LIFE AND THE GAME I LOVE

ボストンに残留することが、もともとの計画だった。これほどよい場所はない。2007年7月に家族とともにシアトルからやって来て、ガーデンで記者会見をやった初日から感じていたことだ。

練習施設をひと目見ただけで、なんて組織だ、と思った。

しかし、残留するには、チームが私に敬意を抱いてくれていることを感じる必要がある。あと数週間で37歳になる私は、NBAではだいぶ高齢だ。キャリア序盤、私は12年ほどプレーするだろうと考えていた。身体が耐えられるのがそれくらいだろうと。しかし、16年目を終え、さらにプレーしようとしていたのだ。チームさえよければ、私は戻ってくるつもりだった。

しかし、セルティックスは私との再契約を急ぐ様子はなかった。代理人は何度もダニーに連絡を取っていたのだが、チームはほかの選手獲得の交渉に必死、いつも先延ばしにされていた。その中には、現行ロスターにいない、フリーエージェントのガード、ジェイソン・テリーも含まれていた。

ようやく私の出番になると、彼らのオファーは2年1200万ドル。リーグ内で私レベルの選手が稼いでいる契約と比較すると、だいぶ低いものだ。私は、これまでの年間1000万ドルからだいぶ落とした3年2400万ドルでずっと交渉していた。しかもこれは、翌日にレイカーズとスティーブ・ナッシュが交わした契約よりも300万ドルも安かったのだ。スティーブは私より1歳年上だったのにだ！

しかし、セルティックスは1200万ドルから一切上げる様子はなかった。

「悪いがレイ、これ以上は出せない」とダニーは言った。

もちろん、契約は金額だけではなく、これも例外ではない。自分の役割の保証が欲しかった。徐々にオフェンス面での役割が減らされており、それがより加速するのではないかと恐れていた。クォーター終盤に私やポールにボールが回されるのではなく、ロンドが永遠とドリブルをつき、無茶なスリーで終わる。クォーター終わりの効率は最悪で、ダニーもそれはわかっていた。

「きみの発言が嘘だと言えればいいのだけどね」

来シーズンは何か変わるのかと私が尋ねると、ダニーは「ドックに彼の意見を聞いてみるよ」と返答した。

その答えが得られるまで、時間はかからなかった。

「ドックは何も変わらないと言っていた」とダニーは答えた。「オフェンスはロンドを通し、きみもそれに従い、チームの方針に沿って勝つ必要がある。もしそうでないなら、違うチームを選ぶ必要がある」

少し整理させてもらおう。

より安い年俸。ベンチからの出場。ロンドを通したオフェンス。私がこの契約を交わすべき理由を教えてくれないか？

ダニーとの電話を終え、私はＫＧにメールをした。「どうやらチームには戻れなさそうだ。ダニーが金を出そうとはしていない」

「いや、大丈夫だ。しっかりと面倒見てくれるさ」と返信が来た。

「いや、それはない」

KGとは何時間もやり取りできただろうが、意味はなかった。私はセルティックスが面倒を見てくれないことはわかっており、ボストンでの選手生活が終わったことを理解していた。

しかし、最後の望みを断ち切るのに必要だったのは、姉のキムからの電話だった。

「あなたはもう、充分稼いでいるわ。問題は、相手に敬意がないことでしょ。もうしばらく不満だったのだから、去るべきよ」

キムは正しかった。幸い、ほかの選択肢が舞い込んできていたので、そっちを探るべきだ。

そのうちのひとつが、ヒートだった。彼らの言い分を聞いたものの、まだ懸念があった。それに、プレーオフで敗れた痛みもまだあった。ウルブズからもオファーがあった。1996年に私を指名し、30分後にトレードしたチームから誘われるなんて皮肉なものだ。トレード期限直前に行きかけたグリズリーズも、0時01分に電話をかけてくるくらいだから、興味を示してくれていた。

最も気になったのは、クリス・ポール、ブレイク・グリフィン、ディアンドレ・ジョーダンという才能あふれる主力がそろったクリッパーズ。マイアミでヒートの代表と会ったあとに、ロサンゼルスに寄る計画を立てた。しかしクリッパーズは、他チームとの契約金を釣り上げるために私が彼らを利用しているのではないかと懸念していた。そのため、私は彼らのコーチのヴィニー・デルネグロと連絡を取った。

「私とボストンはもう切れている。不公平な扱いを受けたんだ。決してあなたたちをダシに使っているわけではない。次にどこに移籍するか検討している段階だ」

信じてもらえたのかはわからないが、私がマイアミに滞在しているあいだに、クリッパーズが別のシューティングガード、ジャマール・クロフォードと契約したことが発覚。クリッパーズ行きはなくなった。これで、最終候補はヒート、グリズリーズ、ウルブズ。ヒートは2年600万ドルというセルティックスよりも低いオファー、グリズリーズとウルブズはミッドレベル例外条項枠の年間500万ドルを超えるオファーは出せなかった。これ以上続けば、私は無償でプレーすることになってしまう。

最終的に、私はヒートを選んだ。理由は単純、ヒートが最も優勝に近いと感じたからだ。グリズリーズはここ2年間プレーオフに出場していたものの、第2ラウンドを突破できておらず、ウルブズは2004年以来プレーオフに出場できていなかった。

ニューイングランドのファンは、私の決断に反発することはわかっていたが、どれほどのものになるかは想像もできなかった。まるで、私がベネディクト・アーノルドかのような反応で、その感情は決してファンたちだけのものではなかった。

ほかのチームの選手がこうツイッターに投稿したのだ。「レイ・アレンがライバルチームのヒートと契約したのは、裏切り者であると考えるのは間違っているだろうか？」

間違っている。しかし、私が何を思うかなんて関係なかった。一度それが世に出れば、世間はその考えに乗っかった。

批判は不公平なものだ。説明させてほしい。

第一に、セルティックスとヒートはライバルではなかった。ヒートがセルティックスを2年連続プレーオフで破った？　ライバル関係を築くには2年なんかでは足りない。

第二に、決して大金に吊られたわけではない。むしろ、少ないほうと契約していた。

自らチームを去ろうとしているというのが唯一の罪だった。かつて私を追い出そうとしていた人たちが、今度は私が去ることに激怒していたのだ。2年程前にケーブルテレビ局が実施したファン投票に、どの選手がトレードされるべきかというものがあった。誰が最多得票だったか当ててみるかい？　私は局のトップに苦情の電話を入れた。

「なぜこんなことをする？　家族も見ている。とても傷ついているんだ」

とにかく当時は、そして今でも、私に謝らなければならない要素は何もないと感じている。

いや、何もないことはない。ニュースが正式に出る前に、ポールに電話をしなかったことは後悔している。この5年間で共にしたことを考えると、それくらいはやるべきだった。私がダニーとの交渉に不満を持っていたことを知っていたKGとは違って、ポールは何も知らなかったのだ。

しかし、自己弁護として言わせてもらうと、フリーエージェントとして自分の未来を考えていると、すべてがすごいスピードで過ぎていくのだ。

数カ月後の開幕戦、マイアミでセルティックスを迎えた際に、KGが私に挨拶しなかったことは大きな話題となった。ベンチの近くにいた選手たちは握手をしてくれ、ドックはハグをしてくれた。KGは、まるで私が存在しないかのような態度を取ったのだ。

傷ついたか？　もちろんだ。ショックだったか？　それはない。

KGは自分の祖母がほかのチームと契約していても、同じ態度を取っただろう。まだ感情が収まらない、対面するには時期尚早だったのかもしれない。いつか、あのステーキハウスでするべきだった会話をKGとできる日が来ることを望んでいる。

私がリーグ入りした1年目、KGにとっては2年目に、彼が発した言葉を私は一生忘れない。プレシーズンでお互いのチームが対戦したときだ。

「信じられるか？　いま俺たちはここにいるんだ」

そして今、その感情と感謝の気持ちを持ったまま、私は違うチームに入るために南へ行こうとしていた。私が愛したこのキャリアを終える前に。

ボストンでの最後の2シーズンの影響で、私はまるでボロボロの犬のような状態でマイアミに到着した。あの勝ち目のない言い争いを、まだボストンでやっていない現状が信じられなかった。しかし、新しいチームメイトが見せる私やお互いに対する敬意が、それを忘れさせてくれた。

言われなければ、昨年の覇者とは思えないような雰囲気だった。ロールプレーヤーは、タッチ数、出場時間、すべての増加を望んでいない。シェーン・バティエー、マイク・ミラー、ジェームズ・ジョーンズといったベテラン選手は、私が着く頃にはすでに体育館にいた。マイクとジェームズは、練習で私よりも多くシュートを打っていた。そんなことは今までなかったのだ。

その雰囲気を生み出していたのは、驚くなかれ、レブロンだった。もともと彼の才能はすごいと感じていたが、それ以上に周囲から学ぼうとする意欲に感心した。彼は自分がバスケットボールのすべてを知っているなどとは思っていなかったのだ。多くの素晴らしい選手はそう思っており、それ以上素晴らしい選手になることの妨げになっている。フリースローがよい例だ。レブロンはフリースローを苦手としており、彼はそれをいの一番に認めた。

「一緒にフリースローを打ってほしい」と、ある日レブロンが私に言ってきた。「何がおかしいかを言ってくれ」

助けを求められることがうれしかった。ここ数年は、決してそういう状況ではなかっただけに。

「成功率をできるだけ高めるためにも、最初から集中する必要がある」と私は伝えた。「数本外しても、まだ70パーセント台ではなく80パーセント台にいる。一度70パーセント台まで落ちると、上がってくるのは厳しい」

新しいルーティンを試すように仕向けたものの、彼は数本外すと、シュートを打つ前にボールを身体の片側に溜める昔のルーティンに戻ってしまっていた。

「心配するな」と私はレブロンに伝えた。「完璧なストローク、完璧なフォームを持っていてもミスすることはある。とにかく打ち続け、次の1本を決めるんだ」

さらに驚いたのは、レブロンが試合で起きたことをすべて記憶する能力だった。しかも、自分がプレーした試合だけに限らない。レブロンはよく、私がプレーした試合の詳細を語ってくれていた。それも、私が忘れていたような試合だ。私が何点取ったか、どの選手がコートにいたか、終盤にチームがなんのプレーを使ったか。

しかし、レブロンに関して最も感心したのは、いつも周囲を称賛していたことだろう。

「きみたちはすごかった」と、彼は私のボストン時代について触れた。「ポールは手ごわかったね」

信じられなかった。私のこれまでいた場所では、対戦相手や対戦チームについて少しでもポジティブなことを言えば、お人好しとみなされていた。私はいつも、そう思われたとしても対戦相手には敬意を抱いていた。私と同じように、彼らもこの場に立っていられるほど頑張ってきていたのだ。

レブロンは、彼ほどの選手にしては珍しいくらい、そう考えることのできる人物だった。スター選手は、大抵ほかの選手と自分を遠ざける必要があると考えるもので、それはチームのモラルにとってもいいことではない。平均25得点を記録していようが、出場時間が1週間で25分であろうが関係ない。チームの一員であれば、みな平等。自分が周りよりも上だと感じているようなら、それは問題だ。

レブロンはそれほどひたむきでありながらも、楽しみ方を知っていた。ホテルに到着し、部屋に荷物を置くと同時に電話がかかってくるのだ。

「俺の部屋に来てくれ。カードで遊ぶ準備ができた」

行くよ、と私はレブロンに伝えるのだが、いつもあまり長い時間はいなかった。たまに朝の2時や3時まで続くことがあった。私はグループの高齢選手として、これまで以上に休養を必要としていたのだ。「寝ないと、朝、具合が悪くなる」と彼らに伝えていた。

それも彼らの成熟ぶりが大きな違いとなった部分だ。私が自由な時間をすべて彼らと過ごさなくても、それを咎めようとはしなかった。

セルティックスでは、そうはいかなかった。もし、夜一緒にクラブに行かず、家に残るようなことがあれば、私は彼らの仲間ではないとみなされた。私には家に5人の子供がいて、そのうちの4人は7歳以下であり、シャノンと私がいつも夜中に一度は起きてウォーカーの血糖値を調べていることを、彼らは理解していなかったのだ。ウォーカーを病院に連れていかなければならない夜もあった。これが私たちの新たな日常で、しっかりとした睡眠は稀だった。いちばん寝られるのはアウェイ遠征のときなのだが、それでもシャノンがひとりで起きてすべてやっているのだと考えると、罪悪感があった。

チームの一員であることは、バランスを取るのが難しい。それは法律事務所、学校の部活、教会の合唱団、なんでも一緒だ。自分がよそから来ていると、なおさらだ。自分はみんなの味方でありながらも、自分が信じていることを大切にすることが重要だ。

そうすれば、誘われたときにたとえ行けなかったとしても、「なんでだよ？　チーム全員行くんだぞ」とは言われない。「レイは我々の味方だ。やらなければならないことがあることを理解している」と言ってもらえる。

コートでも喜びが待っていた。２００７年のセルティックスとは違って、私は〝ビッグスリー〟の一部ではなかった。正直な話、ＵＣｏｎｎ１年生以来見ていなかった角度で試合を見るという、この試練を楽しみにしていた部分がある。当時と同じように、ベンチも先発メンバーと同じくらい重要であると感じていたのだ。

しかし、ベンチからの出場にはそれなりの欠点もある。先発しているときとは違い、ゆっくりと試合に馴染むことができないのだ。すぐ試合のリズムをつかまなければならず、すべての試合においてそれは変わってくる。

身体もしっかりとつくっておかなければならず、ここはヒートがもっとうまくやれたところなのではないかと感じている。ヒートは、我々をリーグで最も若いチームかのように扱っていたが、実際は最も年老いたチームのひとつだったのだ。

セルティックスでのシュート練習は40分から45分。いくつかプレーを確認し、シュートを打ち、すぐに終了だ。家に帰り、昼寝をし、11時45分頃にはシャワーを終えていた。

ヒートでは、シュート練習が2時間。一度、これについて発言したことがある。

「いや、これはいつまで続くんだ？」

まるで高校生が一軍チームのトライアウトを受けるかのように、コーチ陣は我々にあらゆるドリルをやらせていた。そこから急いで帰って、少し休み、夜の試合に戻ってくる必要があった。1日で身体に対してかなりの負担だ。試合当日のシュート練習に反対はしていない。むしろ、必要なものだ。しかし、それ以上に必要なのは、試合開始のブザーが鳴ったときに、選手たちが精神的にも肉体的にもベストな状態であることだ。

「なんでこうなることを教えてくれなかったんだ？」

私は昔から知るチームメイトに聞いた。

「本当は教えたかったんだ」と彼は答えた。「でも、できなかった。きみに来てほしかったからね」

完璧な場所なんてない。それはリーグに長くいるからわかっていることだった。エリック・スポルストラは、何年もリーグでプレーしたドックと違い、一度もプレーしたことがなかった。だから、年寄りの選手がシーズン終盤にどう感じるかをわからないのだ。

開幕戦は、相手がセルティックスであることとは関係なく、いつもより緊張していた。私がヒートと契約したことで、セルティックスのメンバーがどう感じているかはまったく気にしていなかった。よその街に転職したことがある人ならわかる気持ちだと思う。子供たちの新しい学校探しや、新しく住む家の近所がどうなのかといったことが優先事項になるのだ。

そして、ファンの反応が心配だった。重要な試合で私を見るのはこれが初めてで、どの街とも同じように、彼らは感傷的な判断は下さない。私と契約するのは正解だったのか？　私は役割を受け入れるのか？　この老人はまだプレーできるのか？

第1クォーター残り3分を切った時点で、私は初出場を果たし、ファンからは温かい声援が送られた。ボストンとは比較にならないが、マイアミのファンはいつも私によくしてくれた。1分後、最初のシュートとなるスリーを決め、私は19得点に終わった。緊張なんてなんのその。セルティックスに120－107で勝利し、それから15試合で12勝という快進撃に出た。

2月1日のペイサーズ戦を迎えた時点で、我々の成績は29勝13敗。その試合はペイサーズに89－102と大敗し、我々のアウェイでの成績は11勝11敗となった。なんとか改善しなければならず、実際に改善に成功した。

2日後、トロントでラプターズに勝利。そして、ホームでボブキャッツに勝利。それからロケッツ、クリッパーズ、レイカーズと続いた。その後、2月は負けることなく、3月も最初の3週間は負け知らず。3月25日にマジックに勝利して27連勝を記録。1972年にレイカーズが記録した33連勝に次ぐ連勝記録となった。

周囲が記録を破ることを噂しているなかで、チーム内ではそういった考えはあまりなかったように記憶している。ただ優勝リングを手にすることだけが目標だったのだ。

結局その2日後、シカゴでブルズに97－101で敗戦。来るのはわかっていた。対戦相手にとっては、我々に勝利して連勝を止めるというのが、シーズン中のハイライトとなっていたのだ。我々は66勝16敗、奇しくも私がセルティックス1年目で記録した成績で終わった。

プレーオフの最初の相手は、2003年に私をトレードして以来、プレーオフシリーズを勝利したことがなかったバックス。全試合をふた桁点差で勝利し、4試合のスウィープ。翌年にチームを売却したコール上院議員には申し訳ない気持ちだった。

続く相手はブルズ。27得点、9アシストを記録した相手の爆発的なガード、ネイト・ロビンソンの活躍もあって、我々はホームで86－93と敗戦。しかし、第2戦には立て直して37点差で破り、続く第3戦にも勝利した。

次はペイサーズだ。第1戦は、レブロンが延長戦でブザービーターとなるレイアップを決め、なんとか逃げきった。しかし、第2戦では4点差で敗れた。

レギュラーシーズン中は、ホームで勝つのが当たり前（37勝4敗）となっていた。しかし、それはもう通じない。

チーム在籍10年目のユドニス・ハスレムが17得点、7リバウンドと活躍したインディアナでの第3戦を勝利し、我々は7試合でシリーズを制した。

私は、6シーズンで3度目となるファイナルに戻ってきたのだ。一度たりともこれを当たり前だと思ったことはない。思い出してほしい。私は最初の11年間で一度も出場できなかったことを。2001年に、シクサーズとの第7戦に敗戦したときは、近い将来にファイナル進出がかなうだろうと感じていた。

しかし、実際はそこから7年かかったのだ。

相手は2007年以来、優勝から遠ざかっていたスパーズ。あのチームにとって、それは干ばつ状態に近い。彼らの利他的なプレー以上に私が感心していたのは、ティム・ダンカン、トニー・パーカー、マヌ・ジノビリといった主力をずっと維持し続けたことだ。

第1戦はマイアミで開催されたが、またもや我々はホームを守ることができなかった。レブロンの18得点、18リバウンド、10アシストという活躍がありながらも、88－92でスパーズに敗戦。ダンカンも20得点、14リバウンド、3ブロックと大活躍だった。第2戦はなんとしてでも勝たなければならない試合で、我々は103－84と結果を出した。

さあ、待ってろ、テキサス。

いや、ホームに残るべきだった。前半はそこまで悪くなく、スパーズに44－50とリードされているだけだったのだが、後半はこれ以上ないというほど最悪で、33－66と圧倒されたのだ。

第4戦は我々の番だ。

第4クォーターに16－6のランを展開し、再びシリーズを振り出しに戻した。〝ビッグスリー〟は合わせて85得点、30リバウンド、10スティールという活躍で、そのうちの6スティールはウェイドひとりで記録。第5戦は104－114で敗れ、シリーズを2勝3敗とリードされたものの、なんとかテキサスを生き延びることができた。マイアミで次の2試合に勝利すれば、タイトルは我々のものだ。

第6戦は予想どおり、試合開始から気迫あふれるものだった。ハーフタイムでスパーズに6点リードされ、第3クォーターを終えた時点でその差は「10」に広がっていた。しかし、そこから我々は17－7のランを展開し、残り6分半で82－82の同点とした。次のポゼッションで、私はようやくその日最初のシュートを決め、第2クォーター以来のリードを奪った。やっと来てくれたか、レイ。

どちらのチームも主導権を奪うことができないまま終盤を迎えた。

残り1分半で、パーカーに同点スリーを決められる。そこから3本連続でターンオーバーをしてしまい、スパーズに5点のリードを奪われる。

そして、忘れられない最後の28・2秒がやって来る。

タイムアウト、ヒート。

作戦会議《ハドル》でスポルストラが何を言ったか？　覚えていないが、とくに決まったプレーをコールしてはいないはずだ。このシーズン中、重要なポゼッションでのタイムアウト明けの戦略は、いつも決まっていた。背番号6《レブロン》にボールを渡せ。

マイク・ミラーがレブロンにボールを回すと、彼は最初のスリーを外す。しかし、マイクがルーズボールを奪い、2本目のスリーをレブロンが決める。そこからカワイ・レナードがフリースローを決め、スパーズのリードは3点。

すでにタイムアウトはなくなっていたため、我々のポイントガードのマリオ・チャルマーズがボールを運んだ。レブロンがシュートを打つことは明らかだったのだが、それでも私は準備をしていた。

その試合でまだ2得点しかしていないからって、それがどうした？　ジョージタウン大学とのビッグイースト・トーナメント決勝では、14本連続でシュートを外していたものの、コーチ・キャルフーンは最後のポゼッションで私に打つよう指示をした。必要なのは1本だけだ。

あとはもう知っているだろう。私がスリーを決め、延長で第6戦を制し、2日後に第7戦も勝利した。


1年でこんなに変わるものなのか。1年前はプレータイムと敬意を得るために苦労していた。翌年はシャンパンを飲み、パレードに参加していた。

いつもどちらのタイトルのほうが自分にとって大切か聞かれるのだが、どちらもとても大切というのが真実だ。しかし、ボストンでいろいろと経験していたこともあって、2008年には感じなかった正当性の裏付けのようなものを2013年には感じた。マイアミに行ったのは正しい選択だと感じていたが、優勝したことでそれが証明されたのだ。

それでも、2008年と同様、優勝したことで人生が変わることはなかった。第7戦終了後、眠りについたのは朝の5時くらいだったものの、8時には目が覚めていた。やるべきことでありながらも、先延ばしにしていたことを真っ先に考えた。歯医者に行くとかね。電話で予約が取れないか確認してみた。

「優勝したばかりじゃないですか」と受付の人は言った。「何かヨットにでも乗ってパーティーでもしているべきなのでは?」

9時頃には歯医者の椅子に座り、虫歯の治療を受けていた。

もちろん、あと数日待つこともできたのだが、バスケットボールにおいても、人生においても、私はそういったアプローチをしなかった。

試合に勝てば、その瞬間を味わうべきではあるが、興奮しすぎてはいけない。次の試合の準備をする必要がある。その朝、もう試合は残っていなかったので、準備とは歯医者に行くことを意味していたのだ。家族がやっていたように、家に残って『SportsCenter』でハイライトを見なかったのも同じ理由だ。過去の栄誉にすがっていては、前に進むことはできない。昨日はもう終わったことだ。私は毎朝、起きたあとにこう自分に問いかける。今日は何を勝ち取ることができる?

優勝してからの数週間、私にはもうひとつ考えなければいけないことがあった。そろそろ引退すべきか?

これは、決して初めて考えたことではなかった。セルティックスとの最終シーズン、マイアミのジムで、元ブルズのガードでゴールデンステイト・ウォリアーズの現コーチであるスティーブ・カーと偶然会ったときのことだ。スティーブはTNTの解説の仕事でマイアミに来ていた。「あなたのときはどんな感じでしたか?」と私は彼に聞いた。「潮時だと感じたのはいつですか?」

「プレーするために、抗炎症薬を使わないと身体を維持できないと感じたときだね」

スティーブの答えは私の胸にグサッと刺さった。当時、私はかなりの医薬品を使用していて、それが長期的に身体にどう影響するかはあまり考えていなかった。氷風呂やストレッチは前ほど効果がなくなっており、試合や練習中に受ける関節への痛みは耐えられないものになっていたのだ。

それでも、私は辞めなかった。最終的に私はこう思ったのだ。彼らを置き去りにするなんてできるだろうか? もう知ってのとおり、かなりひどいチーム状態を含む多くのロッカールームで私は過ごしてきた。ここはその中で屈指の場所だったのだ。

最後に3連覇を成し遂げたのは、2002年のレイカーズ。我々がそれを達成できない理由はなかった。レブロンはまだ全盛期で、クリス・ボッシュとウェイドも同様。ベンチもこれまで以上に厚みがあった。

3月上旬、ボブキャッツに勝利して成績を43勝14敗としたものの、スポルストラはいつもと変わらず我々をしごき続け、パット・ライリー球団社長は少しでもチームがスランプに陥れば、何かしら動くような人物であることを我々は知っていた。

そして、そのスランプがやって来る。ヒューストンでの敗戦に続き、5試合で4敗。ライリーがチームに話すために練習にやって来た。中学の体育の授業かのように、私たちは壁を背に座った。ライリーが何を言ったのかは覚えていない。何であったにせよ、よかれと思って言ったことだろう。しかし、スランプ以前の状態までは戻ることができず、シーズンを54勝28敗で終えた。

プレーオフに出場できるとわかった時点で、目標が少し薄れていたのだ。それに、選手たちは疲弊しきっていた。周囲からは、いつも「NBAでプレーできてとても幸運だね」と言われていた。

私がこれに反対することは絶対にないが、それでも我々にとってこれは仕事でもある。そして、往々にして、どんな仕事も退屈になるものだ。

どちらにせよ、プレーオフが始まった時点で、我々はまるで別人かのようにプレーした。レギュラーシーズンのように街から街へと移動し、朝まで起きていないといけないといった状況ではなくなった。一箇所にとどまり、もう一度優勝というひとつの目標に向かうことができる。

まずはボブキャッツを4試合で下した。ブルックリン・ネッツを5試合。ペイサーズを6試合。そしてやって来た最大の試練、スパーズとの再戦だ。今回は相手がホームコートアドバンテージを持っている。

しかし、それも長くは続かない。

第1戦を15点差で落とした我々は、第2戦を98－96で勝利し、相手のホームコートを奪った。さあ、これで自分たちのホームで2勝することができれば我々も……。

いや、忘れてくれ。次の2試合は、スコアどおりひどいものだった。第3戦、92－111。第4戦、86－107。

スパーズのオフェンスは、タイムアウト明けがとくに効果的だった。ポポヴィッチHCは毎回高い確率のシュートを生み出し、また活躍するのはスター選手だけではなかった。ガードのダニー・グリーンとパティー・ミルズもいつも貢献していた。シリーズは、第5戦にレナードが22得点、10リバウンドと活躍し、87－104の敗戦で虚しい結末を迎えた。

ちなみに、私は試合に先発出場していた。8本中1本しかシュートを決められず、その唯一決まったシュートは第1クォーター残り5分で決めたもの。スリーだった。

選手たちはかなり落ち込んでいた。負けるつもりはまるでなかったのだ。とくに5試合では。ロッカールームでは、私の横に座っていたレブロンがずっと首を振っていた。

それから数週間後、彼はヒートに残るかどうかという決断を迫られていた。そして2010年同様、スポーツ界全体がレブロンの去就《きょしゅう》に注目していた。

レブロンがキャブズを選んだ時点で、私は自分がヒートに残ることはないと確信。問題は、私も彼と一緒にクリーブランドへ行くかどうかだ。レブロンは私を説得しようとしていたが、おそらく最終的には私を説得することに飽きていただろう。レブロンと同じくらい、チームも私を求めてくれていたなら話は違った。しかし、キャブズの私へのオファーはないに等しかった。ウルブズとグリズリーズ、そしてバックスも興味を示してくれたが、唯一リーグの最低年俸以上のものをオファーしてくれたのはロケッツだった。申し訳ない。ロケッツはその年優勝を目指すと宣言していが、チャンスはないことを私はわかっていた。

それもあって、10月にトレーニングキャンプが開始した時点で、私はシャノンと子供たちとともにマイアミに残っていた。シーズン中盤、オールスター休暇あたりにどこかのチームと合流する可能性もまだあったが、どの状況も好ましいものではなく、気付けば2015年のファイナルでキャブズがウォリアーズと対戦していた。まだプレーしていたかったな、と初めて感じたのはそのときだ。

練習、シュート練習、長い飛行機移動、毎朝感じる足首の痛みは別に恋しくなかった。自分以上のもののために全力を尽くすあの感覚が恋しい。これからも、それは変わらない。新たなシーズンがすぐにやって来て、私はまだ諦めきることができていなかった。最適な状況がやって来るか待ってみたものの、そうはならなかった。

2016年秋、私は引退を発表。

もう2年も試合に出場していなかったこともあって、予想以上にこの決断は私に響くものがあった。公式に発表したことで、現実を突きつけられたのだ。長期間、多くを捧げてきた結果だ。

初めて自分がNBAでやれるかもしれないと感じた日は、一生忘れないだろう。UConnの1年生で、1990年にNCAAトーナメントでクレムソン大学を相手に英雄的なショットを決めたテイト・ジョージが、練習でチームに話をしたときだ。体育館にワークアウトしに来ていたテイトは、その時点ですでにネッツで3年間プレーしていた。私たちは彼が何を言うのか注目していた。

「私はとくに生まれ持った才能があるわけではない。しかし、勝てるチームの一部であったことはあり、勝つことができれば、チャンスはある」

その午後、私はテイトを観察した。彼は正しかった。テイトは優れた身体能力を持っているわけでも、素晴らしいシューターであるわけでもなかった。それでもテイトは、私が行きたいと思っている場所にいたのだ。

テイトも私のことを見ていた。

「あの1年生は当時の私よりうまいな」

テイトは周りの数人にそう話していた。もしテイトが本当にそう感じているのであれば、このチャンスを最大限に活用するためにも全力を尽くさなければ、と私は考えた。

今では、それができたと、信じている。

エピローグ　～渡されるバトン

キー・アリーナの駐車場に着いたある午後、2003年にソニックスに入団して以来、毎日私が駐車していた場所に違う車が停まっていることに驚いたことがあった。確かに、正式には〝私の場所〟ではない。別に名前が記されているわけでもない。それでも、いつも私は誰よりも早く到着し、入口からいちばん近いその場所をいつも選んで停めていたのだ。トレーナーより早いことも度々だった。そこは私の駐車場所で、みんなも知っていることだった。

その車が誰のものかは見覚えがあったので、まっすぐロッカールームに向かい、チームメイトのアントニオ・ダニエルズを見つけて聞いた。

「おい、なんで僕の場所に駐車したんだ？」

しかし、アントニオは知らぬ存ぜぬを突き通した。

もうワークアウトの時間だ。彼とはのちほど、この件について話し合わなければ。

その夜、確かニックスとの試合だったと思うが、私は40得点を記録。まるで外さなかったのだ。

試合後のロッカールームで、アントニオはこう言わずにはいられなかったようだ。

「だから僕は、きみの場所に駐車したんだ」と笑いながら話しかけてきた。「なんなら、もっと頻繁にあそこに僕が駐車したほうがいいんじゃないか?」

「黙れよ」と私は冗談めかした。「二度とあそこに駐車するんじゃない」

彼は二度とせず、ほかの誰もあそこに駐車することはなかった。

考えていることはわかる。なぜ駐車する場所なんかのことにそんなに固執しているのだ?なぜなら、ある日は駐車する場所が違うだけかも知れないが、次には体育館でアントニオが一緒にシュートを打っていることとなり、私の通常のワークアウトが変わってくる。気付けば、私のルーティンがすべて崩れてしまうのだ。そのルーティンは、私のリーグでの18年間の一歩ずつを支えてくれたものだ。もし、私と同じように、毎日同じルーティンを守っている人がいれば、その人は信頼できるというのがわかる。

バスケットボールチームであろうと、法律事務所であろうと、同じ目標に向かって人が集まっている場所ならどこでもだ。

そして、その18年間で、私はコートに立ったびに多大なる責任感を背負っていた。所属しているチーム、チームメイト、コーチ、ファンに対するものだけではない。バスケットボールそのものに、そして私の前にプレーしていた選手たち、これからプレーするであろう選手たちに対してもだ。

ルーキーのとき、マイケル・ジョーダンとミッチ・リッチモンド、そして長いあいだリーグでプレーしてきた多くの選手に温かく迎えられたときに、それを感じた。「これをしっかり守るんだぞ」口には出していないが、そう言われているかのようだった。「我々が引退するとき、このバトンはきみに渡す。きみがここに来たときよりもバスケ界がよりよい場所になるように努めるんだ。そしてきみも、次の世代に同じ言葉を述べるんだ」

バスケットボールというゲームよりも偉大な選手なんてひとりもいない。ウィルトも、ドクター・Jも、マイケルも、ラリーも、マジックも、レブロンも……誰もだ。ここまでやってくるのに、誰しもが何かしらを乗り越えてきた。生い立ち、限界、疑念。多くの人たちにとって妨げとなるものに、私たちは止められることなく進んだ。

私が諦めそうになった日には、いつもマイケルやレジーなど、自分の目標としていた人物のことを思い浮かべた。彼らは諦めていない。彼らは今でもシュートを打っている。彼らは今でもランニングマシンで走っている。私だって諦めている場合ではない。

相手チームを倒した日にチャンピオンになれるわけではない。どんな障害があろうと、全力を尽くしたその日にチャンピオンになるのだ。周りに判断されるだろうか？　もちろんだ。そして、その審判《ジャッジ》は必要以上に厳しいかもしれない。しかし、それが全力を尽くさない言い訳にはならない。

幼少期を共にし、自分がプロアスリートになれないと考えていたサウスカロライナ州の子供たち同様、私にもそうなっている可能性はあった。なんせあの街には、実際にそれを成し遂げた例がなかったわけだから。しかし、私は早い段階から、人生は決して公平ではなく、自分が被害者だと思ってはいけないということに気付いた。そう思えば、実際にそうなってしまうのだ。

だからこそ、40代前半の私は、今とても心穏やかに過ごせている。今では、私はコーチであり、オーナーでもある。私のリーダーシップを毎日頼ってくれる5人の子供たちのコーチであり、数年前にフロリダ州とコネチカット州でシャノンとともに開業したオーガニック・ファストフード・レストラン『Grown』で働く従業員のオーナーだ。どちらの役割でも、私はバスケットボール内外で私を励ましてくれた人、そして私を押さえつけようとした人の両方を思い出すことが多い。どちらからも学んだことは無限大で、そして時代を超える。

父親として、4人の息子、レイレイ13歳、ウォーカー11歳、ウィン8歳、ウィスタン5歳、そして娘のティエラ25歳が、誤った決断をしないように務めたいと思っている。とはいえ、私が彼らの代わりに決断することはできないということも頭に入れている。私の親がそうであったように。そして、オーナーとして私がどれだけ大切にしているか、と同時に責任を課していることを従業員たちに理解してもらいたいと思っている。先人たちが私にそうしてきたように。

ティエラは、私の人生がまだ不安で包まれていた時期に生まれた。今でも、UConnの試合のスタンドでハスキーズのジャケットを身にまとい、三つ編みをした彼女が笑顔で待っているのを思い出せる。サインを求めるファンがいなくなるのを待ちながら、かわいい声で「ハイ、ダディ」と言ってくれるのだ。彼女はとても強く、賢く、美しく、そしてつねに私を守ってくれる存在。決心のある少女から、素晴らしい若き女性へと成長した。

ティエラは4年間、ディビジョン1でバレーボールをプレーし、コミュニケーション専攻、マネジメント副専攻でクイニピアック大学を卒業している。大学2年生まで検知されなかった症状の影響で大規模な心臓手術を2度も経験しながら、一度も授業を欠席することやシーズンを欠場したことがなかった。彼女の父親であることがとても誇らしい。

4人の息子たちも同様だ。いちばん上のレイレイは、陸上競技、バスケットボール、サッカー、絵の具や鉛筆で絵を描いたり、作曲をしたり、タージマハールのレプリカをレゴでつくったり、何をしていても勢い満点な子だ。さらに、レイレイはとてつもなく競争心が高く、負けるのが大嫌い、もしくは勝つのがとても好きなのか、どちらかはまだわかっていないが、それと同時に、彼は教室でもコート上でも、いつも周囲を助け、励ます精神を持ち合わせている。弱者のためにいつでも立ち上がる、とても優しい心の持ち主。

そして我が家の興行師、ウォーカー。彼がどれだけタフなのかはご存じのとおり。ウォーカーはなんでも簡単にやってのけてしまい、何に挑戦しても優れている。しかし、彼はただ生き延びるためだけに、すでに誰よりも努力してきたのだ。ウォーカーは我が家のスーパーヒーロー、歌手、俳優、優秀な学生、アスリート、そして素晴らしいお兄ちゃん。自分のやっていることと同じくらい、兄弟の成功を純粋に喜べる、黄金のハートの持ち主。

我が家の「非公式な真ん中の子供」であるウィンは、私に瓜二つ。シャノンは彼を、私の「双子のツ〝ウィン〟」と呼んでいる。ウィンは賢く、面白く、シャイで、慎重で、ルールを守る。ウィンは天性のリーダーシップを持ち合わせ、食事中の会話や学校でも雰囲気をつくるのは彼だ。学校のクラスで何かを見せることができる機会には飛びつく。ウィンもとても競争力が高い。すべてのスポーツを好んでいるが、何がいちばん好きか聞けば、躊躇せずに「テニスが僕の人生だ」と言うだろう。フェデラー、ウィンが1位の座を奪いに行くから気をつけな！

そして、最後がウィスタン。我が家のベイビー、ナンバー5。喜びを体現しているのが彼。ウィスタンは好奇心と可能性あふれる素晴らしい精神、そして立派な髪質を誇っている。名前はウェールズ語で「バトルストーン」という意味で、完全に名前負けはしていない。彼ほど愛されて育つとそうなるのだろう。クラスの誰とでも仲良くなろうとする。2歳のときに兄たちの学校を訪れると、教師や職員たちは彼らの生徒よりもウィスタンのことを認知しており、まるでその学校の校長かのようだと、よく冗談を言っていた。私たち夫婦は子供たちの明るい未来が切り開かれていくのを見るのがとても誇らしく、彼らがどの星の力を利用して躍進していくのかを楽しみにしている。ウィスタンの勢いなら、それはスーパーノヴァになるだろうと確信している。

ある日、シャノンと一緒にコネチカット州で車を運転していると、公園を通りかかった。高校生くらいの子たちが3人、バスケットボールをしていたのを見て、私は車を停めた。

「ひとり、参加してもいいかな？」

一緒にプレーすることになった。

ウォームアップするために何本かシュートを打っていると、彼らは私のことに気付き始めた。UConn時代の私をね――これはミルウォーキーでのルーキーシーズンを終えた夏のことだ。

行かなければいけない時間になるまで21点先取のゲームを何本かやった。帰る前に、私は車に戻りトランクに入っていたスニーカーを、彼らにそれぞれ手渡した。そのときの彼らの表情を見せてあげたい。

それから長いあいだ、私は自分が彼らのために車を停め、夢と自分を信じ続けることを教えたと考えていた。しかし、本当は自分のための行為だったのだ。この子たちと同じ夢を抱いていたダルゼルの公園のあの少年のため。彼にはある日突然、NBA選手がやって来るなんてことは起きなかった。それでも夢を見続けた。

あの少年はいつも自分のそばにいる。大学とプロで打ってきた何千本のシュートよりも、公園で打ち続けたシュートのほうが私にとって大切なものなのだ。

ファンもチアリーダーもいない。バスケットボールを愛しているという理由だけで、仲間とプレーしていた。勝てばみんなとハイタッチをし、次の対戦相手を迎える。負ければ座る。これだけは言える、誰も座りたくはなかった。

いちばんよいのは、公園と高校での試合の映像が残っていないことだ。その代わり、想像力というとても特別な形で自分の中にしまってある。何かすごいことをやれば、これは口伝えに広まり、気付けば都市伝説となっているのだ。

数年前、私がヒルクレスト高校最上級生のときに、ウエスト・フローレンス高校との試合で見せたプレーについて、知らない人から話しかけられたことがあった。私もよく覚えていたプレーだ。

チームメイトがサイドラインの外からゴールに向けてロブパスを通し、私がキャッチしてダンクする。チームでよくやっていたプレー。しかし、このときはパスが高すぎて、バックボードに当たるのが確実そうに見えた。

それでも私は、いつもこれくらい飛んでいるかのように普通に飛び上がった。高めにパスされたボールをキャッチし、たたき込む。自分にとって最もよいダンクのひとつだろう。

「バックボードと同じくらいの高さだった」と、その見知らぬ男は語った。「あんなの見たことないよ」

きっとまた、公園を通りかかり、子供たちがバスケットボールをやっていたら車を停める。そんな日がやって来るだろう。その頃には老人になっていて、誰も私が何者なのかはわからないかもしれない。それでも、きっと自分の中の少年は健在。

自分が彼らみたいだったことを思い出す。あったのは自分と、自分の夢と、愛するバスケットボールだけだ。

「ひとり、参加してもいいかな?」

謝辞

この本を執筆するにあたって、多くの方々が支えとなってくれました。何よりもまず、今の自分があるのは母と父のおかげ。軍家庭ゆえに広く世界を見ることができ、とてもユニークな視野を持ち、自分以上の考えができるようになりました。お父さん、お母さん、ありがとう！

兄妹のジョン、キム、タリーシャ、クリスティー、私がどこに行くにも、みんなは私の心の中にいます。それぞれが私という存在を形成し、今の自分になる手助けをしてくれました。私が自分の夢をかなえるために、みんなが払ってくれた個人的な犠牲には、これからもずっと感謝し続けます。愛しているよ。

授業を通して私の考え方に影響を与え、多くの試練を与えてくれた先生方。ミスター・バレット、ミスター・ハギンズ、ミズ・キプリオティス、ミスター・ハサウェイ、ミスター・ブラウン、ミスター・バース、ありがとうございます。

スポーツだけでなく、人生においても戦い抜くすべを教えてくれたコーチたちにも感謝です。ジェフ・レンチ、フィル・プレザント、マーク・ウェイド、ドウェイン・エドワーズ、デイル・ウィルソン、ジェームズ・スミス、カール・ホブス、トム・モア、デイブ・レイトー、ハウイー・ディッケンマン、ジム・キャルフーン、クリス・フォード、ジョージ・カール、ネイト・マクミラン、ボブ・ワイス、ボブ・ヒル、ドック・リバース、エリック・スポルストラ、ジェラルド・オリバー、アーモンド・ヒル、マイク・ロンゴバルディ、トム・シボドー、デイヴィッド・フィズデイル、ダン・クレッグ、オクタヴィオ・デラグラナ、ドウェイン・ケイシー、ディーン・(バスタークラブ)・デモプロス、ローレンス・フランク、ケビン・イーストマン、タロン・ルー、サム・ミッチェル、テリー・ストッツ。GMのマイク・ダンリービー、ボブ・ワインハウアー、リック・サンド、ダニー・エインジ、パット・ライリーにも感謝です。

より強く、より健康であるように私を支えてくれたストレングスコーチにもお礼を述べます。コーチ・マーティン(RIP)、ティム・ウィルソン、ドワイト・ダーブ、ブライアン・ドゥー、ビル&エリック・フォーラン。そしてトレーナー陣のマーク・ファイル、トロイ・ウェンゼル、エド・ラサート、レイ・ジャフェット、マイク・シメンスキー、ジェイ・セイボル。

医者の皆さんにも感謝です。ドクター・アンダーセン(RIP)、ドクター・ブライアン・マッキオン、ドクター・ハーラン・セレスニック、ドクター・リチャード・ファーケル。そして広報担当のシェリー・ハンソン、マルク・モクイン、ロビン・ジャミロサ、ジェフ・トウィス、ヘザー・ウォーカー、ティム・ドノヴァン、ロブ・ウィルソン、マイク・リサック。そして用具係のハロルド・ルイス、マルク・セイント・アイヴズ、ジョン・(JJ)・コナー、ロブ・ピメンタル。

カリフォルニアのキャッスル空軍基地、ドイツのラムスタイン空軍基地、オクラホマのアルタス空軍基地、イギリスのベントウォーターズ空軍基地、カリフォルニアのエドワーズ空軍基地、サウスカロライナのショー空軍基地の全軍関係者にも感謝しています。皆さんは私の幼少期の育ちに大きく影響しました。規律を守り、敬意を持ち、時間厳守の大切さを教えていただきました。友人のドーレル・シモンズ、ありがとう。毎朝、学校に行くために私の家まで迎えに来る彼の車のマフラーの音が、私の目覚まし代わりでした。

ショー空軍基地の体育館で、父と兄のジョンと一緒にたくさんバスケットボールをさせてもらった方々にはとくに感謝しています。自分探しをしている若者の自分にとって、あなた方は大きなインスピレーションとなりました。

キャリアを通して自分のバスケットボールに対する考え方を形成するにあたって、多くの素晴らしいチームメイトがいました。

まずは中学と高校のチームメイト：レイモンド・ウィルトシャイア、ショーン・ハーバート、ショーン&シャノン・ルーニー、マーク・ホワイト、ディアンドレ・ジェームズ、ケルヴィン・キース、デリック・ライト、ティー・モラント、フィリップ・モラント、コービン・ディーズ、リチャード・クーリー、デニス・ニッケンズ、トニー・イェーツ、ブライアン・キース、ジュリアス・ガリショー、オーヴィン・ホリデー、ベリー・ウィン、ジェイミー・ウィン、タイローン・ドーソン、アントワン・グラント、ジェラルド&アンソニー・キース。

そしてUConnの兄弟たち：ルディ・ジョンソン、スコット・バーレル、ケビン・オリー、ドニー・マーシャル、ナンタンブー・ウィリングハム、ドニエル・マーシャル、カーク・キング、トラヴィス・ナイト、ドロン・シェファー、エリック・ヘイワード、ジェフ・キャルフーン、マーカス・トーマス、スティーブ・エムト、ラシャメル・ジョーンズ、アントリック・クレイバー、ディオン・カーソン、ブライアン・フェア、グレッグ・ヨーマンズ、ジャスティン・サーブ、リッキー・モア、カイル・チャップマン、ルスラン・イニャトキン。私に試練を与え、次のレベルに押し上げてくれてありがとう。UConnのスポーツ情報ディレクターとして尽力してくれたティム・トロカン、そしてその役割を引き継ぎ必要なものをつねに提供してくれたフィル・チャーディスにも、ありがとうと伝えたいです。

NBAでは多くの素晴らしいチームメイトに恵まれました！ ありがとう、エリオット・ペリー、マイケル・カリー、ジョー・ウルフ、アーメン・ギリアム（RIP）、ジョニー・ニューマン、シャーマン・ダグラス、ロバート・トレイラー（RIP）、ヴィン・ベイカー、グレン・ロビンソン、サム・キャセール、マイケル・レッド、トニー・クーコッチ、アービン・ジョンソン、ジェイソン・キャフィー、ジェフ・ノードガード、マーク・ポープ、ジェイソン・ハート、ダーヴィン・ハム、タイローン・ヒル、テレル・ブランドン、ラシャード・ルイス、アントニオ・ダニエルズ、ブレント・バリー、ニック・コリソン、ヨハン・ペトロ、ミケル・ジャラバール、ウラジミール・ラドマノヴィッチ、アンス・セセイ、ヴィタリー・ポタペンコ、レジー・エヴァンス、ジェローム・ジェームズ、マティーン・クリーブズ、デイミエン・ウィルキンズ、ルーク・リドナー、フリップ・マレー、アール・ワトソン、ケビン・ガーネット、ポール・ピアース、ラジョン・ロンド、グレン・デイヴィス、ジェームズ・ポージー、トニー・アレン、エディー・ハウス、エイブリー・ブラッドリー、ＰＪ・ブラウン、レオン・パウ、ラシード・ウォレス、ケンドリック・パーキンズ、レブロン・ジェームズ、ドウェイン・ウェイド、シェーン・バティエー、クリス・ボッシュ、ユドニス・ハスレム、マイク・ミラー、クリス・アンダーセン、デクスター・ピットマン、ジェームズ・ジョーンズ、マリオ・チャルマーズ、ノリス・コール、ジュワン・ハワード、ロジャー・メイソン、あげきれないね。

ジョン、ジャッキー、サラ、ジェイミー、ブランディン、チャーリー・ガール、家族として受け入れてくれてありがとう。そしてあなたたちの大切な一部を奪い、私の世界の中心にすることを許可してくれてありがとう。

まだ自分の道を探しているときに、男として成長させてくれることを教えてくれ、美しい第一子のティエラを与えてくれたロザリンド・ラムジー、感謝してもしきれません。

私を批判し、失敗するように望んでいた人たち全員にも感謝します。どこの誰かもわかりませんが、あなたたちのおかげでつねに細心の注意を払っていられることができました。

私のことを信頼し、一生にまたとない映画の役を与えてくれたスパイク・リーにも感謝です。

私の右腕、オリン・メイヤーズ、アレン一家をバッチリな状態で保ってくれ、オフコートでの成功に貢献し続けてくれてありがとう。ありがとう、ビアンカ・ラミレス。我々家族へのあなたの友情と愛情はかけがえのないものです。

私のブランドを守り続け、未来に向けてさまざまな機会をつくり出すために細部まで気を配り、何時間も頑張ってくれている素晴らしいチームにもスペシャルサンクスと伝えたい。ジム・タナー、ヘレン・ドゥーリー、メレディス・ガイザー、ロン・バビー、マイク・ホーシー、ジョン・ヘイズ、ヨランダ・マクブライド、ロブ・モリス、ウィル・ローズ、グレン・″Gウィズ″・パリッシュ。

私に大きな影響を与えてくれたマイケル・ジョーダンにありがとう。マイケルは努力するための夢となり、こうなりたいと思わせてくれ、人生のお手本となってくれました。そしてブランド・ジョーダンのシューズを履くオリジナルメンバーのひとりとして、私を選んでくれてありがとうございます。

いつもどこよりもフレッシュなシューズを履かせてくれたブランド・ジョーダンの面々にも感謝です。ありがとう、ハワード・ホワイト、スティーブ・リギンズ、リック・ウィルソン、マーク・ラヴェリング、デイル・アレン、サミール・エルナンデス、ラリー・ミラー、キーモ・ファーム、ジーモ・ウォン、ホザイア・レイク、ジャマール・ルーカス、フィル・シモンズ、ティンカー・ハットフィールド。

私の地域活動チームのメンバーにも感謝です。トニー・シールズ、スキップ・ロビンソン、マット・ウェイド、マット・マイヤーソン、スティーブ・ストウ、あなたたちがいなければ、プレーする各都市でこんなに多くの人とつながりを持つことはできなかったでしょう。アル、ダリル、タミール、ドクター・D、そして姪っ子と甥っ子のリトル・タミール、クリストファー、コートニー、ジャミール、リトル・ダリル、ジェイド、ケイラ、ケイデン、ケイレブ、多くの時間をさまざまなNBAのアリーナで私を応援することに費やしてくれて本当にありがとう。ロッカーからレイおじさんが出てくるのを待っていた時間は膨大だね。就寝時間をだいぶ過ぎていたに違いない。

全国にいる友人たちも、街から街へと移り、よいときも悪いときも私を支えてくれてありがとう。ラルフ・ジアンサンティ、フレッド・マーティンズ、ベン・ジーキー、アル・フォアマン、ジェントリー・ハンフリー、マイク・ナウ、アンソニー・エン、タイローン・フレミング、ウィル・ルビナウ、ボビー・ロセッティ、サイラス・ウォーカー、ダニヤ・エイブラムズ、アレックス・ワーサイム、ありがとう。

そしてもちろん、この本はデイ・ストリート・ブックスの素晴らしいチームがなければ完成させることはできませんでした。リン・グレイディ、ベンジャミン・スタインバーグ、セレナ・ワン、マリア・シルヴァ、プロイ・シリパント。チームを牽引したのは編集のマシュー・ダドンナ。彼の情熱と献身性は初日から明らかで、ずっと変わることはありませんでした。私のエージェントのウィリアム・モリス・エンデバー、ジェイ・マンデル、マーガレット・ライリー・キング、カルロス・フレミングも同様で、私が何を書くかを決める前からこのプロジェクトに自信を持ってくれていました。WMEのローレン・ションコフにも感謝です。

そして共著者であるマイケル・アーカッシュ。彼からメールや電話をもらわない日はありませんでした。マイクがこの本に見せてくれた熱心さは、私がコートに持ち込むものと同じものでした。とても感謝しています。もちろん彼の努力は、妻のポーレッタ・ウォルシュがいてくれたおかげでもあります。

最後に、いつも私が集中し、つねにベストを出すためのやる気を出し、愛情あふれる家庭環境、そして最高な4人の子供を与えてくれた美しい妻のシャノンに感謝と愛を伝えます。それぞれがみな、信じられないほど素晴らしい存在でいてくれてありがとう！

ティエラ、レイレイ、ウォーカー、ウィニー、ウィスティー、人生には紆余曲折があり、よい人も悪い人もいる。でも、つねに自分と、自分の進む方向を信じていれば、世界を変えるような人生を送ることができる。それをいつでも思い出させてくれる物として、この本を使ってほしい。きみたちの存在こそが、私の人生を支えてくれており、私を満たしてくれている。愛しているよ。

訳者あとがき

「今、あなたの本を日本語に翻訳してるんです」

まさかレイ・アレン本人に直接そう伝えることになるとは思ってもいませんでした。

2018年10月に来日したレイの通訳を担当することになり、2日間ほど一緒に過ごしました。彼は本当に真面目で、集合時間よりだいぶ早く到着し、車の中で本を読みながらみんなが来るのを待っていることが多かったのがとても印象的でした。翻訳していることにとても興味を持ってくれ、息子が日本語を勉強しているので、刷り上がったらレイに送ってあげることを約束しました。

会うまでに翻訳を終えて、直接渡せていればいちばんよかったのですが、そこは相変わらず僕の仕事の遅さ……。今回も多方面にご迷惑をおかけしながらの進行となりました。このチームで翻訳本をつくり上げるのは3度目で、編集の酒井陽さん、編集協力の佐良土茂樹さんと青木崇さんという、とても心強いチームには感謝しきれません。本当にありがとうございます。

前回のコービー本を境に、自分のバスケ人生は大きく変わりました。さまざまな媒体でライターとして起用していただき、NBAとも直接仕事をする機会が増えました。今年はとくに多くのＮＢＡ選手が来日し、何人も通訳させていただくこととなり、とても勉強になりました。「今日はバスケッボーのお仕事だよ」と息子に伝えて家を空けることが増えました。にもかかわらず、たまの休日には「今日はバスケッボー」と、自分の所属している『犬はかわいい』という珍妙な名前の草バスケチームに遊びに行ってしまうので、家族からしてみるとたまったもんじゃありません。最近は息子を連れていくことも増え、すっかり家族でバスケ漬けの生活を送っています。40手前の男の生活とは思えないようなこの日常を、見守ってくれる家族に感謝です。

２０１９年は日本のバスケットボールにとって重要な1年となることは間違いないと思っています。代表をはじめとした日本バスケ界にとってターニングポイントとなる年。２０２０年の東京オリンピックでは、海外から多くの優れた選手が日本にやって来ます。そこでより盛り上がりを見せるためにも、今からもっと、もっと日本でのバスケ人気、ＮＢＡ人気を高められないかと、つねに考えています。この本や、自分のさまざまな活動がそれにつながってくれるといいなと願っております。

最後まで読んでいただき、誠にありがとうございます。一緒にバスケを盛り上げていきましょう。

２０１８年12月吉日

大西玲央

【著者プロフィール】

レイ・アレン　Ray Allen

NBAで最もスリーポイントショットを決めた名シューター（通算スリーポイントショット成功数2973本は歴代1位）。18年間のキャリアで2度優勝を経験（2008年にボストン・セルティックス、2013年にマイアミ・ヒート）。コネティカット大学に通い、1996年にはビッグイースト最優秀選手賞を受賞。プロとして10シーズン連続で平均20得点以上を記録。NBAオールスターゲーム出場10回。2000年のシドニーオリンピックにアメリカ代表として出場、金メダルを獲得。現在は妻子とともにフロリダに在住。

マイケル・アーカッシュ　Michael Arkush

フィル・ジャクソンの*The Last Season*、シュガー・レイ・レナードの*The Big Fight*、1971年のモハメド・アリとジョー・フレイジャーの初対決について綴った*The Fight of The Century*などを含む14冊の本を執筆、または共同執筆している。過去にロサンゼルス・タイムズでライターを務めており、ほかにニューヨーク・タイムズやワシントン・ポストにも寄稿。現在は妻のポーレッタ・ウォルシュとカリフォルニア州オークビューに在住。

【訳者プロフィール】

大西 玲央　Reo Onishi

1981年アメリカ・ニュージャージー州生まれ。国際基督教大学卒業。現在は株式会社アトリエキノコ代表取締役、バスケットボールライター、通訳などを務める。訳書に『コービー・ブライアント　失う勇気　最高の男（ザ・マン）になるためさ！』（小社）があり、『マイケル・ジョーダン　父さん。僕の人生をどう思う？』（小社）に編集協力として参加。自身の訳書としては本作が2作目となる。

ご案内

このたびは『**レイ・アレン自伝　史上最高のシューターになるために**』をお買い上げいただき、誠にありがとうございます。

今後の参考にさせていただきますので、本書のご感想、東邦出版に取り上げてほしいテーマ、翻訳してほしい洋書、あるいは読みたい書籍の具体的な内容などをご自由にご記入ください。

星はいくつ？（　　　コ）※最高は５コ

※ご記入いただいた感想・コメントは、小社が出広する新聞広告などに掲載させていただく場合がございます（個人情報は除きます）。あらかじめご了承ください。

お名前《ふりがな》　　　　　　（男・女）　　歳

ご職業

一番好きな書籍タイトル

最近読んだ書籍タイトル

ご協力ありがとうございました。

郵便ハガキ

料金受取人払郵便

新宿北局承認

5136

差出有効期間
2020年1月6日
まで

●上記期限まで
切手不要です。

169-8790

260

東京都新宿区西早稲田 3-30-16

東邦出版株式会社

愛読者カード係 行

このたびは『レイ・アレン自伝　史上最高のシューターになるために』をお買い上げいただき、誠にありがとうございます。今後の参考にさせていただきますので、以下のアンケートにご協力ください。

本書をどこで知りましたか？

1. 書店で見て（書店名：　　　　　　　　　　　）
2. 新聞・雑誌広告（紙・誌名：　　　　　　　　　　）
3. インターネット（サイト名：　　　　　　　　　）
4. 人に薦められて
5. その他（　　　　　　　　　　　　　　　　）

装　　　丁　今田賢志
写　　　真　Getty Images（cover、p9-16）
口絵デザイン　牛尾英則（牛尾デザイン）
編 集 協 力　青木 崇／佐良土茂樹
編　　　集　酒井 陽
制　　　作　シーロック出版社

《参考文献》
『バスケットボール用語事典』（廣済堂出版、監修：小野秀二／小谷 究）

レイ・アレン自伝
史上最高のシューターになるために

著　　者　レイ・アレン with マイケル・アーカッシュ
訳　　者　大西玲央

2019年1月23日　初版第1刷発行

発 行 人　保川敏克
発 行 所　東邦出版株式会社
〒169-0051　東京都新宿区西早稲田3-30-16
http://www.toho-pub.com
印刷・製本　中央精版印刷株式会社
（本文用紙／OK ライトクリーム 46Y 58.5kg + コート 46Y 110.0kg）